사도행전 강해 Ⅱ

A COMMENTARY ON THE ACTS OF THE APOSTLES Ⅱ

BY

DR. YONGGI CHO

Printed in Republic of Korea
Seoul Logos Co., Inc.

사도행전 강해 II

조용기 목사 지음

서울말씀사

사도행전 강해 Ⅱ

조용기 목사 지음

초판 1쇄 발행 2008년 5월 9일
초판 5쇄 발행 2018년 3월 5일

편 집 인 김상길
발 행 처 서울말씀사

출판등록 제2016-000172호
주 소 서울시 영등포구 은행로 55, 나동 9층
전 화 02-846-9222
팩 스 02-846-9225

머리말
Foreword

그리스도께서 이 땅에 오신 목적은 모든 사람들이 복음의 빛으로 인해 자유와 구속을 얻는 것입니다. 이러한 주님의 복음 사역에 대한 의지는 사도행전에 보다 잘 나타나 있습니다.

사도행전은 인류의 구원이라는 하나님의 섭리가 교회의 설립과 더불어 어떻게 전개되고 있는가를 보여 주고 있습니다. 특히 이러한 전반적인 과정 가운데 성령께서는 교회의 창시자로서 교회와 함께하시며 인류에 대한 하나님의 사랑을 보다 구체적으로 확증하여 보여 주고 계십니다.

"예루살렘을 떠나지 말고 내게서 들은 바 아버지께서 약속하신 것을 기다리라"(1:4)고 하신 주님의 말씀대로 본 서는 성령 시대의 서막을 예고할 뿐만 아니라 오순절 성령 강림을 기점으로 하여 지금에 이르기까지 교회를 통한 성령의 놀라운 구원 사역을 다루고 있습니다.

오늘날은 한편에서는 성령의 뜨거운 역사가 계속되고 있는가 하면 다른 한편에서는 일부 교계의 그릇된 신학과 교권주의 그리고 세속주의의 만연 등으로 인하여 혼돈의 길을 걷고 있는 것이 사실입니다. 이와 같은 때에 지난 1983년에 제가 수요 예배 시간에 강해한 내용을 정리하여 사도행전 강해서를 출간하게 된 것을 기쁘게 생각합니다.

사도행전은 성령의 활동을 기록한 책으로서 성령 충만함을 받은 종들이 역경 속에서도 굴하지 않고 담대히 복음 전파의 사명을 다한 거룩한 발자취입니다. 따라서 사도행전은 진정 능력 있는 신앙생활이 무엇인가를 깨닫게 해 줄 수 있는, 이 시대에 꼭 필요한 말씀입니다.

아무쪼록 이 책을 통해 성도 여러분의 삶이 하나님의 깊은 은혜 가운데서 성령으로 충만하게 되시기를 바랍니다.

2008. 5.

여의도순복음교회

당회장 목사 조용기

목 차

Contents

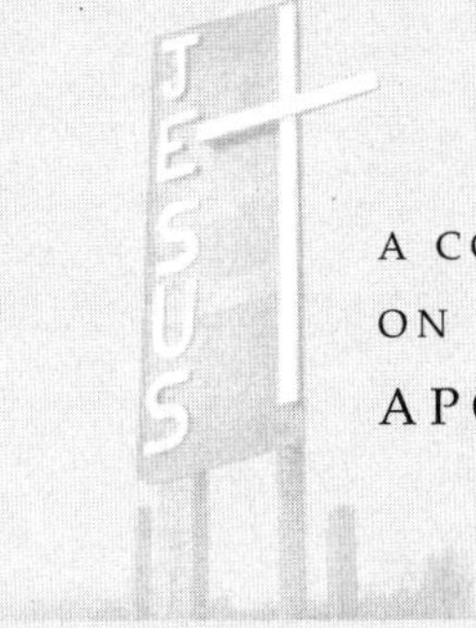

A COMMENTARY
ON THE ACTS OF THE
APOSTLES Ⅱ

16 바울의 제2차 전도 여행

17 복음의 확산

18 바울의 제3차 전도 여행

19 말씀의 능력

서론

Preface

1. 주제 및 기록 목적

사도행전은 오순절 성령 강림으로 시작된 교회를 통해 복음이 확산되어 가는 과정을 기록하고 있습니다. 성령을 통해 변화받은 사도들은 당시 유대인과 팔레스타인 중심으로 국한되어 있던 복음을 소아시아와 유럽으로까지 확산합니다. 이러한 이유로 본 서를 가리켜 '성령의 활동사' 또는 '성령의 개척사' 라고 부르기도 합니다.

복음서가 예수 그리스도의 생애와 사역을 중심으로 다루고 있다면, 사도행전은 예수 그리스도의 부활 이후 그의 승천으로 말미암은 성령 강림과 성령을 받은 사도들의 복음 전파의 행적을 담고 있습니다. 뿐만 아니라 본 서에 나타난 초대 교회는 계속되는 박해에도 불구하고 놀라운 성장과 발전을 이루고 있음을 보여 주고 있습니다.

이처럼 본 서는 성령의 역동적인 사역과 더불어 초대 교회가 지닌 신앙의 열정이 요약되고 총망라된 책입니다.

본 서의 기록 목적은 첫째로, 예수 그리스도의 부활 승천 후 오신 약속된 성령의 사역을 보여 주는 데 있습니다. 성령께서는 예수 그리스도와 마찬가지로 성도들을 가르치시고 이적을 행하시는 두 가지 사역을 하셨습니다.

둘째로, 초대 교회의 역사적인 사실에 대한 정확한 전달입니다. 누가는 이를 위해 베드로의 이적적인 출옥 기사(5:17-21; 12:1-19)와 초대 교회에 큰 비중을 차지한 예루살렘 종교 회의(15:5-29)와 사도들의 행적 등에 관한 역사적 자료들을 교회사적 관점에서 자세히 묘사하고 있습니다.

셋째로, 당시 로마에 있는 많은 독자들에게 기독교가 무엇인지를 알게 하려는 깊은 의도가 있습니다. 본 서는 복음이 땅 끝까지 전파되어야 할 당위성과 함께 어떻게 복음이 예루살렘에서부터 시작되어 세계의 중심지인 로마에까지 전파될 수 있었는가를 생생하게 보여 주고 있습니다.

결국 본 서는 복음 전파와 관련한 모든 일들이 성령의 역사였음을 증언하고 있습니다.

2. 기록자 및 수신자

사도행전은 누가복음의 저자인 누가가 기록하였습니다. 누가는 사도행전의 서두 (1:1)에서 '먼저 쓴 글'이 누가복음임을 밝히고 있습니다. 비록 주제와 자료가 서로 다르기는 하지만 사도행전과 누가복음은 문체나 낱말은 물론이고 구조가 유사한 것이 많습니다. 뿐만 아니라 수신자도 둘 다 같은 인물인 데오빌로입니다(눅 1:1-3; 행 1:1). '각하'라는 칭호를 통해 데오빌로가 로마의 고위 관리임을 알 수 있습니다. '데오빌로'라는 이름의 뜻은 '하나님의 사랑스러운 자'이며 그의 이름에 나타나듯이 데오빌로는 이미 복음을 알고 있던 것으로 추측할 수 있습니다.

사도행전에는 '우리'라는 표현이 많이 나오는데, 이것은 누가가 바울 및 그 일행과 동역하였던 사실을 알려 줍니다.

3. 기록 연대 및 집필 장소

사도행전의 기록 연대와 집필 장소에 대해서는 의견이 분분합니다. 그러나 대체로 바울이 구금되어 있던 당시, 그의 동료였던 누가가 로마에 머물면서 본 서를 집필했다는 것이 지배적입니다. 이 시기는 누가복음이 기록되고 얼마 되지 않은 때로, 대략 주후 61-63년경으로 보고 있습니다.

4. 특징

사도행전은 초대 교회의 발자취가 기록된 역사서로 교회의 기원과 교회를 중심으로 하나님의 신실한 일꾼들을 통해 복음의 확산이 이루어져 가는 것을 잘 보여 주고 있습니다. 누가복음이 '예수님을 통한 성령의 활동' 을 다루었다면 사도행전은 '교회를 통한 성령의 활동' 을 가르친다고 할 수 있습니다. 본 서는 신약성경에서 복음서와 서신서의 중간에 위치하고 있을 뿐 아니라 그 특징으로 인해 복음서와 서신서를 연결시켜 줍니다.

본 서는 베드로와 바울의 기사를 많이 다루고 있지만, 그렇다고 해서 그들의 개인적인 전기라고 할 수는 없습니다. 이는 성령께서 그들을 통해 일하셨기 때문입니다. 본 서가 '성령행전' 으로 불리는 이유도 여기에 있습니다. 그러므로 사도행전은 성령의 주도 하에 예루살렘을 거쳐 로마에 이르기까지 복음이 전파되어 가는 초대 교회의 발전사를 다루고 있다고 말할 수 있습니다.

본 서는 역사서로 분류되어 외적으로는 역사적인 객관성을 보여 주고 있지만, 그보다는 오히려 성령의 역동적 역사라는 내적 양상이 강조되고 있습니다. 오순절 성령 강림에서 시작된 교회가 성령 충만한 사도들에 의해 지속적으로 발전할 수 있었던 것을 증언하는 것입니다.

구약이 성부 하나님의 활동사라면, 사복음서는 아들이신 성자 예수님의 활동사로, 사도행전은 성령의 활동사라고 볼 수 있습니다. 또한 구약

이 성부 중심이라면 복음서는 성자 중심이요, 사도행전부터 요한계시록까지는 성령 중심이라고 할 수 있습니다.

사도행전 1장 8절의 "오직 성령이 너희에게 임하시면 너희가 권능을 받고 예루살렘과 온 유대와 사마리아와 땅 끝까지 이르러 내 증인이 되리라"는 말씀은 본 서의 중심적인 말씀인 동시에 본 서의 특징을 잘 설명해 주고 있습니다.

5. 사도행전과 성령에 대하여

사도행전은 초대 교회 사도들의 명상록이 아니라 실제로 박해와 위협을 무릅쓰고 복음을 전파하는 일에 충실했던 사도들의 능동적인 행적들을 기록한 책입니다. 책의 명칭이 암시해 주듯이 본 서에서는 성령을 교회의 설립으로부터 성장 및 확장에 이르기까지의 전 과정을 이끌며 통제하시는 '역동적 능력'으로 묘사하고 있습니다.

예수님께서는 부활하신 후 십여 차례 제자들에게 나타나셔서 보혜사 성령을 기다리라고 말씀하셨습니다. 이 성령은 성경 66권에 기록된 많은 하나님의 약속 중에서도 메시아와 하나님 나라와 함께 가장 중요한 세 가지 약속 중 하나로 꼽히고 있습니다.

첫째로, 본 서는 성령을 받을 때 권능까지 함께 받을 것이라고 하였습니다. 성령 강림의 약속에 대한 성취가 본 서에 기록되어 있습니다. 사도들에게 성령이 임하였을 때 성령 강림과 더불어 권능이 임하였고, 이로 말미암아 태동한 교회는 내적으로 보다 성숙되어 갔고 동시에 외적으로 땅 끝까지 확장되어 갔습니다.

오늘의 한국 교회가 세워지게 된 것도 다름 아닌 성령의 놀라운 권능에서 비롯된 것입니다. 또한 땅 끝까지 복음을 전파하여 마귀와 죄악의 권세를 깨뜨리고 하나님 나라를 세우는 것도 성령의 능력입니다.

둘째로, 본 서는 성령을 받은 자가 예루살렘과 유대와 사마리아와 땅 끝까지 이르러 예수 그리스도의 증인이 되리라고 하였습니다. 사도행전은 이 순서대로 이루어져 기록되어 있습니다. 1장에서부터 7장까지는 예루살렘에서의 전도이고, 8장에서부터 12장까지는 유다와 사마리아에서의 증거이고, 13장부터 28장까지는 로마로 이어지는 땅 끝까지의 복음 전파로 바울의 1, 2, 3차 전도 여행이 기록되어 있습니다.

스데반은 돌에 맞아 죽기까지, 야고보는 헤롯의 칼에 목이 떨어지기까지, 베드로는 십자가에 거꾸로 달려 순교하기까지 복음을 전파하였습니다. 이처럼 제자들이 담대하고 능력 있게 복음을 전파한 것은 바로 성령의 권능의 역사였던 것입니다.

베드로와 요한은 제사장들에게 잡혔을 때 "우리는 보고 들은 것을 말하지 아니할 수 없다"(4:20)고 하며 담대하게 증언하였습니다.

성령이 임하시면 주님의 제자들은 길과 진리와 생명 되신 예수 그리스도를 전하게 되고, 복음의 씨앗은 싹을 내게 되고, 그리스도의 몸 된 교회는 성장하게 되는 것입니다.

제 13 장

바울의 제1차 전도 여행

바울과 바나바를 선교사로 세움	13:1-3
구브로 전도	13:4-12
비시디아 안디옥 전도	13:13-41
사도를 따르는 경건한 유대인들	13:42-43
유대인들의 반대	13:44-52

A COMMENTARY ON
THE ACTS OF THE
APOSTLES Ⅱ

사도행전은 본 장을 기준으로 두 부분으로 나누어집니다. 앞부분(1-12장)은 예루살렘을 중심으로 한 베드로의 사역이, 뒷부분(13-28장)은 세계를 향한 바울의 사역이 기록되어 있습니다.

1. 바울과 바나바를 선교사로 세움(13:1-3)

1. 안디옥 교회에 선지자들과 교사들이 있으니 곧 바나바와 니게르라 하는 시므온과 구레네 사람 루기오와 분봉 왕 헤롯의 젖동생 마나엔과 및 사울이라 2. 주를 섬겨 금식할 때에 성령이 이르시되 내가 불러 시키는 일을 위하여 바나바와 사울을 따로 세우라 하시니 3. 이에 금식하며 기도하고 두 사람에게 안수하여 보내니라

1절 안디옥 교회에 선지자들과 교사들이 있으니 곧 바나바와 니게르라 하는 시므온과 구레네 사람 루기오와 분봉 왕 헤롯의 젖동생 마나엔과 및 사울이라

안디옥 교회는 이방에 세워진 첫 번째 교회입니다. 예루살렘에 기독교에 대한 대 박해가 있자 성도들은 사방으로 흩어졌습니다. 이때 일부 성도들은 안디옥으로 와서 이방인인 헬라 사람들에게 복음을 전하였습

니다.

안디옥 교회는 바울과 바나바가 힘을 모아 목회를 하였으며 성령님께서 역사하심으로 크게 부흥하였습니다.

안디옥 교회는 성령의 은사도 넘치게 나타났고 하나님께서 주신 직분도 뚜렷했습니다. 안디옥 교회에는 선지자들과 교사들이 있었습니다. 선지자는 하나님의 성령으로 말미암아 권면하고 위로하며 장차 다가올 일에 대하여 권고하는 특별한 직분을 받은 자입니다. 이러한 선지자적 직분을 오늘날에는 강단에 서서 말씀을 증언하는 목회자가 담당하고 있습니다. 구약 시대의 선지자들은 미래에 대해 예언하는 일을 하였지만 오늘날의 선지자는 권면하고 안위하며 권고하는 일까지 합니다. 그리고 교사는 하나님의 지혜를 얻어서 성경 말씀을 가르치는 자입니다.

이렇듯 주의 종들마다 하나님께서 주시는 직분이 다 다릅니다. 그러므로 주의 일꾼들은 자기가 맡은 직분이 무엇인가를 잘 알아 맡은 일에 충성해야 합니다.

2절 **주를 섬겨 금식할 때에 성령이 이르시되 내가 불러 시키는 일을 위하여 바나바와 사울을 따로 세우라 하시니**

안디옥 교회의 일꾼들이 주를 섬겨 금식하였다는 말은 주님 섬기는 것을 목회의 최우선순위에 두었다는 것입니다.

오늘날 그리스도인들도 주님 섬기는 것을 최우선순위에 두어야 합니다. 그런데 주님을 섬기려면 먼저 금식을 해야 합니다. 금식은 음식을 금하는 것뿐만 아니라 일상생활에서 보지 말아야 할 것은 보지 않고, 듣지 말아야 할 것은 듣지 않고, 가지 말아야 할 곳은 가지 않는 것을 말합니다.

또한 주님을 섬기려면 성령의 음성에 귀를 기울여야 합니다. 성령님께서는 예수님이 십자가에서 피 흘려 값 주고 사신 그 모든 것을 우리에게 주시기 위해서 오순절 날 강림하신 이후로 우리와 함께 거하십니다. 이에 대하여 예수님께서는 "내가 너희를 고아와 같이 버려두지 아니하고 너희에게로 오리라"(요 14:18)고 말씀하셨으며, "그는 너희와 함께 거하심이요 또 너희 속에 계시겠음이라"(요 14:17)고 말씀하셨습니다. 이 말씀과 같이 성령님께서는 지금 우리 속에 와 계시면서 우리를 돌보시는 제삼위의 하나님이십니다. 따라서 우리는 하나님을 섬길 때 금식하며 신앙생활을 하되 언제나 성령의 음성에 귀를 기울여야 합니다.

오늘날 교회 안에서나 개인의 신앙에 하나님의 역사가 일어나지 않는 것은 성령님을 인정하지 않고, 환영하지 않고, 모셔 들이지 않고, 의지하지 않고, 예배하지 않기 때문입니다.

성령님은 인격자이십니다. 그렇기 때문에 우리는 성령님을 인정하고 환영하고 모셔 들이고 의지해야 합니다. 성령님의 인도하심을 받지 않으면 우리는 영적 세계로 들어갈 수가 없습니다. 이에 성경은 "하나님이 자기를 사랑하는 자들을 위하여 예비하신 모든 것은 눈으로 보지 못하고 귀로 듣지 못하고 사람의 마음으로 생각하지도 못하였다 함과 같으니라 오직 하나님이 성령으로 이것을 우리에게 보이셨으니 성령은 모든 것 곧 하나님의 깊은 것까지도 통달하시느니라"(고전 2:9-10)고 말씀하고 있습니다.

성령님께서는 말씀을 통해서 우리에게 가르쳐 주시고, 기도할 때에 뜨거운 소원과 생각을 통해서 인도해 주시고, 꿈이나 환상을 통해서 말씀해 주시기도 하며, 환경을 통해서도 끊임없이 말씀해 주십니다. 우리가 성령님의 말씀에 귀를 기울일 때 성령님께서는 우리를 깨우쳐 주시고 가르쳐 주시는 것입니다.

예수님을 믿는 것은 자기의 힘으로 되는 것이 아닙니다. 성령님께서 사람들의 눈을 뜨게 해 주시지 않으면 예수님을 믿을 수 없습니다. 성령님께서 역사하셔야 죄인들이 영의 눈을 뜨고 회개하게 되는 것입니다. 그런데 이와 같은 역사는 우리의 기도와 전도를 통하여 활발하게 일어납니다. 그러므로 우리는 부지런히 전도하며 성령님께서 시키는 대로 열심을 다해 하나님을 섬겨야 하는 것입니다.

3절 이에 금식하며 기도하고 두 사람에게 안수하여 보내니라

안수를 받으면 힘을 얻게 됩니다. 그런데 안수는 어떤 사람에게 받느냐에 따라 유익이 될 수도 있고 해가 될 수도 있습니다. 믿음이 강한 사람에게 안수를 받으면 성령 충만함을 받고 영적인 힘을 얻지만 마귀에게 미혹한 사람에게 안수를 받으면 귀신이 들어오게 됩니다. 이러므로 안수는 아무에게나 받으면 안 됩니다.

안디옥 교회에서는 선지자들과 교사들이 주를 섬겨 금식하고 성령님의 지시에 따라 바나바와 사울을 따로 세워서 안수하여 선교사로 파송하였습니다. 우리는 이를 본받아야 합니다. 교회의 선지자와 교사, 즉 목회자들이 모여서 먼저 주님을 섬기고 성령 충만하여 성령의 말씀을 들어야 합니다.

교회의 근본적인 존재 목적 중 하나는 예루살렘과 유대와 사마리아와 땅 끝까지 복음을 증언하는 선교 사업입니다. 그러므로 안디옥 교회는 교회가 안정되자마자 즉시 바울과 바나바를 선교사로 파송한 것입니다.

2. 구브로 전도(13:4-12)

4. 두 사람이 성령의 보내심을 받아 실루기아에 내려가 거기서 배 타고 구브로에 가서 5. 살라미에 이르러 하나님의 말씀을 유대인의 여러 회당에서 전할새 요한을 수행원으로 두었더라 6. 온 섬 가운데로 지나서 바보에 이르러 바예수라 하는 유대인 거짓 선지자인 마술사를 만나니 7. 그가 총독 서기오 바울과 함께 있으니 서기오 바울은 지혜 있는 사람이라 바나바와 사울을 불러 하나님의 말씀을 듣고자 하더라 8. 이 마술사 엘루마는 (이 이름을 번역하면 마술사라) 그들을 대적하여 총독으로 믿지 못하게 힘쓰니 9. 바울이라고 하는 사울이 성령이 충만하여 그를 주목하고 10. 이르되 모든 거짓과 악행이 가득한 자요 마귀의 자식이요 모든 의의 원수여 주의 바른길을 굽게 하기를 그치지 아니하겠느냐 11. 보라 이제 주의 손이 네 위에 있으니 네가 맹인이 되어 얼마 동안 해를 보지 못하리라 하니 즉시 안개와 어둠이 그를 덮어 인도할 사람을 두루 구하는지라 12. 이에 총독이 그렇게 된 것을 보고 믿으며 주의 가르치심을 놀랍게 여기니라

4절 두 사람이 성령의 보내심을 받아 실루기아에 내려가 거기서 배 타고 구브로에 가서

'구브로'는 바나바의 고향으로 사울과 바나바의 제1차 전도지입니다. 또한 사울이 바울로 개명된 곳이기도 합니다.

우리가 주를 섬겨 금식하고 성령님의 음성을 들음으로 성령님의 인도

하심을 받는 삶을 살 때 주님께서는 사람의 힘으로 불가능한 일을 가능하게 해 주십니다.

사울과 바나바는 주님을 바로 섬겼기 때문에 성령님의 보내심을 받아서 복음 전도 여행을 떠날 수 있었습니다. 그러므로 우리는 우리의 뜻대로 행하기보다는 성령님의 인도하심을 받아 주님의 뜻대로 행하여야 합니다. 그럴 때 만사가 형통할 것입니다.

5절 살라미에 이르러 하나님의 말씀을 유대인의 여러 회당에서 전할새 요한을 수행원으로 두었더라

하나님의 말씀을 전하는 일은 살라미에서 시작되었습니다. '살라미'는 구브로 섬의 가장 중요한 도시로 동부의 행정 중심지였습니다. 사울과 바나바는 살라미에 있는 유대인의 여러 회당에서 복음을 전하였고, 이때 마가 요한은 그들을 수행하고 있었습니다.

6절 온 섬 가운데로 지나서 바보에 이르러 바예수라 하는 유대인 거짓 선지자인 마술사를 만나니

'바예수' 라는 사람은 거짓 선지자로, 자신이 날조한 거짓 교리를 자기의 마술과 혼합하였습니다. 그는 혈통은 유대인이었지만 종교적으로는 유대인이 아니었습니다. 사울과 바나바는 이 거짓 선지자를 바보라는 곳에서 만났습니다.

7절 그가 총독 서기오 바울과 함께 있으니 서기오 바울은 지혜 있는 사람이라 바나바와 사울을 불러 하나님의 말씀을 듣고자 하더라

이 당시 구브로 섬을 다스리고 있던 총독은 '서기오 바울' 이었습니다. 서기오 바울은 이미 하나님의 말씀에 대하여 들은 바가 있어서 사울과 바나바를 불러 하나님의 말씀을 듣고자 하였습니다. 이것은 회당에서 사울과 바나바가 선포하였던 말씀을 더 자세히 알아보기 위함이었습니다.

8절 이 마술사 엘루마는 (이 이름을 번역하면 마술사라) 그들을 대적하여 총독으로 믿지 못하게 힘쓰니

귀신은 어찌하든지 하나님의 말씀을 듣지 못하도록 훼방합니다. 한 예로, 교회에서 예배를 드릴 때 졸음이 막 쏟아지는 경우가 있는데 이는 하나님의 집이기 때문에 편안해서 졸음이 오는 것이 아니라 미혹하게 하는 영이 그리스도의 말씀을 듣지 못하게 하여 하나님의 영광을 얻지 못하도록 방해하는 것입니다. 박수 엘루마가 총독으로 하여금 믿지 못하게 한 것은 귀신이 복음 전파를 막기 위하여 박수 엘루마를 이용한 것입니다.

9절 바울이라고 하는 사울이 성령이 충만하여 그를 주목하고

우리가 성령 충만할 때에는 귀신을 쫓아 버리고 복음을 전할 수 있지만, 성령 충만하지 못할 때에는 귀신의 역사를 막을 수 없습니다. 그러나 귀신의 역사가 크면 클수록 성령님께서는 하나님의 사람에게 더 큰 권능을 부어 주십니다. 그렇기 때문에 박수 엘루마가 사울에게 자꾸 말을 걸고 방해할 때 사울은 더욱 성령으로 충만해졌습니다. 이와 같이 성령 충만하여 성령님의 역사하심을 힘입을 때 우리는 영적 싸움에서 승리할 수

있습니다.

한편 본 절에 '바울이라는 사울' 이라고 표현한 것을 끝으로 '사울' 의 이름은 '바울' 로 바꾸기 때문입니다.

10절 이르되 모든 거짓과 악행이 가득한 자요 마귀의 자식이요 모든 의의 원수여 주의 바른길을 굽게 하기를 그치지 아니하겠느냐

사람의 마음속에 마귀가 들어오면 그 사람은 마귀의 자식이 됩니다. 그래서 사도 바울이 모든 궤계와 악행이 가득한 박수 엘루마를 보고 '마귀의 자식' 이라고 한 것입니다. 반면에 성령으로 충만한 우리는 하나님의 자식입니다. 그런데 사도 바울이 박수 엘루마를 보고 마귀의 자식이라고 했다고 해서 예수님을 믿지 않는 사람들에게 함부로 마귀라고 해서는 안 됩니다.

본 절에서 사도 바울은 성경적인 언어로 박수 엘루마를 꾸짖고 있습니다.

11절 보라 이제 주의 손이 네 위에 있으니 네가 맹인이 되어 얼마 동안 해를 보지 못하리라 하니 즉시 안개와 어둠이 그를 덮어 인도할 사람을 두루 구하는지라

성령 충만한 자가 말할 때에는 사람이 말하는 것이 아니라 성령님께서 그를 도구로 삼아 말씀하시는 것이므로 그 말에 능력과 권세가 있습니다.

성경은 "네가 땅에서 무엇이든지 풀면 하늘에서도 풀리리라" (마 16:19)고 말씀하고 있습니다. 이같이 하늘나라의 권세는 말을 통해서 나타납니다. 그러므로 믿는 자들은 범사에 긍정적인 말을 해야 합니다.

그러나 하나님을 대적하는 자는 예외입니다. 바예수는 그의 이름이 뜻하는 '구원의 아들' 이 아니라 오히려 하나님을 대적하는 마귀의 자식이었습니다. 바예수가 복음 전파를 방해하자 바울은 그에게 얼마 동안 맹인이 되라는 저주를 하였습니다. 그러자 그는 즉시로 맹인이 되어 그를 인도해 줄 사람이 필요하게 되었습니다.

12절 이에 총독이 그렇게 된 것을 보고 믿으며 주의 가르치심을 놀랍게 여기니라

아무렇지도 않았던 사람이 갑자기 맹인이 된 것을 본 총독은 몹시 놀랐습니다. 총독은 하나님의 말씀에 큰 권세가 있음을 깨닫고 그 자리에서 회개하고 예수님을 믿었습니다.

총독 서기오 바울의 개종은 사실상 사도 바울의 전도 사역에서 하나의 커다란 전환점이 되었습니다. 즉, 그가 이방인에게 전도의 새 장을 여는 계기가 되었던 것입니다.

3. 비시디아 안디옥 전도(13:13-41)

13. 바울과 및 동행하는 사람들이 바보에서 배 타고 밤빌리아에 있는 버가에 이르니 요한은 그들에게서 떠나 예루살렘으로 돌아가고

14. 그들은 버가에서 더 나아가 비시디아 안디옥에 이르러 안식일에
회당에 들어가 앉으니라 15. 율법과 선지자의 글을 읽은 후에 회당
장들이 사람을 보내어 물어 이르되 형제들아 만일 백성을 권할 말이
있거든 말하라 하니 16. 바울이 일어나 손짓하며 말하되 이스라엘
사람들과 및 하나님을 경외하는 사람들아 들으라 17. 이 이스라엘
백성의 하나님이 우리 조상들을 택하시고 애굽 땅에서 나그네 된 그
백성을 높여 큰 권능으로 인도하여 내사 18. 광야에서 약 사십 년간
그들의 소행을 참으시고 19. 가나안 땅 일곱 족속을 멸하사 그 땅을
기업으로 주시기까지 약 사백오십 년간이라 20. 그 후에 선지자 사
무엘 때까지 사사를 주셨더니 21. 그 후에 그들이 왕을 구하거늘 하
나님이 베냐민 지파 사람 기스의 아들 사울을 사십 년간 주셨다가
22. 폐하시고 다윗을 왕으로 세우시고 증언하여 이르시되 내가 이새
의 아들 다윗을 만나니 내 마음에 맞는 사람이라 내 뜻을 다 이루리라
하시더니 23. 하나님이 약속하신 대로 이 사람의 후손에서 이스라엘
을 위하여 구주를 세우셨으니 곧 예수라 24. 그가 오시기에 앞서 요
한이 먼저 회개의 침례를 이스라엘 모든 백성에게 전파하니라 25. 요
한이 그 달려갈 길을 마칠 때에 말하되 너희가 나를 누구로 생각하느
냐 나는 그리스도가 아니라 내 뒤에 오시는 이가 있으니 나는 그 발의
신발 끈을 풀기도 감당하지 못하리라 하였으니 26. 형제들아 아브라
함의 후손과 너희 중 하나님을 경외하는 사람들아 이 구원의 말씀을
우리에게 보내셨거늘 27. 예루살렘에 사는 자들과 그들 관리들이 예
수와 및 안식일마다 외우는바 선지자들의 말을 알지 못하므로 예수
를 정죄하여 선지자들의 말을 응하게 하였도다 28. 죽일 죄를 하나
도 찾지 못하였으나 빌라도에게 죽여 달라 하였으니 29. 성경에 그
를 가리켜 기록한 말씀을 다 응하게 한 것이라 후에 나무에서 내려다
가 무덤에 두었으나 30. 하나님이 죽은 자 가운데서 그를 살리신지
라 31. 갈릴리로부터 예루살렘에 함께 올라간 사람들에게 여러 날
보이셨으니 그들이 이제 백성 앞에서 그의 증인이라 32. 우리도 조

상들에게 주신 약속을 너희에게 전파하노니 33. 곧 하나님이 예수를 일으키사 우리 자녀들에게 이 약속을 이루게 하셨다 함이라 시편 둘째 편에 기록한 바와 같이 너는 내 아들이라 오늘 너를 낳았다 하셨고 34. 또 하나님께서 죽은 자 가운데서 그를 일으키사 다시 썩음을 당하지 않게 하실 것을 가르쳐 이르시되 내가 다윗의 거룩하고 미쁜 은사를 너희에게 주리라 하셨으며 35. 또 다른 시편에 일렀으되 주의 거룩한 자로 썩음을 당하지 않게 하시리라 하셨느니라 36. 다윗은 당시에 하나님의 뜻을 따라 섬기다가 잠들어 그 조상들과 함께 묻혀 썩음을 당하였으되 37. 하나님께서 살리신 이는 썩음을 당하지 아니하였나니 38. 그러므로 형제들아 너희가 알 것은 이 사람을 힘입어 죄 사함을 너희에게 전하는 이것이며 39. 또 모세의 율법으로 너희가 의롭다 하심을 얻지 못하던 모든 일에도 이 사람을 힘입어 믿는 자마다 의롭다 하심을 얻는 이것이라 40. 그런즉 너희는 선지자들을 통하여 말씀하신 것이 너희에게 미칠까 삼가라 41. 일렀으되 보라 멸시하는 사람들아 너희는 놀라고 멸망하라 내가 너희 때를 당하여 한 일을 행할 것이니 사람이 너희에게 일러 줄지라도 도무지 믿지 못할 일이라 하였느니라 하니라

13절 바울과 및 동행하는 사람들이 바보에서 배 타고 밤빌리아에 있는 버가에 이르니 요한은 그들에게서 떠나 예루살렘으로 돌아가고

구브로에서 하나님의 말씀을 전파한 후 바울과 그의 일행은 바보에서 배를 타고 밤빌리아에 있는 버가에 가서 복음을 전파하였습니다. 그런데 바울 일행이었던 요한은 전도 여행 도중에 일행을 떠나 혼자 예루살렘으로 돌아가 버렸습니다.

이로 인해 바울과 바나바가 제2차 전도 여행을 떠날 때에 큰 시비가 붙었습니다(15:36-41). 바울은 요한을 데려가기를 원하지 않았는데 바나바가 요한을 데려가기를 고집했기 때문입니다. 그리하여 결국 바울과 바나바는 제2차 전도 여행에서 서로 헤어지고 말았습니다. 바나바는 요한과 함께 전도 여행을 했고 바울은 실라를 데리고 전도 여행을 했습니다.

14절 그들은 버가에서 더 나아가 비시디아 안디옥에 이르러 안식일에 회당에 들어가 앉으니라

'비시디아 안디옥' 은 비시디아 근처의 브루기아에 있던 도시로, 버가 북쪽 161㎞ 지점의 호수가 있는 고원에 위치하고 있었습니다. 이곳에 도착한 바울 일행은 안식일을 맞아 회당에 들어갔습니다.

이스라엘 백성들은 바벨론에 포로로 잡혀 갔다가 70년간의 포로 생활을 마치고 다시 팔레스타인으로 돌아온 후부터 율법 책을 읽고 신앙을 독려(督勵)했습니다. 그것은 하나님에 대한 신앙을 지키지 못하고 우상을 섬기다가 바벨론에 포로로 잡혀 갔었던 과거의 쓰라린 경험 때문이었습니다.

회당은 예수님께서 유대에 복음을 전파하시던 시절에도 있었습니다. 예수님께서는 안식일마다 사람들이 많이 모이는 회당에서 말씀을 가르치셨습니다. 바울과 바나바가 복음을 전하러 다닐 때에도 유대인들이 사는 곳에는 회당이 있었기 때문에 복음을 전하기가 수월했습니다.

15절 율법과 선지자의 글을 읽은 후에 회당장들이 사람을 보내어 물어 이르되 형제들아 만일 백성을 권할 말이 있거든 말하라 하니

일반적으로 각 회당마다 회당장이 한 사람인 경우가 보통이었으나 때로는 두 사람 이상이 모여 회당장 단위를 구성하는 경우도 있었습니다. 회당장은 회중의 장로들 중에서 한 사람 또는 그 이상의 사람이 맡았습니다.

회당장은 사람들이 회당에 모이면 모세오경, 즉 율법과 선지자의 글을 읽고 난 후에 사람을 청하여 모인 사람들에게 설교를 하게 했습니다. 바울은 회당장들의 청함을 받고 앞에 나와서 복음을 전하기 시작했습니다.

16절 바울이 일어나 손짓하며 말하되 이스라엘 사람들과 및 하나님을 경외하는 사람들아 들으라

바울은 사람들의 관심을 모으기 위해 자리에서 일어나 그들을 뜨겁게 사랑한다는 표시로 손짓을 하며 "이스라엘 사람들과 및 하나님을 경외하는 사람들아 들으라" 고 말하며 설교를 시작했습니다. '이스라엘 사람들' 은 바로 그곳에 있는 '유대인들' 을 지칭한 것이며 '하나님을 경외하는 사람들' 은 유대교로 개종한 '이방인들' 을 가리키는 말입니다.

17절 이 이스라엘 백성의 하나님이 우리 조상들을 택하시고 애굽 땅에서 나그네 된 그 백성을 높여 큰 권능으로 인도하여 내사

바울의 설교는 아브라함 시대부터 다윗 시대에 이르기까지의 하나님의 구속적 활동을 강조하는 이스라엘 역사의 요약으로 시작되고 있습니다. 이스라엘 백성의 하나님께서는 이스라엘 백성을 통하여 그리스도를 이 땅에 보내시고자 하셨습니다. 그래서 많은 민족 가운데 아브라함과 이삭과 야곱과 열두 지파를 택하시고 애굽 땅에서 430년 동안 종살이한

이스라엘 백성을 큰 권능으로 인도하여 내셨습니다.

18절 광야에서 약 사십 년간 그들의 소행을 참으시고

광야를 지나는 40년 동안 이스라엘 백성들은 하나님께 불순종하고 원망하며 금송아지를 만들어 숭배하는 등 온갖 죄를 지었습니다. 그럼에도 불구하고 하나님께서 그들의 악한 소행을 참으신 것은 아브라함과 이삭과 야곱에게 하신 약속을 지키시기 위해서입니다.

오늘날도 하나님께서는 우리 그리스도인들이 순간순간 잘못을 저질러도 "그를 믿는 자마다 멸망하지 않고 영생을 얻게 하려 하심이라"(요 3:16)는 약속을 이루시기 위하여 인내하십니다. 그리고 우리가 죄를 깨닫고 회개하고 돌아오면 용서해 주십니다. 그렇다고 우리가 마음대로 행동하여 우리 가운데 계시는 성령님을 근심하시게 하거나 성령님을 소멸해서는 안 됩니다.

19절 가나안 땅 일곱 족속을 멸하사 그 땅을 기업으로 주시기까지 약 사백오십 년간이라

하나님께서는 이스라엘 백성을 가나안 땅으로 인도하실 때 그 땅에 살고 있던 부패한 일곱 족속을 모두 멸하셨습니다. 그들은 이방 족속들로서 우상을 섬기는 등 하나님 앞에서 지은 죄악이 관영한 상태였습니다. 뿐만 아니라 이스라엘 백성이 그들과 함께 살면 죄악에 물들 염려가 있었기 때문에 그들을 다 멸하신 것입니다. 그럼으로써 하나님께서는 이스라엘 백성이 오직 하나님만을 경외하며 살도록 하셨습니다.

20절 그 후에 선지자 사무엘 때까지 사사를 주셨더니

하나님께서는 이스라엘 백성이 가나안 땅에 들어간 이후 사무엘 시대까지 사사들을 세워 그들을 다스리게 하셨습니다. 하나님의 성령님께서 사사에게 임하여 지혜와 총명과 권능을 주시므로 사사는 하나님의 뜻을 펼치고 재판을 하며 이스라엘을 잘 다스릴 수 있었습니다.

21-22절 그 후에 그들이 왕을 구하거늘 하나님이 베냐민 지파 사람 기스의 아들 사울을 사십 년간 주셨다가 폐하시고 다윗을 왕으로 세우시고 증언하여 이르시되 내가 이새의 아들 다윗을 만나니 내 마음에 맞는 사람이라 내 뜻을 다 이루리라 하시더니

"그 후에 그들이 왕을 구하거늘". 이스라엘 백성들은 하나님께서 사사를 통해 자신들을 다스리시는 것보다 이방 나라들처럼 사람이 다스리기를 원하여 하나님께 왕을 세워 달라고 간구했습니다. 이에 하나님께서는 기뻐하지 않으셨지만 사무엘을 통해서 왕을 주기로 약속하시고 베냐민 지파 기스의 아들 사울을 택하여 왕으로 삼으셨습니다.

그러나 사울이 하나님 명령을 거역하므로 하나님께서는 그를 폐하시고 다윗을 왕으로 세우셨습니다. 우리가 하나님을 버리면 하나님께서도 우리를 버리십니다. 다윗은 간음죄와 살인죄를 지었지만 나단 선지자가 책망하고 죄를 지적했을 때 회개하였습니다. 그 마음 중심에는 하나님께서 기뻐하시고 원하시는 일이라면 어찌하든지 해야 되겠다는 열심과 충성심이 있었습니다. 이 때문에 하나님께서는 다윗을 가리켜 '내 마음에 맞는 사람' 이라고 하셨던 것입니다.

이 세상에 온전한 사람은 아무도 없습니다. 모든 사람은 죄를 범하였기 때문에 하나님의 영광에 이르지 못합니다(롬 3:23). 오직 예수 그리스도께서 십자가에서 흘리신 보배로운 피의 권세를 통해서만 하나님 앞에 설 수 있습니다. 그리고 예수님을 믿음으로 말미암아 구원받은 우리에게 요구되는 것은 순종입니다. 그러므로 우리는 어찌하든지 하나님께 순종하는 삶을 살아야 하는 것입니다.

23절 하나님이 약속하신 대로 이 사람의 후손에서 이스라엘을 위하여 구주를 세우셨으니 곧 예수라

하나님께서 이새의 아들 다윗을 통하여 구주를 주시겠다고 성경에 거듭거듭 약속하셨는데 바울은 그분이 바로 '예수' 라고 증언하였습니다. 즉, 예수 그리스도의 탄생은 갑자기 이루어진 일이 아니라 하나님의 언약대로 다윗의 후손으로 오신 것이라는 것입니다.

뿌리 없는 나무는 바람이 불면 뽑히고 맙니다. 오늘날 급조된 메시아들이 갑자기 일어나서 자칭 '메시아다', '구세주다', '재림주다' 라고 하는데, 그들은 뿌리가 없는 이단들입니다.

예수님께서 우리의 구주가 되신다는 사실은 성경 창세기부터 요한계시록까지 깊이 뿌리내리고 있기 때문에 저 하늘이 무너지고 이 땅이 꺼져도 부인할 수 없는 것입니다.

24절 그가 오시기에 앞서 요한이 먼저 회개의 침례를 이스라엘 모든 백성에게 전파하니라

하나님의 아들이신 예수님께서 구세주로 오시기에 앞서 준비가 필요했는데, 이에 대한 사명을 받은 사람이 바로 침례 요한입니다. 침례 요한

은 모든 이스라엘 백성들에게 회개의 침례를 전파함으로써 메시아이신 예수님께서 오실 것을 준비하였습니다. 침례 요한의 회개의 메시지와 침례는 예수님의 공적 사역을 위한 길을 준비한 것입니다.

25절 요한이 그 달려갈 길을 마칠 때에 말하되 너희가 나를 누구로 생각하느냐 나는 그리스도가 아니라 내 뒤에 오시는 이가 있으니 나는 그 발의 신발 끈을 풀기도 감당하지 못하리라 하였으니

많은 사람들은 '침례 요한이 그리스도가 아닌가?' 라고 생각하였습니다. 이에 침례 요한이 "너희들은 나를 누구라고 생각하느냐?" 고 반문했습니다. 그리고 그는 "나는 너희들이 생각하는 메시아가 아니다." 라고 말했습니다. "나는 그 발의 신발 끈을 풀기도 감당하지 못하겠노라." 는 침례 요한의 말은 그의 겸손을 나타내는 동시에 자기같이 보잘것없는 사람을 메시아로 생각하는 사람들의 어리석음을 지적한 것입니다. 침례 요한은 죽음을 앞둔 순간에도 오직 하나님께만 영광을 돌린 겸손한 종이었습니다.

26절 형제들아 아브라함의 후손과 너희 중 하나님을 경외하는 사람들아 이 구원의 말씀을 우리에게 보내셨거늘

'아브라함의 후손' 은 유대인들을 말하고, '너희 중 하나님을 경외하는 사람들' 은 유대교로 전향한 이방인들을 말합니다.

본 절의 내용은 하나님께서 이들에게 예수 그리스도를 통하여 구원의 말씀을 보내셨다는 것입니다. 그러나 아브라함의 후손이라고 해서 무조건 구원받는 것이 아니라 오직 예수님을 믿음으로 구원에 이르게 된다는

것입니다. 이 말씀은 유대인들에게는 충격적인 것이었으나 이방인들에게는 크나큰 은혜의 말씀이었습니다.

27절 예루살렘에 사는 자들과 그들 관리들이 예수와 및 안식일마다 외우는바 선지자들의 말을 알지 못하므로 예수를 정죄하여 선지자들의 말을 응하게 하였도다

예루살렘에 사는 자들과 관리들은 예수님께서 오실 것을 예언해 놓은 율법과 선지자의 글을 안식일마다 읽었는데도 그 뜻을 깨닫지 못하였습니다. 그래서 그들은 하나님의 아들이신 예수 그리스도를 빌라도의 법정에 고발했습니다. 예수님께서는 이렇게 무지한 자들을 통하여 "그가 찔림은 우리의 허물 때문이요 그가 상함은 우리의 죄악 때문이라 그가 징계를 받으므로 우리는 평화를 누리고 그가 채찍에 맞으므로 우리는 나음을 받았도다"(사 53:5)라는 이사야 선지자의 예언을 이루셨던 것입니다.

우리는 세상 지식에 대해서는 무지할지라도 성경 말씀만큼은 바로 깨달아 하나님을 바로 섬겨야 합니다.

28절 죽일 죄를 하나도 찾지 못하였으나 빌라도에게 죽여 달라 하였으니

예수님께서는 죄인들의 죄를 용서해 주시고 그들에게 영생까지 주셨는데도 그들은 시기가 가득해서 예수님을 정죄하고 십자가에 못 박아 죽이게 했습니다. 유대인들이 이러한 죄악을 저질렀음에도 불구하고 예수 그리스도의 구원의 복음이 예루살렘에서부터 시작되었다는 것은 하나님께서 은혜가 풍성하신 분이시라는 사실을 증언해 줍니다.

29-30절 성경에 그를 가리켜 기록한 말씀을 다 응하게 한 것이라 후에 나무에서 내려다가 무덤에 두었으나 하나님이 죽은 자 가운데서 그를 살리신지라

성경에 메시아의 고난에 대해 예언된 모든 말씀대로 예수 그리스도는 십자가에 못 박혀 죽으셨습니다. 그러나 예수 그리스도는 유대인들의 적의에 의해서가 아닌, 하나님 아버지의 예정하심에 의해 우리의 죄를 사하시기 위하여 십자가에 달려 죽으신 것입니다.

하나님께서는 죄인들을 구원하시기 위해 예수 그리스도를 죽은 자 가운데서 다시 살리셨습니다. 그러므로 누구든지 예수님을 구주로 믿기만 하면 죄 사함을 받고 구원을 얻는 것입니다.

31절 갈릴리로부터 예루살렘에 함께 올라간 사람들에게 여러 날 보이셨으니 그들이 이제 백성 앞에서 그의 증인이라

'갈릴리로부터 예루살렘에 함께 올라간 사람들' 은 바로 예수님의 제자들입니다. 그들은 예수님과 함께 3년 반 동안 생활하였기에 부활하신 예수님이 그동안 함께 지내던 바로 그 예수님이라는 것을 당당하게 증명할 수 있었던 것입니다.

부활은 기독교 진리의 기본 주춧돌이 됩니다. 부활이 없으면 예수 그리스도의 십자가의 죽음이 아무런 의미가 없는 것이 되며, 더 나아가서 우리의 신앙도 헛된 것이 됩니다. 그렇기 때문에 바울이 예수님의 부활을 증언한 것입니다.

32절 우리도 조상들에게 주신 약속을 너희에게 전파하노니

바울과 바나바도 예수 그리스도의 부활을 증언하였는데, 이것은 이상한 교훈이 아니라 하나님께서 이스라엘 백성의 조상들에게 약속하셨던 것입니다.

33-34절 곧 하나님이 예수를 일으키사 우리 자녀들에게 이 약속을 이루게 하셨다 함이라 시편 둘째 편에 기록한 바와 같이 너는 내 아들이라 오늘 너를 낳았다 하셨고 또 하나님께서 죽은 자 가운데서 그를 일으키사 다시 썩음을 당하지 않게 하실 것을 가르쳐 이르시되 내가 다윗의 거룩하고 미쁜 은사를 너희에게 주리라 하셨으며

예수님께서는 하나님이시지만 사람의 몸을 입고 이 땅에 오셔서 십자가에 못 박혀 죽으셨으며 이러한 예수님을 하나님께서 살리셨습니다. 이로써 하나님께서 이스라엘 백성의 조상들에게 하셨던 약속을 이루셨던 것입니다.

"너는 내 아들이라 오늘 너를 낳았다"라는 말씀은 십자가에 못 박혀 죽으시고 무덤에 장사된 예수님을 하나님께서 살리실 것을 말씀하신 것입니다. 이와 같이 사도 바울은 시편 2편 7절의 말씀을 인용하여 예수 그리스도의 부활을 증언하였습니다.

"다시 썩음을 당하지 않게". 이 말은 예수님께서 십자가에 못 박혀 죽으셨지만 사망에 지배받지 않기 때문에 썩음을 당하지 않고 부활하신다는 뜻입니다.

"내가 다윗의 거룩하고 미쁜 은사를 너희에게 주리라"는 말씀은 이사야 55장 3절 말씀을 인용한 것으로, 다윗에게 약속하신 것과 같은 거룩하

고 확실한 은사를 주신다는 뜻입니다. 하나님께서는 다윗을 통해서 약속하신 확실한 은혜, 즉 구주를 주시겠다고 약속하셨는데, 이 말씀은 바로 예수님께서 구주로 오시는 것을 의미합니다.

35절 또 다른 시편에 일렀으되 주의 거룩한 자로 썩음을 당하지 않게 하시리라 하셨느니라

다윗은 "주의 거룩한 자를 멸망시키지 않으실 것임이니이다"(시 16:10)라고 말하였습니다. 이와 같이 다윗은 썩음을 당하지 않는 자, 곧 장차 오실 메시아를 바라보면서 이 시를 지었던 것입니다. 베드로는 이러한 다윗을 가리켜 "그는 선지자라"(2:30)고 하였습니다.

36-37절 다윗은 당시에 하나님의 뜻을 따라 섬기다가 잠들어 그 조상들과 함께 묻혀 썩음을 당하였으되 하나님께서 살리신 이는 썩음을 당하지 아니하였나니

다윗은 나이 많아 죽어 이미 무덤 속에서 썩음을 당하였습니다. 그렇기 때문에 시편 16편 10절의 '주의 거룩한 자'는 다윗이 자기 자신을 가리켜 말한 것이 아님을 알 수 있습니다. 다윗의 이 시편 말씀은 주의 거룩한 자, 곧 장차 오실 메시아이신 예수님께서 썩음을 당하지 않고 부활하실 것을 말하는 것입니다. 이 시편 말씀대로 예수님께서는 썩지 않으시고 장사된 지 사흘 만에 부활하셨습니다.

38절 그러므로 형제들아 너희가 알 것은 이 사람을 힘입어 죄 사함을 너희에게 전하는 이것이며

모든 사람이 죄를 범하였으므로 이 세상에 의인은 한 사람도 없습니다(롬 3:23). 뿐만 아니라 인간의 힘으로는 죄의 문제를 해결할 수 없습니다. 이 때문에 하나님의 아들이신 예수님께서 이 세상에 오셔서 인간의 모든 죄를 대신 짊어지고 십자가에 못 박혀 죽으셨다가 장사된 지 사흘 만에 부활하셨습니다. 예수님께서 인간의 죗값을 청산하심으로 죄의 문제를 해결하신 것입니다. 이러므로 누구든지 예수님을 구주로 믿으면 죄 사함을 받습니다. 사도 바울은 바로 이 사실을 전하였습니다.

39절 또 모세의 율법으로 너희가 의롭다 하심을 얻지 못하던 모든 일에도 이 사람을 힘입어 믿는 자마다 의롭다 하심을 얻는 이것이라

사도 바울은 모세의 율법을 통해서는 어느 누구도 의롭다 함을 얻지 못하지만 예수님을 믿기만 하면 모든 죄가 다 사하여지고 하나님께서 의롭다고 인정해 주신다고 증언했습니다.

우리는 예수님을 믿을 때 그의 죽음과 부활과 구원의 능력을 확신하게 됩니다. 그리고 이로써 우리는 믿음을 통하여 그리스도와의 영적 관계를 맺게 됩니다.

40절 그런즉 너희는 선지자들을 통하여 말씀하신 것이 너희에게 미칠까 삼가라

여기서 '선지자'는 하박국 선지자를 가리킵니다. 그리고 '말씀'은 하박국 1장 5절에 경고한 말씀으로, 하나님을 불신앙하는 이스라엘이 멸망당할 것을 예언한 것입니다. 바울이 이 말씀을 인용한 것은 구주이신 예수님을 믿지 않으면 그들도 멸망당할 수밖에 없다는 것을 경고하기 위해

서였습니다.

41절 일렀으되 보라 멸시하는 사람들아 너희는 놀라고 멸망하라 내가 너희 때를 당하여 한 일을 행할 것이니 사람이 너희에게 일러 줄지라도 도무지 믿지 못할 일이라 하였느니라 하니라

우리가 예수님을 믿음으로 말미암아 구원받는다는 것은 인간의 상식으로는 이해할 수 없기 때문에 오늘날 소위 지식이 있다는 사람들은 예수 그리스도를 멸시하고 비웃습니다. 예수 그리스도는 이와 같이 믿지 않는 자들에게는 심판과 저주와 죽음이 됩니다. 그러나 예수님의 부활을 믿는 자들에게는 부활이요, 영광이 됩니다. 그러므로 성경은 "십자가의 도가 멸망하는 자들에게는 미련한 것이요 구원을 받는 우리에게는 하나님의 능력이라" (고전 1:18)고 말씀하고 있습니다.

사도 바울은 청중들의 양심을 깨우치고 이스라엘의 불신앙을 경고하기 위하여 하박국 선지자의 말씀을 인용한 것입니다.

4. 사도를 따르는 경건한 유대인들(13:42-43)

42. 그들이 나갈새 사람들이 청하되 다음 안식일에도 이 말씀을 하라 하더라 43. 회당의 모임이 끝난 후에 유대인과 유대교에 입교한

경건한 사람들이 많이 바울과 바나바를 따르니 두 사도가 더불어 말하고 항상 하나님의 은혜 가운데 있으라 권하니라

42절 그들이 나갈새 사람들이 청하되 다음 안식일에도 이 말씀을 하라 하더라

바울의 설교에 은혜를 받은 사람들이 바울에게 다음 안식일에도 같은 말씀을 다시 설교해 달라고 부탁했습니다. 믿음은 들음에서 나며 들음은 그리스도의 말씀으로 말미암기 때문에 예수님의 말씀을 받을 때 성령의 역사로 그들의 귀가 열린 것입니다.

43절 회당의 모임이 끝난 후에 유대인과 유대교에 입교한 경건한 사람들이 많이 바울과 바나바를 따르니 두 사도가 더불어 말하고 항상 하나님의 은혜 가운데 있으라 권하니라

많은 유대인들과 경건한 이방 유대교인들이 바울의 설교를 듣고 큰 감명을 받았습니다. 그들은 말씀에 홍미를 가지고 더 듣기를 원해 바울과 바나바를 따랐습니다. 바울과 바나바 두 사도는 자신들을 따르는 사람들에게 인간의 행위로 구원받으려고 애쓰지 말고 "항상 하나님의 은혜 가운데 있으라"고 권면했습니다. 은혜는 하나님께서 값없이 선물로 주시는 것으로서 믿음으로만 받을 수 있는 것입니다.

5. 유대인들의 반대(13:44-52)

44. 그다음 안식일에는 온 시민이 거의 다 하나님의 말씀을 듣고자
하여 모이니 45. 유대인들이 그 무리를 보고 시기가 가득하여 바울
이 말한 것을 반박하고 비방하거늘 46. 바울과 바나바가 담대히 말
하여 이르되 하나님의 말씀을 마땅히 먼저 너희에게 전할 것이로되
너희가 그것을 버리고 영생을 얻기에 합당하지 않은 자로 자처하기
로 우리가 이방인에게로 향하노라 47. 주께서 이같이 우리에게 명하
시되 내가 너를 이방의 빛으로 삼아 너로 땅 끝까지 구원하게 하리라
하셨느니라 하니 48. 이방인들이 듣고 기뻐하여 하나님의 말씀을 찬
송하며 영생을 주시기로 작정된 자는 다 믿더라 49. 주의 말씀이 그
지방에 두루 퍼지니라 50. 이에 유대인들이 경건한 귀부인들과 그
시내 유력자들을 선동하여 바울과 바나바를 박해하게 하여 그 지역
에서 쫓아내니 51. 두 사람이 그들을 향하여 발의 티끌을 떨어 버리
고 이고니온으로 가거늘 52. 제자들은 기쁨과 성령이 충만하니라

44절 그다음 안식일에는 온 시민이 거의 다 하나님의 말씀을 듣고자 하여 모이니

예수님을 믿으면 구원을 얻는다는 복음의 소식이 온 성에 퍼져 나갔습니다. 그러자 이방인들은 율법을 지키지 않고 구원받을 수 있다는 데에 큰 관심을 가지고 모여들었습니다. 더구나 말씀을 듣는 자마다 병이 낫고 귀신이 쫓겨 나간다는 소문이 퍼지자 온 시민이 하나님의 말씀을 듣

고자 하여 회당으로 모여들어 인산인해를 이루었습니다.

45절 유대인들이 그 무리를 보고 시기가 가득하여 바울이 말한 것을 반박하고 비방하거늘

그러나 유대인들이 처음 바울에게 가졌던 흥미와 관심은 곧 적의와 시기로 바뀌어 버렸습니다. 그것은 이방인들도 그들과 같이 구원을 얻을 수 있다는 것에 대해 반감을 갖게 되었기 때문입니다. 그래서 그들은 바울이 말한 것을 비방하기 시작했습니다.

46절 바울과 바나바가 담대히 말하여 이르되 하나님의 말씀을 마땅히 먼저 너희에게 전할 것이로되 너희가 그것을 버리고 영생을 얻기에 합당하지 않은 자로 자처하기로 우리가 이방인에게로 향하노라

유대인들의 비방에 대해 바울과 바나바는 하나님의 복음을 먼저 유대인에게 전하되 이방인에게도 전해야 함을 강조했습니다.

바울과 바나바는 먼저 구원받아야 할 사람은 유대인들이지만 그들이 하나님의 말씀을 버리고 영생을 얻는 데 합당하지 않게 행동하고 있기 때문에 하나님의 말씀이 유대인들을 떠나 이방인에게로 향하고 있음을 밝혔습니다. 비시디아 안디옥의 유대인들은 사도 바울이 전한 구원의 도리를 거부함으로써 그들이 찾고 기다렸던 영원한 생명을 얻지 못하게 된 것입니다. 그렇다고 생명의 복음이 언제까지나 유대인에게만 머물러 있을 수는 없었습니다. 이제 복음은 이방인들에게 전해져야 하기 때문입니다.

47절 주께서 이같이 우리에게 명하시되 내가 너를 이방의 빛으로 삼아 너로 땅 끝까지 구원하게 하리라 하셨느니라 하니

바울은 이사야 49장 6절의 말씀을 인용하여 변론하였습니다. 그것은 하나님께서 자신을 이방의 빛으로 삼아 땅 끝까지 이르러 이방인을 구원하게 하셨다는 것이었습니다. 이와 같이 하나님께서 이방인들에게 구원받을 기회를 주셨으므로 오늘날 세계 각처에서 사람들이 예수 그리스도의 복음을 듣고 믿음으로 구원받을 수 있게 되었으며, 이방인인 우리도 구원의 반열에 오르게 된 것입니다.

48절 이방인들이 듣고 기뻐하여 하나님의 말씀을 찬송하며 영생을 주시기로 작정된 자는 다 믿더라

"영생을 주시기로 작정된 자는 다 믿더라". 이 말씀은 하나님의 선택에 의해서만 구원받을 수 있다는 것을 가르쳐 주고 있습니다. 그러므로 어떤 사람들은 "그렇다면 전도할 필요가 없지 않느냐?" 고 말할지 모르겠으나, 하나님께서는 전도의 미련한 것으로 믿는 자들을 구원하십니다(고전 1:21). 우리의 전도를 통해서 하나님께서 작정하신 사람이 믿게 되는 것입니다. 이러므로 우리는 하나님께서 누구를 작정하고 택하셨는지 모르기 때문에 만나는 사람마다 열심히 전도하고 권면해야 합니다.

49절 주의 말씀이 그 지방에 두루 퍼지니라

하나님의 말씀이 전파되자 많은 이방인들이 예수님을 구주로 모셔 들였습니다. 그래서 주의 말씀이 그 지방 일대에 두루 퍼지게 되었습니다.

50절 이에 유대인들이 경건한 귀부인들과 그 시내 유력자들을 선동하여 바울과 바나바를 박해하게 하여 그 지역에서 쫓아내니

유대인들은 바울과 바나바가 더 이상 주의 말씀을 전파하지 못하게 하기 위하여 귀부인들을 선동했습니다. 귀부인들을 통해 고위직에 있는 남편들을 움직일 수 있었기 때문입니다. 결국 유대인들은 귀부인들을 충동해서 바울과 바나바를 박해하고 그 지경에서 쫓아내 버렸습니다.

51절 두 사람이 그들을 향하여 발의 티끌을 떨어 버리고 이고니온으로 가거늘

바울과 바나바가 그들을 향하여 '발에 티끌을 떨어 버렸다' 는 것은 두 가지 의미가 있습니다. 하나는, 바울과 바나바가 열심히 복음을 전하였지만 유대인들이 복음을 받아들이지 않았으므로 그들과 관계를 끊고 절교한다는 것을 표시하는 것입니다. 그리고 다른 하나는, 유대인들이 멸망하는 것은 그들에게 책임이 있지 바울과 바나바에게는 그 책임이 없다는 것을 의미합니다.

52절 제자들은 기쁨과 성령이 충만하니라

예수님을 믿는 증거는 기쁨과 성령 충만함입니다. 성령으로 충만하면 기쁨이 충만합니다. 기도하는 것이 기쁘고, 찬송하는 것이 기쁘고, 말씀 듣는 것이 기쁘고, 전도하는 것이 기쁩니다. 기쁨과 성령이 충만한 상태는 말씀을 받고 회개하여 새롭게 변화된 사람들의 특징이라 할 수 있습니다.

본 절을 보면 제자들은 기쁨과 성령이 충만했다고 기록되어 있습니다.

그러므로 오늘날 주님의 제자가 된 우리도 기쁨과 성령이 충만하여 사명을 감당하며 그리스도의 강림을 기다려야 할 것입니다.

제 14 장

계속되는 바울의 제1차 전도 여행

A COMMENTARY ON
THE ACTS OF THE
APOSTLES Ⅱ

본 장은 바울의 제1차 전도 여행의 후반기 내용, 즉 바울이 비시디아 안디옥에서 박해를 받고 이고니온과 루스드라, 더베까지 가서 복음을 전하고 수리아 안디옥으로 돌아오는 과정이 기록되어 있습니다.

1. 이고니온 전도(14:1-7)

1. 이에 이고니온에서 두 사도가 함께 유대인의 회당에 들어가 말하니 유대와 헬라의 허다한 무리가 믿더라 2. 그러나 순종하지 아니하는 유대인들이 이방인들의 마음을 선동하여 형제들에게 악감을 품게 하거늘 3. 두 사도가 오래 있어 주를 힘입어 담대히 말하니 주께서 그들의 손으로 표적과 기사를 행하게 하여 주사 자기 은혜의 말씀을 증언하시니 4. 그 시내의 무리가 나뉘어 유대인을 따르는 자도 있고 두 사도를 따르는 자도 있는지라 5. 이방인과 유대인과 그 관리들이 두 사도를 모욕하며 돌로 치려고 달려드니 6. 그들이 알고 도망하여 루가오니아의 두 성 루스드라와 더베와 그 근방으로 가서 7. 거기서 복음을 전하니라

1절 이에 이고니온에서 두 사도가 함께 유대인의 회당에 들어가 말하니 유대와 헬라의 허다한 무리가 믿더라

그 당시 유대인들은 어느 곳에 가든지 그들이 살고 있는 곳마다 회당을 지어 매안식일이 되면 회당에 모여 선지서와 율법서를 낭독하여 신앙을 격려하였습니다. 따라서 회당에는 언제나 사람들이 모여 있었기 때문에 예수 그리스도의 복음을 증언하기에 아주 좋았습니다. 바울과 바나바는 회당에 들어가 대중에게 복음을 증언하였습니다. 이에 유대와 헬라의 허다한 무리가 예수님을 믿었습니다. 하나님께서는 예수 그리스도의 십자가 사건 이후로 유대인이나 헬라인이나, 즉 선민이나 이방인이나 차별 없이 구원하십니다.

우리가 예수님을 구세주로 믿게 된 것보다 더 놀라운 일은 없습니다. 그런데 이 믿음은 우리가 믿으려고 노력해서 얻게 되는 것이 아닙니다. 하나님의 성령께서 한 사람 한 사람에게 역사하셔야 비로소 진리가 마음속에 받아들여져 깨닫게 되고 믿게 되는 것입니다. 이것은 금이나 은이나 보석으로도 살 수 없고 세상의 지위, 명예, 권세로도 바꿀 수 없는 것입니다. 그러므로 우리는 성령으로 충만함을 받고 가는 곳마다 진리의 말씀을 증언하여 사람들의 마음속에 성령님께서 역사하시도록 해야겠습니다.

그런데 이 세상에는 성령의 역사만 있는 것이 아니라 마귀의 역사도 있습니다. 성령의 역사가 일어나면 우리를 도둑질하고 죽이고 멸망시키는 마귀의 역사도 강력하게 일어납니다. 그러나 종국에 가서는 성령의 역사 앞에 마귀의 역사가 견디지 못하게 됩니다.

이러므로 그리스도인들은 끝까지 참고 견디는 신앙을 가져야 합니다. 여러 가지 시험과 환난이 다가오고 현재의 고난이 견디기 어렵다 하더라도 신앙을 포기하면 안 됩니다.

2절 그러나 순종하지 아니하는 유대인들이 이방인들의 마음을 선동하여 형제들에게 악감을 품게 하거늘

성경은 "그때에 너희는 그 가운데서 행하여 이 세상 풍조를 따르고 공중의 권세 잡은 자를 따랐으니 곧 지금 불순종의 아들들 가운데서 역사하는 영이라"(엡 2:2)고 말씀하고 있습니다. 불순종하는 사람들 속에 공중의 권세 잡은 귀신이 역사한다는 것입니다. 불순종한다는 것은 단순히 복음에 불순종하는 것만을 말하는 것이 아니라 반발하는 것을 말합니다.

바울과 바나바가 복음을 증언하자 마귀가 먼저 유대인들의 마음에 역사하였습니다. 그러자 그 유대인들이 이방인들을 선동하게 하여 기독교인들에 대해서 나쁜 감정을 품게 하였습니다.

3절 두 사도가 오래 있어 주를 힘입어 담대히 말하니 주께서 그들의 손으로 표적과 기사를 행하게 하여 주사 자기 은혜의 말씀을 증언하시니

바울과 바나바는 모든 것을 주관하시는 하나님을 의지하였고, 하나님께서 그들에게 힘을 주시므로 담대하게 주의 말씀을 전하였습니다. 그러자 주님께서 그들의 손으로 표적과 기사를 행하게 해 주셨습니다.

사람들은 "왜 오늘날에는 표적과 기사가 많이 일어나지 않는가? 병이 낫고 귀신이 쫓겨 나가며 다리 저는 사람이 낫는 기적이 왜 옛날처럼 많이 일어나지 않는가?"라고 말합니다. 그 이유는 믿는 자들이 담대하게 성경 말씀을 그대로 다 전하지 않기 때문입니다. 성경에는 구원받고 병 고침 받고 귀신이 쫓겨 나가는 기사가 기록되어 있지만, 믿음이 약하여

성경에 기록된 대로 전하지 못하는 것입니다.

원수 마귀는 공갈과 협박을 합니다. 그러나 바울과 바나바는 마귀의 공갈과 협박에도 굴하지 않고 담대하게 말씀을 증언했습니다. 그러자 하나님께서 역사하셔서 표적과 기사를 나타내 주신 것입니다. 이러한 하나님의 역사는 사도 시대에만 있는 것이 아닙니다. 예수 그리스도는 어제나 오늘이나 영원토록 동일하시기 때문에 담대하게 복음을 전하면 지금도 표적과 기사가 나타나는 것입니다.

4절 그 시내의 무리가 나뉘어 유대인을 따르는 자도 있고 두 사도를 따르는 자도 있는지라

바울과 바나바가 복음을 담대히 증언하자 그 복음을 받아들여 믿는 사람들이 생기면서 그 지역 사회는 믿는 자와 믿지 않는 자로 나뉘었습니다. 이러한 일은 복음이 전파되는 곳에는 어느 곳에서나 일어나는 일입니다.

5-7절 이방인과 유대인과 그 관리들이 두 사도를 모욕하며 돌로 치려고 달려드니 그들이 알고 도망하여 루가오니아의 두 성 루스드라와 더베와 그 근방으로 가서 거기서 복음을 전하니라

복음을 받아들이지 않은 이방인과 유대인과 관원들이 두 사도를 모욕하며 돌로 쳐 죽이려고 했습니다. 이에 박해를 받은 사도 바울과 바나바는 그곳에서 도망하였습니다.

예수님께서는 "이 동네에서 너희를 박해하거든 저 동네로 피하라"(마 10:23)고 말씀하셨습니다. 주님께서 '피하라' 고 하신 것은 때를 분명히

알아서 피할 때는 피하고 죽을 때는 떳떳하게 죽으라는 의미로 말씀하신 것입니다.

이고니온에서 도망하여 나온 사도 바울과 바나바는 루가오니아의 두 성 루스드라와 더베와 그 근방으로 가서 복음을 전하였습니다.

2. 루스드라 전도(14:8-18)

8. 루스드라에 발을 쓰지 못하는 한 사람이 앉아 있는데 나면서 걷지
못하게 되어 걸어 본 적이 없는 자라 9. 바울이 말하는 것을 듣거늘
바울이 주목하여 구원받을 만한 믿음이 그에게 있는 것을 보고 10.
큰 소리로 이르되 네 발로 바로 일어서라 하니 그 사람이 일어나 걷
는지라 11. 무리가 바울이 한 일을 보고 루가오니아 방언으로 소리
질러 이르되 신들이 사람의 형상으로 우리 가운데 내려오셨다 하여
12. 바나바는 제우스라 하고 바울은 그중에 말하는 자이므로 헤르메
스라 하더라 13. 시외 제우스 신당의 제사장이 소와 화환들을 가지
고 대문 앞에 와서 무리와 함께 제사하고자 하니 14. 두 사도 바나바
와 바울이 듣고 옷을 찢고 무리 가운데 뛰어 들어가서 소리 질러 15.
이르되 여러분이여 어찌하여 이러한 일을 하느냐 우리도 여러분과
같은 성정을 가진 사람이라 여러분에게 복음을 전하는 것은 이런 헛
된 일을 버리고 천지와 바다와 그 가운데 만물을 지으시고 살아 계신
하나님께로 돌아오게 함이라 16. 하나님이 지나간 세대에는 모든

민족으로 자기들의 길들을 가게 방임하셨으나 17. 그러나 자기를 증언하지 아니하신 것이 아니니 곧 여러분에게 하늘로부터 비를 내리시며 결실기를 주시는 선한 일을 하사 음식과 기쁨으로 여러분의 마음에 만족하게 하셨느니라 하고 18. 이렇게 말하여 겨우 무리를 말려 자기들에게 제사를 못하게 하니라

8절 루스드라에 발을 쓰지 못하는 한 사람이 앉아 있는데 나면서 걷지 못하게 되어 걸어 본 적이 없는 자라

루스드라에는 태어날 때부터 못 걷게 되어서 한 번도 걸어 본 적이 없는 사람이 있었습니다. 그런데 이 사람에게 하나님의 때가 다가왔습니다.

9절 바울이 말하는 것을 듣거늘 바울이 주목하여 구원받을 만한 믿음이 그에게 있는 것을 보고

"바울의 말하는 것을 듣거늘". 바로 이것이 하나님의 역사의 시작입니다. 바울은 틀림없이 루스드라에서 신유의 말씀을 증언했을 것입니다. 바울은 못 걷는 사람이 자기의 말에 열심히 귀 기울이는 것을 보았습니다. 그리고 그에게 구원받을 만한 믿음이 있음을 보았습니다. 신약 성경에 나오는 '구원' 이라는 말은 헬라어 명사로는 '소테리아' (*σωτηρία*)이고 동사로는 '소조' (*σώζω*)라고 합니다. 신약 성경에는 영혼이 구원받는 것도, 병이 낫는 것도, 복을 받아 절망적인 생활에서 소망적인 생활로 변화되는 것도 모두 다 '소조' (*σώζω*)로 표기되어 있습니다.

그러므로 구원이란 영혼이 구원받고 육체의 질병에서 치료받고 절망

적이고 처참한 생활과 환경에서 건짐을 받는 전인적인 구원을 의미합니다. 영혼이 잘됨같이 범사에 잘되고 강건해지는 것이 그리스도께서 이루어 놓으신 구원 속에 포함되어 있는 것입니다.

10절 큰 소리로 이르되 네 발로 바로 일어서라 하니 그 사람이 일어나 걷는지라

바울은 그 사람에게 구원받을 만한 믿음이 있는 것을 보고 큰 소리로 "네 발로 바로 일어서라"고 외쳤습니다. 이에 못 걷는 사람은 믿음을 가지고 바울의 명령에 순종하여 행동으로 옮기자 일어나 걸을 수 있게 되었습니다.

아무리 큰 믿음이 있다 할지라도 그 믿음을 실행하지 않으면 아무 소용이 없습니다. 믿음을 실행할 때 하나님께서 역사하십니다. 오늘날도 우리가 말씀을 믿음으로 받아들이면 인간으로서는 상상할 수 없는 하나님의 능력이 나타납니다. 이러므로 우리는 환경을 바라보지 말고 하나님의 말씀을 굳세게 믿고 하나님의 능력을 바라보며 그 믿음을 실행하여야 합니다.

11절 무리가 바울이 한 일을 보고 루가오니아 방언으로 소리 질러 이르되 신들이 사람의 형상으로 우리 가운데 내려오셨다 하여

무리 중에 앉아 있던 못 걷는 사람이 바울의 말 한 마디에 일어나서 걷자 사람들은 바울을 신으로 생각했습니다. 신이 사람의 모습이로 온 줄 알았던 것입니다. 그래서 모두 일어나서 바울에게 엎드려 절을 하고 야단이 났습니다.

12절 바나바는 제우스라 하고 바울은 그중에 말하는 자이므로 헤르메스라 하더라

루스드라 사람들은 신당을 세우고 '제우스' 와 '헤르메스' 라는 두 신을 섬겨 왔습니다. 제우스라는 신은 말을 하지 않는 신이고, 헤르메스는 대변자로서 말을 하는 신입니다. 그런데 바나바는 말이 없고 바울이 일어나서 말을 하므로 그들은 자신들이 믿는 신인 제우스와 헤르메스가 나타난 줄로 알았습니다. 그들은 '제우스와 헤르메스가 사람의 형상을 입고 와서 우리를 구원한다.' 고 생각했던 것입니다. 이로 인해 바울과 바나바는 몹시 당황하였습니다.

요사이 우리나라에서도 자칭 메시아 또는 재림주라고 하는 자들이 많습니다. 이 같은 자들은 사람들이 신으로 숭배하면 당연한 듯이 그 사람들 위에 군림합니다. 그러나 바울과 바나바는 옷을 찢으면서 자신들은 신이 아니라고 부인했습니다. 사람의 육신을 입고 오신 참신은 우리 주 예수 그리스도밖에 없습니다. 그 외에 이 세상에서 신이라고 하는 것은 모두 다 사교요, 사탄입니다.

그러므로 우리는 하나님께 크게 쓰임을 받아서 다른 사람들로부터 칭찬의 말을 들을수록 더욱 조심하고 겸손해야 합니다. '나는 죄 덩어리였는데 예수 그리스도의 십자가의 보배로운 피로 구원을 받았다.' 는 사실을 끊임없이 기억해야 하는 것입니다. 특히 주의 종들은 자신의 종 된 신분을 늘 기억하고 겸손히 주님께서 맡겨 주신 일을 하여야 합니다. 주의 종이 강단에 설 수 있는 것은 하나님께서 부르셔서 종으로 세우셨기 때문이지, 인격적으로 또는 인간적으로 완벽해서 세움을 받은 것이 아닙니다. 주의 종은 그저 하나님의 은혜에 의해 종으로서의 일을 할 따름입니

다. 이러므로 주의 종들은 주님께 돌려야 할 영광을 자신의 것으로 가로채면 안 됩니다. 영광은 오직 주님만이 받으셔야 하는 것이므로 모든 영광을 주님께 돌려드려야 하는 것입니다.

13절 시외 제우스 신당의 제사장이 소와 화환들을 가지고 대문 앞에 와서 무리와 함께 제사하고자 하니

제우스 신당의 제사장은 소와 화환들을 가지고 와서 루스드라 사람들과 함께 바울과 바나바에게 제사를 드리려고 하였습니다.

루스드라 사람들이 바울과 바나바를 자신들을 신으로 모시기 위한 준비를 어느 정도 진행하기까지 정작 바울과 바나바는 그 사실을 잘 몰랐던 것 같습니다. 이는 루스드라 사람들이 루가오니아 방언을 사용하였기 때문입니다.

14절 두 사도 바나바와 바울이 듣고 옷을 찢고 무리 가운데 뛰어 들어가서 소리 질러

바울과 바나바는 제사 의식이 시작되어서야 비로소 그 숭배의 대상이 자신들이라는 것을 알았습니다. 그러자 바울과 바나바는 너무나 안타깝고 답답해서 자신들의 옷을 찢고 무리 가운데 뛰어 들어가서 소리를 질렀습니다. 자기들이 신이 아니라는 것을 사람들에게 납득시키려는 것입니다.

15절 이르되 여러분이여 어찌하여 이러한 일을 하느냐 우리도 여러분과 같은 성정을 가진 사람이라 여러분에게 복음을 전하는 것

은 이런 헛된 일을 버리고 천지와 바다와 그 가운데 만물을 지으시고 살아 계신 하나님께로 돌아오게 함이라

루스드라 사람들이 바울과 바나바를 신으로 알고 섬기려고 하자, 바울과 바나바는 깜짝 놀라 옷을 찢고 무리 가운데 뛰어 들어가 자신들도 그들과 똑같은 사람임을 밝혔습니다. 그리고 자신들이 복음을 전하는 것은 그들로 하여금 어리석은 일, 즉 우상을 숭배하는 일을 버리고 천지와 바다와 그 가운데 만물을 지으시고 살아 계신 하나님께로 돌아오게 하기 위함이라고 했습니다.

오늘날 복음을 빙자한 이단 사설이 난무하고 있습니다. 이들은 복음을 빙자하여 재산을 갈취하고 부녀자들의 정조를 유린합니다. 그러므로 이단 사설에 빠지면 재산을 잃고 가정이 깨어지고 영이 파멸합니다. 마귀는 말세가 가까울수록 자기의 때가 얼마 남지 않은 줄을 알고 택한 자라도 미혹하게 하기 위해 전력을 기울이고 있습니다. 이러므로 우리는 성령 충만하여 이단 사설에 미혹되지 말아야 합니다.

16-17절 하나님이 지나간 세대에는 모든 민족으로 자기들의 길들을 가게 방임하셨으나 그러나 자기를 증언하지 아니하신 것이 아니니 곧 여러분에게 하늘로부터 비를 내리시며 결실기를 주시는 선한 일을 하사 음식과 기쁨으로 여러분의 마음에 만족하게 하셨느니라 하고

예수님이 이 땅에 오셔서 복음을 증언하시기 전에는 하나님께서 모든 민족이 그들 나름대로 우상을 섬기더라도 묵인하시고 그대로 내버려 두셨습니다. 그러나 그때에도 하나님께서는 일반 계시를 통해서 자신을 나

타내셨습니다.

계시에는 '특별 계시' 와 '일반 계시' 가 있습니다. 특별 계시는 기적과 예언을 통하여, 인간의 몸을 입고 이 땅에 오신 예수 그리스도와 하나님의 말씀인 성경을 통하여, 성도 각자의 신앙적인 체험을 통하여 계시하는 것입니다. 그리고 일반 계시는 자연과 역사와 인간의 양심으로 나타나는 계시입니다.

인간은 하나님의 형상과 모양대로 지음을 받았기 때문에 인간에게는 하나님을 사모하고 하나님을 찾는 마음이 있습니다. 바울은 바로 그것을 지적한 것입니다.

지나간 세대, 즉 예수님이 오시기 전에는 하나님께서 사람들로 하여금 자기 마음대로 다니도록 방임하신 것처럼 보이나 사실 하나님께서는 일반 계시를 통해서 자신을 나타내셨습니다. 별들이 하나님의 영광을 말하고, 아름다운 산천초목이 하나님을 말하고, 웅장한 대양이 하나님에 대해서 말을 하므로 사람들은 하나님에 대해서 인식하지 않을 도리가 없는 것입니다. 그럼에도 불구하고 사람들은 이 신비롭고 거대한 우주를 지으시고 운행하시는 하나님을 없다고 말하고 있습니다.

어떤 사람들은 우주가 우연히 생겼다고 말합니다. 조그마한 시계도 만든 사람이 있고 집마다 다 지은 사람이 있는데 우주는 지은 자가 없이 자연적으로 생겨났다고 하니 이 얼마나 어리석은 말입니까? 또한 우주와 자연이 이렇게 질서 정연하고 정확하게 운행되고 있는데도 우연히 그리되고 있다고 하는 것은 하나님을 무시하는 행위로써 엄청난 죄악이 되는 것입니다. 우리는 이것을 통해 마귀가 얼마나 사람들의 마음을 무지하고 어둡게 만들었는가를 알 수 있습니다.

18절 이렇게 말하여 겨우 무리를 말려 자기들에게 제사를 못하게 하니라

여기서 '겨우 무리를 말렸다' 고 한 것을 볼 때 그 무리들이 어느 정도로 바울과 바나바를 신으로 받들어 제사하려 했는지를 알 수 있습니다.

3. 수리아 안디옥으로 돌아옴(14:19-28)

19. 유대인들이 안디옥과 이고니온에서 와서 무리를 충동하니 그들
이 돌로 바울을 쳐서 죽은 줄로 알고 시외로 끌어 내치니라 20. 제자
들이 둘러섰을 때에 바울이 일어나 그 성에 들어갔다가 이튿날 바나
바와 함께 더베로 가서 21. 복음을 그 성에서 전하여 많은 사람을 제
자로 삼고 루스드라와 이고니온과 안디옥으로 돌아가서 22. 제자들
의 마음을 굳게 하여 이 믿음에 머물러 있으라 권하고 또 우리가 하나
님의 나라에 들어가려면 많은 환난을 겪어야 할 것이라 하고 23. 각
교회에서 장로들을 택하여 금식 기도 하며 그들이 믿는 주께 그들을
위탁하고 24. 비시디아 가운데로 지나서 밤빌리아에 이르러 25. 말
씀을 버가에서 전하고 앗달리아로 내려가서 26. 거기서 배 타고 안
디옥에 이르니 이곳은 두 사도가 이룬 그 일을 위하여 전에 하나님의
은혜에 부탁하던 곳이라 27. 그들이 이르러 교회를 모아 하나님이
함께 행하신 모든 일과 이방인들에게 믿음의 문을 여신 것을 보고하
고 28. 제자들과 함께 오래 있으니라

19절 유대인들이 안디옥과 이고니온에서 와서 무리를 충동하니 그들이 돌로 바울을 쳐서 죽은 줄로 알고 시외로 끌어 내치니라

바울과 바나바가 이곳저곳 다니며 복음을 전하자 분개한 유대인들이 안디옥과 이고니온에서 와서 사람들을 끌어들여 설교하고 있는 바울을 돌로 쳤습니다. 그리고 그들은 바울이 죽은 줄로 알고 시외로 내다 버렸습니다.

바울은 셋째 하늘에 올라갔었다고 하였는데(고후 12:1-4), 학자들은 바로 이때 바울이 돌에 맞아 죽어 그의 영혼이 몸에서 빠져나와서 셋째 하늘에 갔다 온 것이라고 봅니다.

20-21절 제자들이 둘러섰을 때에 바울이 일어나 그 성에 들어갔다가 이튿날 바나바와 함께 더베로 가서 복음을 그 성에서 전하여 많은 사람을 제자로 삼고 루스드라와 이고니온과 안디옥으로 돌아가서

그런데 놀랍게도 제자들이 바울의 시체 주위에 둘러섰을 때 바울이 일어났습니다. 물론 이때 제자들은 가만히 있지 않고 부르짖어 기도했을 것입니다. 사람은 연약한 존재이지만 하나님의 때가 와야 죽을 수 있으며, 하나님께서 허락하시지 않으면 죽을 수도 없습니다. 누가 감히 하나님의 주권을 무시하고 주의 종들이나 주의 백성들을 죽일 수 있겠습니까? 순교조차도 하나님의 때가 되어야 할 수 있는 것이지 자기 마음대로 되는 것이 아닙니다.

바울은 죽도록 돌에 얻어맞았지만 회생하여 그 성으로 다시 들어갔습니다. 이것은 사도 바울이 "우리 살아 있는 자가 항상 예수를 위하여 죽

음에 넘겨짐은 예수의 생명이 또한 우리 죽을 육체에 나타나게 하려 함이라"(고후 4:11)고 고백한 것처럼 예수 그리스도의 부활의 생명력이 강력히 역사를 했기 때문입니다.

유대인들이 아무리 공격하여도 아직 죽을 때가 되지 않았기 때문에 하나님께서 사도 바울의 생명을 지키신 것입니다. 성경은 "예수를 죽은 자 가운데서 살리신 이의 영이 너희 안에 거하시면 그리스도 예수를 죽은 자 가운데서 살리신 이가 너희 안에 거하시는 그의 영으로 말미암아 너희 죽을 몸도 살리시리라"(롬 8:11)고 말씀하고 있습니다. 성령의 역사로 우리를 살린다는 것은 죽을 우리의 몸을 하나님께서 생명으로 채워 주시는 것을 말합니다.

이튿날 바나바와 함께 더베로 들어가서 복음을 전하여 많은 사람들을 제자로 삼고 루스드라와 이고니온과 함께 안디옥으로 돌아갔습니다.

22절 제자들의 마음을 굳게 하여 이 믿음에 머물러 있으라 권하고 또 우리가 하나님의 나라에 들어가려면 많은 환난을 겪어야 할 것이라 하고

우리는 하나님의 나라에 들어가려면 예수님을 믿음으로 인하여 당하는 박해와 환난과 고난을 받아들여야 합니다. 그러나 죗값으로 인한 고난이나 저주는 받지 말아야 합니다. 그것은 예수님께서 십자가를 지심으로 우리의 죄를 대속하셨을 뿐만 아니라 모든 저주와 병을 대신 짊어지셨기 때문입니다. 그러므로 이러한 것은 주님을 위해 당하는 고난이 아닙니다.

그러나 바울과 같이 복음을 전하다가 겪는 환난은 주님을 위한 영광스

러운 환난입니다. 그러므로 복음을 위해서라면 환난을 기꺼이 받아들여야 합니다. 하나님의 나라에 들어가려면 이러한 환난을 많이 겪게 됩니다. 하나님께서는 이 땅에서 복음을 위해 환난을 많이 받은 사람에게 하나님의 나라에서 큰 상급을 주십니다.

23절 각 교회에서 장로들을 택하여 금식 기도 하며 그들이 믿는 주께 그들을 위탁하고

교회에는 반드시 지도자가 있어야 합니다. 교회에 양 무리를 이끌어 나갈 지도자가 없으면 사탄이 와서 흩어 버립니다. 그렇기 때문에 바울은 각 교회에서 지도자인 장로, 지금으로 말하면 목사를 세운 것입니다.

바울은 각 교회에서 말씀을 전하는 장로와 치리하는 장로를 택하고 금식 기도를 하며 주님께 그들을 부탁했습니다.

24절 비시디아 가운데로 지나서 밤빌리아에 이르러

바울과 바나바는 자신들이 왔던 길을 통해서 귀환했습니다. 브리기아 남쪽에는 비시디아 지방이 있고 그 남쪽에는 밤빌리아가 있었습니다. 그들은 비시디아 안디옥을 지나서 비시디아로 왔습니다. 그리고 남쪽에 있는 밤빌리아에 도착했습니다.

25절 말씀을 버가에서 전하고 앗달리아로 내려가서

그들은 가는 곳마다 복음을 전하였는데 밤빌리아 지방의 '버가' 도 예외는 아니었습니다. 그들은 처음 방문하였을 때에는 행할 수 없었던 복음에 대한 여러 증언을 버가에서 하였습니다. 그리고 버가보다 더 남쪽

에 있는 항구인 앗달리아로 내려갔습니다.

26절 거기서 배 타고 안디옥에 이르니 이곳은 두 사도가 이룬 그 일을 위하여 전에 하나님의 은혜에 부탁하던 곳이라

바울과 바나바는 앗달리아에서 처음 출발지인 안디옥 교회로 돌아왔습니다.

'두 사도가 이룬 그 일' 은 바울과 바나바가 가는 곳마다 복음을 증언한 일을 가리키고, '하나님의 은혜에 부탁하던 곳' 은 선교하는 바울과 바나바를 위하여 금식 기도한 곳을 말합니다. 바울과 바나바는 성령의 보내심을 받고 선교 여행 중에도 성령의 도우심으로 큰 열매를 거두고 본 교회인 안디옥 교회로 돌아온 것입니다.

27절 그들이 이르러 교회를 모아 하나님이 함께 행하신 모든 일과 이방인들에게 믿음의 문을 여신 것을 보고하고

사도 바울과 바나바는 하나님께서 함께하셨기 때문에 박해와 환난 속에서도 굴하지 않고 담대하게 복음을 증언할 수 있었습니다. 뿐만 아니라 하나님께서는 그들이 전한 복음을 들은 사람들의 믿음도 굳게 해 주셨습니다.

제1차 전도 여행을 마치고 돌아온 바울과 바나바는 하나님의 구원 역사가 이방인에게나 유대인에게나 아무런 차별 없이 이루어졌다는 사실을 보고하였습니다.

28절 제자들과 함께 오래 있으니라

바울과 바나바는 이방 선교의 근거지인 안디옥 교회에서 약 일 년 동안 머물면서 목회 사역을 하였습니다. 그들이 목회를 하자 안디옥 교회는 날로 부흥하였습니다.

기록에 의하면 안디옥 교회는 성도가 오십만 명이었다고 합니다. 안디옥 교회는 당시 세계 최대의 교회로 성장하였을 뿐만 아니라 예수 그리스도의 복음으로 온 구라파를 뒤흔들어 놓았던 것입니다.

제 15 장

예루살렘 공의회

바울의 예루살렘 방문	15:1-5
베드로의 변론	15:6-11
야고보의 발언	15:12-21
예루살렘 공의회의 결정	15:22-29
안디옥으로 돌아감	15:30-35
바울과 바나바의 이별	15:36-41

A COMMENTARY ON
THE ACTS OF THE
APOSTLES Ⅱ

구원은 오직 믿음으로 얻는 것이지만 예루살렘 공의회는 우상의 제물과 음행과 목매어 죽인 것과 피를 멀리할 것을 결정하였습니다.

또한 본 장에서는 우리가 무엇을 하든지 성령과 함께해야 하며 성령 없는 기도, 성령 없는 전도, 성령 없는 신앙은 헛것임을 강조하고 있습니다.

1. 바울의 예루살렘 방문(15:1-5)

1. 어떤 사람들이 유대로부터 내려와서 형제들을 가르치되 너희가 모세의 법대로 할례를 받지 아니하면 능히 구원을 받지 못하리라 하니 2. 바울 및 바나바와 그들 사이에 적지 아니한 다툼과 변론이 일어난지라 형제들이 이 문제에 대하여 바울과 바나바와 및 그중의 몇 사람을 예루살렘에 있는 사도와 장로들에게 보내기로 작정하니라 3. 그들이 교회의 전송을 받고 베니게와 사마리아로 다니며 이방인들이 주께 돌아온 일을 말하여 형제들을 다 크게 기쁘게 하더라 4. 예루살렘에 이르러 교회와 사도와 장로들에게 영접을 받고 하나님이 자기들과 함께 계셔 행하신 모든 일을 말하매 5. 바리새파 중에 어떤 믿는 사람들이 일어나 말하되 이방인에게 할례를 행하고 모세의 율법을 지키라 명하는 것이 마땅하다 하니라

1절 어떤 사람들이 유대로부터 내려와서 형제들을 가르치되 너희

가 모세의 법대로 할례를 받지 아니하면 능히 구원을 받지 못하리라 하니

'어떤 사람들' 은 예루살렘에서 사도들이 인정을 해서 보낸 사람들이 아닌 자기 마음대로 내려온 사람들로, 예수님을 믿기는 하지만 유대주의로 가득 찬 사람들입니다. 이들은 안디옥 교회에 와서 형제들, 즉 예수님을 믿는 사람들에게 "예수님을 믿되 이방인이라도 모세의 법대로 할례를 받아야만 구원을 얻는다." 고 가르쳤습니다.

이것은 중대한 문제입니다. 구원은 예수 그리스도께서 십자가에서 다 이루어 놓으셨기 때문에 우리는 예수님께서 이루어 놓으신 것에서 하나라도 더하거나 뺄 수 없습니다. 구원은 행위로 얻는 것이 아니라 예수님께서 우리의 죄를 위해서 죽으시고 부활하신 것을 믿는 믿음으로 얻는 것입니다.

그러므로 할례를 받지 않으면 구원을 얻지 못한다는 것은 예수 그리스도의 십자가의 공로를 무시하는 것이며 하나님을 무시하는 행동인 것입니다.

2절 바울 및 바나바와 그들 사이에 적지 아니한 다툼과 변론이 일어난지라 형제들이 이 문제에 대하여 바울과 바나바와 및 그중의 몇 사람을 예루살렘에 있는 사도와 장로들에게 보내기로 작정하니라

바울과 바나바는 예수 그리스도의 십자가 공로에 의해서만 구원을 얻는다고 믿었기 때문에 그들과 일대 격론이 붙었습니다. 이에 교회가 흔들리게 되자 교회에서는 바울과 바나바를 대표로 세워서 예루살렘에 보

내어 사도와 장로들에게 이 문제의 해결을 부탁하기로 하였습니다.

3절 그들이 교회의 전송을 받고 베니게와 사마리아로 다니며 이방인들이 주께 돌아온 일을 말하여 형제들을 다 크게 기쁘게 하더라

바울과 바나바는 베니게와 사마리아를 지나 예루살렘으로 올라가면서 가는 곳마다 교회에 들렀습니다. 그곳에서 그들은 제1차 전도 여행 때 하나님께서 역사하셔서 많은 기사와 이적과 표적을 행한 것과 수많은 이방인들이 회개하고 주님께 돌아온 일을 간증하였습니다. 간증은 듣는 사람들로 하여금 하나님의 은혜를 체험하게 할 뿐 아니라 믿음도 굳게 해 줍니다.

바울과 바나바가 하나님께서 역사하신 것을 간증하니 그것을 들은 사람들이 크게 기뻐하였습니다. 베니게와 사마리아의 그리스도인들은 스데반의 순교 이후 헬라파 전도자들의 전도로 회심하였기에(8:4-25; 11:19-21) 예루살렘 교회보다 더 포용적이고 넓은 아량을 가지고 있었던 것 같습니다.

4-5절 예루살렘에 이르러 교회와 사도와 장로들에게 영접을 받고 하나님이 자기들과 함께 계셔 행하신 모든 일을 말하매 바리새파 중에 어떤 믿는 사람들이 일어나 말하되 이방인에게 할례를 행하고 모세의 율법을 지키라 명하는 것이 마땅하다 하니라

바울과 바나바는 예루살렘에 도착하여 교회와 사도와 장로들로부터 환영을 받았습니다. 바울과 바나바는 이방인들이 복음을 받아들이고 예수님을 믿음으로 구원받은 일들을 모두 보고하였습니다. 또한 안디옥

교회에 어떤 사람들이 내려와서 예수님을 믿어도 할례를 받아야만 구원을 얻는다고 주장하여 큰 논란이 일어난 것도 보고하였습니다.

바울과 바나바가 보고를 마치자, 바리새파 중에 어떤 믿는 사람들이 일어나 "이방인에게 할례를 행하고 모세의 율법을 지키라 명하는 것이 마땅하다"고 했습니다. '바리새파'는 율법주의자입니다. 이들 중에는 회개하고 예수님을 영접했지만 아직 율법을 버리지 못한 사람들도 있었습니다. 그들은 예수님을 믿어도 모두 다 할례 받고 율법을 지켜야 구원을 얻는다고 주장하였습니다.

안디옥 교회에서 다툼을 일으켰던 이 문제는 예루살렘 교회에서도 정리되지 않은 상태였습니다. 그래서 또 격렬한 논쟁이 벌어졌습니다. 그러나 하나님의 성령께서 문제를 하나씩 정리해 주시기 시작하셨습니다.

2. 베드로의 변론(15:6-11)

6. 사도와 장로들이 이 일을 의논하러 모여 7. 많은 변론이 있은 후에 베드로가 일어나 말하되 형제들아 너희도 알거니와 하나님이 이방인들로 내 입에서 복음의 말씀을 들어 믿게 하시려고 오래 전부터 너희 가운데서 나를 택하시고 8. 또 마음을 아시는 하나님이 우리에게와 같이 그들에게도 성령을 주어 증언하시고 9. 믿음으로 그들의 마음을 깨끗이 하사 그들이나 우리나 차별하지 아니하셨느니라 10. 그런

데 지금 너희가 어찌하여 하나님을 시험하여 우리 조상과 우리도 능히 메지 못하던 멍에를 제자들의 목에 두려느냐 11. 그러나 우리는 그들이 우리와 동일하게 주 예수의 은혜로 구원받는 줄을 믿노라 하니라

6절 사도와 장로들이 이 일을 의논하러 모여

구원에 관한 문제가 대두되자, 사도와 장로들이 구원에 대해서 의논하기 위하여 모였습니다. 그런데 예루살렘 총회에는 사도와 장로들뿐만 아니라 교회의 회중들도 참석하였던 것 같습니다(12,22절).

7절 많은 변론이 있은 후에 베드로가 일어나 말하되 형제들아 너희도 알거니와 하나님이 이방인들로 내 입에서 복음의 말씀을 들어 믿게 하시려고 오래 전부터 너희 가운데서 나를 택하시고

많은 변론이 있은 후에 마지막으로 베드로가 일어나 결론을 내렸습니다. 베드로는 자신이 직접 하나님께 계시를 받았던 사실을 말했습니다.

베드로가 오순절 날 성령을 체험한 후 설교하자 3천 명이 회개하였습니다. 그 후 이방인 고넬료의 가정에서도 예수님을 증언하자 그들이 예수님을 믿고 성령을 받았습니다. 방언도 하고 하나님을 높이는 역사가 일어났던 것입니다. 베드로는 바로 이것을 상기시키고 있는 것입니다. 하나님의 성령께서는 이런 논란이 일어날 줄 아시고 베드로를 통해 미리 준비시키신 것입니다.

예수님만 믿으면 성령으로 인 침을 받습니다. 그러므로 예수님을 믿고 난 다음에 할례를 받고 율법을 지켜야 구원을 얻는다는 것은 잘못된

것입니다.

8절 또 마음을 아시는 하나님이 우리에게와같이 그들에게도 성령을 주어 증언하시고

마음을 감찰하시는 하나님께서 유대인들이 예수님을 믿을 때에 성령을 주셨습니다. 이와 마찬가지로 하나님께서는 이방인들이 할례 받지 않고 율법을 지키지 않았지만 그들이 예수님을 믿을 때에 성령을 주셨습니다.

베드로는 예수님을 믿는 자에게는 유대인이나 이방인의 구별 없이 성령께서 동일하게 임하셨음을 증언하였습니다.

9절 믿음으로 그들의 마음을 깨끗이 하사 그들이나 우리나 차별하지 아니하셨느니라

"믿음으로 그들의 마음을 깨끗이 하사". 이 말은 믿음으로 예수님을 영접하면 이방인이라 할지라도 예수님께서 그 사람의 의가 되어 주시고 성결한 생활을 할 수 있도록 역사하여 주신다는 것입니다.

하나님께서는 유대인과 이방인을 차별하지 않으시고 누구든지 예수님을 믿기만 하면 죄를 사하여 깨끗하게 하시고 구원하여 의롭게 해 주십니다. 그러므로 예수 그리스도 안에서는 유대인과 이방인이나 동등한 것입니다.

10절 그런데 지금 너희가 어찌하여 하나님을 시험하여 우리 조상과 우리도 능히 메지 못하던 멍에를 제자들의 목에 두려느냐

"우리 조상과 우리도 능히 메지 못하던 멍에". 여기서 멍에는 '율법'을 말합니다. 율법을 다 지킬 수 있는 사람은 이 세상에 한 사람도 없습니다. 율법으로는 구원을 얻을 사람이 없는 것입니다. 그렇기 때문에 예수님께서 이 땅에 오셔서 인간의 모든 허물과 죄를 대신 짊어지시고 십자가의 고난을 받으셨고, 이로 말미암아 누구든지 예수님을 구주로 믿기만 하면 구원을 얻게 되었습니다. 그런데 이제 와서 예수님을 믿어도 할례를 받아야 구원을 얻는다는 것은 조상들과 자신들도 지키지 못하는 율법을 이방인들에게 지키라고 요구하는 것이며 이는 부당한 처사라고 베드로가 말한 것입니다.

11절 그러나 우리는 그들이 우리와 동일하게 주 예수의 은혜로 구원받는 줄을 믿노라 하니라

여기서 '그들'은 이방인을 말하고 '우리'는 유대인을 말합니다. 따라서 본문은 예수님을 믿으면 유대인이나 이방인이나 똑같이 구원받을 수 있다는 것을 말합니다. 십자가에 못 박히신 예수님께서 "내가 다 이루었다"라고 하셨을 때 우리의 과거의 죄, 현재의 죄, 미래의 죄의 값이 다 청산되었습니다. 그러므로 죄를 지었음에도 불구하고, 못났음에도 불구하고, 버림을 받아야 마땅함에도 불구하고 누구든지 예수님을 믿기만 하면 죄를 용서받고 구원받게 되는 것입니다.

예수님을 믿기만 하면 성령께서 오셔서 인을 쳐 주시므로 우리는 하나님의 자녀가 됩니다. 그럼에도 불구하고 우리가 율법과 계명을 지키면서 살려고 하는 것은 구원을 받기 위해서가 아니라 이미 구원받았기 때문에 하나님의 자녀답게 살기 위해 힘쓰는 것입니다.

3. 야고보의 발언(15:12-21)

12. 온 무리가 가만히 있어 바나바와 바울이 하나님께서 자기들로 말
미암아 이방인 중에서 행하신 표적과 기사에 관하여 말하는 것을 듣
더니 13. 말을 마치매 야고보가 대답하여 이르되 형제들아 내 말을
들으라 14. 하나님이 처음으로 이방인 중에서 자기 이름을 위할 백
성을 취하시려고 그들을 돌보신 것을 시므온이 말하였으니 15. 선지
자들의 말씀이 이와 일치하도다 기록된바 16. 이 후에 내가 돌아와
서 다윗의 무너진 장막을 다시 지으며 또 그 허물어진 것을 다시 지어
일으키리니 17. 이는 그 남은 사람들과 내 이름으로 일컬음을 받는
모든 이방인들로 주를 찾게 하려 함이라 하셨으니 18. 즉 예로부터
이것을 알게 하시는 주의 말씀이라 함과 같으니라 19. 그러므로 내
의견에는 이방인 중에서 하나님께로 돌아오는 자들을 괴롭게 하지
말고 20. 다만 우상의 더러운 것과 음행과 목매어 죽인 것과 피를 멀
리하라고 편지하는 것이 옳으니 21. 이는 예로부터 각 성에서 모세
를 전하는 자가 있어 안식일마다 회당에서 그 글을 읽음이라 하더라

12절 온 무리가 가만히 있어 바나바와 바울이 하나님께서 자기들로 말미암아 이방인 중에서 행하신 표적과 기사에 관하여 말하는 것을 듣더니

베드로가 설교를 마치자 바울과 바나바가 일어나서 증언하기 시작했습니다. 그러자 예루살렘 교회의 총회에 모인 무리들이 조용히 그들의

말에 귀 기울였습니다.

바울과 바나바는 자신들이 그리스도의 복음을 전하자 이방인들이 믿고 받아들여 구원받았으며 하나님께서 역사하셔서 그들 가운데 기사와 표적이 나타나고 못 걷는 사람이 일어나 뛰고 죽은 사람이 살아나는 기적이 일어났다고 증언하였습니다. 바울과 바나바는 하나님께서 이방인에게 동일한 표적과 기사를 베풀어 주셨음을 간증함으로써 베드로가 한 말을 보증한 것입니다. 오늘날도 하나님께서는 오직 믿음에 의해서만 우리 가운데서 역사하시고 은사를 주십니다.

13절 말을 마치매 야고보가 대답하여 이르되 형제들아 내 말을 들으라

야고보는 예수님의 형제로서, 그 당시 예루살렘 교회의 지도자로 예루살렘 총회를 이끌었으며 예루살렘 교회의 성도들로부터 존경과 신임을 받고 있었습니다.

14-15절 하나님이 처음으로 이방인 중에서 자기 이름을 위할 백성을 취하시려고 그들을 돌보신 것을 시므온이 말하였으니 선지자들의 말씀이 이와 일치하도다 기록된바

야고보는 베드로를 그의 옛 이름인 시므온으로 지칭하면서 베드로의 설교를 요약 설명하였습니다. 야고보는 하나님께서 세상에 당신의 이름을 드러내시기 위해 이방인 중에서 하나님의 이름을 위할 백성을 취하여 내셨다는 것을 분명히 증언했습니다. 그리고 이것은 구약 성경에 하나님께서 말씀하신 내용과 일치된다며 구약 성경의 말씀을 인용하였습니다.

16절 이 후에 내가 돌아와서 다윗의 무너진 장막을 다시 지으며 또 그 허물어진 것을 다시 지어 일으키리니

이 말씀은 아모스 선지자가 예언한 말씀을 인용한 것입니다(암 9:11). 다윗 왕국은 둘로 나누어져 각기 하나님 앞에 죄를 지었습니다. 이로 말미암아 하나님의 진노를 받은 북왕국 이스라엘은 앗수르의 포로로 잡혀 가고 남왕국 유다는 바벨론의 포로로 잡혀 가서 처참하게 짓밟혔습니다. 그러나 그 후에 하나님께서 다시 이스라엘 백성들을 불러 모아서 퇴락하여 무너진 다윗의 장막인 이스라엘 나라를 다시 일으키시겠다고 약속하셨습니다. 이 예언은 예수 그리스도께서 다윗의 후손으로 오심으로 성취되었습니다.

17절 이는 그 남은 사람들과 내 이름으로 일컬음을 받는 모든 이방인들로 주를 찾게 하려 함이라 하셨으니

하나님께서는 이스라엘 백성 중에 남은 사람들을 구원하시고 이방인들로 하여금 주를 찾게 하시겠다고 말씀하셨습니다. 이스라엘 백성들은 이방인을 개라고 하며 이방인들은 절대로 구원받지 못한다고 말해 왔습니다. 그러나 성경에는 이스라엘 백성들이 고향으로 다시 돌아와서 다윗의 옛집을 복구할 때에 이방인들에게도 복음이 전파된다고 예언되어 있습니다.

18절 즉 예로부터 이것을 알게 하시는 주의 말씀이라 함과 같으니라

야고보는 아모스 선지자가 예언한 말씀을 끝맺으면서 이방인들의 구원이 하나님의 영원하신 계획에 속한 것임을 분명하게 밝혔습니다. 야고

보는 유대 민족만 구원받는 것이 아니라 이방 민족도 구원받는다는 것을 확증하였습니다. 왜냐하면 베드로의 증언과 예언자들의 말씀에 나타난 하나님의 명백한 뜻을 거스를 수 없었기 때문입니다.

19절 그러므로 내 의견에는 이방인 중에서 하나님께로 돌아오는 자들을 괴롭게 하지 말고

야고보는 이제 자신의 의견을 덧붙여서, 회심한 이방인에게 할례 의무를 부과하는 것은 그들을 괴롭게 하는 것이므로 이를 폐지할 것을 제안하였습니다.

유대인이든 이방인이든 간에 구원받고 교회의 구성원이 되는 것은 하나님의 은혜로 예수 그리스도 안에서 믿음으로 말미암아 되는 것입니다.

20절 다만 우상의 더러운 것과 음행과 목매어 죽인 것과 피를 멀리하라고 편지하는 것이 옳으니

이로써 구원에 대한 문제는 해결되었지만 실생활에서 부딪치게 되는 지엽적인 문제들이 남아 있었습니다. 회심한 이방인들이라 할지라도 교회 내에서 유대인과 같이 지내야 했기 때문에 최소한의 유대인의 금기 조항을 알고 지켜야 할 필요가 있었습니다. 그래서 야고보는 그들에게 금기 사항을 제시하였습니다.

첫째로, 우상에게 바친 제물을 멀리하라고 했습니다.

둘째로, 음행을 멀리하라고 하였습니다. 우리의 몸은 하나님의 성전이며 하나님의 성령이 우리 몸에 거하기 때문에 음행을 피해야 하는 것입니다.

셋째로, 목매어 죽인 것과 피를 먹지 말라고 하였습니다. 성경에는 피를 제하지 않은 고기를 먹지 못하도록 금하고 있습니다. 짐승의 생명이 피에 있기 때문입니다(레 17:10-14).

21절 이는 예로부터 각 성에서 모세를 전하는 자가 있어 안식일마다 회당에서 그 글을 읽음이라 하더라

야고보는 이방인들이 유대인의 금기 사항을 지켜야 할 이유를 밝혔습니다. 유대인들은 어느 도시에 가나 회당에서 이러한 금기 사항을 듣습니다. 그러므로 그들이 지켜야 할 것을 잘 알고 있었으며 이방인들도 마찬가지로 이를 지켜야 한다고 생각했던 것입니다.

4. 예루살렘 공의회의 결정(15:22-29)

22. 이에 사도와 장로와 온 교회가 그중에서 사람들을 택하여 바울과 바나바와 함께 안디옥으로 보내기를 결정하니 곧 형제 중에 인도자인 바사바라 하는 유다와 실라더라 23. 그편에 편지를 부쳐 이르되 사도와 장로 된 형제들은 안디옥과 수리아와 길리기아에 있는 이방인 형제들에게 문안하노라 24. 들은즉 우리 가운데서 어떤 사람들이 우리의 지시도 없이 나가서 말로 너희를 괴롭게 하고 마음을 혼란하게 한다 하기로 25-26. 사람을 택하여 우리 주 예수 그리스도의 이름을 위하여 생명을 아끼지 아니하는 자인 우리가 사랑하는 바나바

와 바울과 함께 너희에게 보내기를 만장일치로 결정하였노라 27. 그리하여 유다와 실라를 보내니 그들도 이 일을 말로 전하리라 28. 성령과 우리는 이 요긴한 것들 외에는 아무 짐도 너희에게 지우지 아니하는 것이 옳은 줄 알았노니 29. 우상의 제물과 피와 목매어 죽인 것과 음행을 멀리할지니라 이에 스스로 삼가면 잘되리라 평안함을 원하노라 하였더라

22절 이에 사도와 장로와 온 교회가 그중에서 사람들을 택하여 바울과 바나바와 함께 안디옥으로 보내기를 결정하니 곧 형제 중에 인도자인 바사바라 하는 유다와 실라더라

야고보의 결정에 사도와 장로와 온 교회가 동의하였습니다. 그리고 이 사실을 안디옥 교회뿐만 아니라 이방 교회에도 알리기 위해 사람들을 파송하기로 결정하였습니다. 그래서 안디옥 교회에서 대표로 온 바울과 바나바 외에 바사바라 하는 유다와 실라 두 사람을 더 뽑았습니다.

23절 그편에 편지를 부쳐 이르되 사도와 장로 된 형제들은 안디옥과 수리아와 길리기아에 있는 이방인 형제들에게 문안하노라

예수 그리스도 안에서는 민족이나 문화의 차별 없이 모두 다 한 형제입니다. 유대인 형제들은 예루살렘 총회에서 결의된 내용과 함께 이방인 형제들에게 문안 편지를 보냈습니다.

유다와 실라는 예루살렘 공의회의 결정을 직접 전할 뿐만 아니라 사도와 장로들의 편지도 가져갔습니다. 이 편지에서 수리아와 길리기아에 있는 이방인 형제들에게까지 문안 인사를 하고 있는 것은 놀라운 일입니다. 아직까지 바울이 안디옥 외의 다른 지방에서 전도하였다는 말이 없

기 때문입니다.

24절 들은즉 우리 가운데서 어떤 사람들이 우리의 지시도 없이 나가
서 말로 너희를 괴롭게 하고 마음을 혼란하게 한다 하기로

모세의 법대로 할례를 받지 않으면 구원을 얻지 못한다고 가르치는 사람은 거짓 선생이며, 예루살렘 교회에서는 그러한 사람들을 안디옥 교회로 보낸 적이 없다고 밝혔습니다.

25-26절 사람을 택하여 우리 주 예수 그리스도의 이름을 위하여 생
명을 아끼지 아니하는 자인 우리가 사랑하는 바나바와 바울과
함께 너희에게 보내기를 만장일치로 결정하였노라

예루살렘 공의회가 열리게 된 직접적인 계기는 예루살렘 교회의 공적인 인정을 받지 않은 일단의 무리들에 의해서 야기되었습니다. 그러므로 지금 파송되는 네 사람은 교회가 인정하는 대표자라는 것이 입증되어야 했습니다.

바울과 바나바는 루스드라에서 복음을 전하다가 나면서부터 걷지 못하는 사람을 걷게 하였습니다. 그러자 이를 시기한 유대인들이 음모를 꾸며서 이방인들을 충동하여 바울을 죽였습니다. 바울이 돌에 맞아 죽자 사람들이 성 밖에 내다 버렸지만 하나님께서 역사하셔서 다시 살아나게 되었습니다. 이와 같이 바울과 바나바는 그리스도를 위해서 목숨을 아끼지 아니한 사람들입니다.

27절 그리하여 유다와 실라를 보내니 그들도 이 일을 말로 전하리라

예루살렘 교회는 예수 그리스도를 위하여 생명까지도 아끼지 아니한 바울과 바나바와 함께 유다와 실라를 보냈습니다. 이들은 말로써 능히 주의 사랑을 전할 수 있는 일꾼들입니다.

28절 성령과 우리는 이 요긴한 것들 외에는 아무 짐도 너희에게 지우지 아니하는 것이 옳은 줄 알았노니

이 말씀은 성령께서 인도하시는 대로 움직이는 도구로서의 교회의 역할을 강조하고 있습니다. 예루살렘 공회에서 회의할 때에 공회원들은 성령을 인격적으로 인정하여 성령의 인도를 받아들였습니다. 그래서 그들은 "성령과 우리는 이 요긴한 것들 외에는 아무 짐도 너희에게 지우지 않기로 했다."고 하였습니다. 그들은 모였을 때 성령께서 그 자리에 함께 계신 것을 인정했습니다.

오늘날 교회의 큰 병폐는 하나님의 성령을 인정하지 않는 것입니다. 오순절 마가 요한의 다락방에서 기도하던 120문도에게 강림하신 이후 성령께서는 교회를 세우시고 우리와 함께 계십니다. 그러므로 우리는 성령을 통해서 아버지를 알고 예수 그리스도를 주라고 부를 수 있는 것입니다.

세상의 지식은 감각을 통해서 얻지만 하나님의 나라에 대한 지식은 성령을 통해서 얻게 됩니다. 오늘날 교회가 잠들고 신앙이 잠들고 기독교가 병든 이유는 성령을 인정하지 않고 환영하지 않고 모셔 들이지 않고 의지하지 않기 때문입니다. 그러므로 우리는 언제나 '성령과 우리'라고 말한 사도들과 같이 보혜사 성령을 인정하고 모셔 들이고 의지하며 동행하여야 합니다.

29절 우상의 제물과 피와 목매어 죽인 것과 음행을 멀리할지니라 이에 스스로 삼가면 잘되리라 평안함을 원하노라 하였더라

예루살렘 공의회에서 결정한 요구 사항은 우상 앞에 드렸던 제물과 피와 목매어 죽인 것과 음행을 스스로 멀리하고 삼가라는 것이었습니다. 그리고 이를 잘 실천하는 것이 곧 올바로 행하는 것이라고 강조하였습니다.

5. 안디옥으로 돌아감(15:30-35)

30. **그들이 작별하고 안디옥에 내려가 무리를 모은 후에 편지를 전하니** 31. **읽고 그 위로한 말을 기뻐하더라** 32. **유다와 실라도 선지자라 여러 말로 형제를 권면하여 굳게 하고** 33. **얼마 있다가 평안히 가라는 전송을 형제들에게 받고 자기를 보내던 사람들에게로 돌아가되** 34. (없음) 35. **바울과 바나바는 안디옥에서 유하며 수다한 다른 사람들과 함께 주의 말씀을 가르치며 전파하니라**

30절 그들이 작별하고 안디옥에 내려가 무리를 모은 후에 편지를 전하니

바울 일행 네 명은 예루살렘 교회에서 결정한 사항들을 기록한 편지를 받아 가지고 안디옥 교회로 내려갔습니다. 그들은 많은 사람들이 모인

곳에서 그 편지를 전해 주었습니다.

31절 읽고 그 위로한 말을 기뻐하더라

안디옥 교회에서는 편지를 받아 봄으로써 문제가 해결되었습니다. 가장 권위 있는 하나님의 사도들과 장로들이 결정한 내용과 위로의 말을 읽고 난 안디옥 교인들은 모두 다 기뻐했습니다. 구원에 대한 문제와 실생활에서 야기되는 문제가 해결됨으로써 이방인과 유대인 사이의 갈등이 해소되었기 때문입니다.

32절 유다와 실라도 선지자라 여러 말로 형제를 권면하여 굳게 하고

유다와 실라는 편지의 내용을 통하여 문제를 해결받고 기뻐하는 안디옥 교회의 형제들을 권면하였습니다. 그들은 예루살렘 공회의 결정을 안디옥 교회의 형제들에게 상세하게 설명해 주었습니다. 그 말을 들은 형제들은 하나님께서 실제로 뜻하신 바가 무엇이었는가를 알게 되었습니다. 유다와 실라가 여러 말로 권면하자 그들은 확신을 가지고 믿음에 굳게 서게 되었습니다.

33절 얼마 있다가 평안히 가라는 전송을 형제들에게 받고 자기를 보내던 사람들에게로 돌아가되

유다와 실라는 얼마 있다가 안디옥 교인들의 전송을 받으며 예루살렘으로 돌아갔습니다. 그들은 오래오래 있어 달라는 부탁을 받았지만 해야 할 일들이 있었기 때문에 예루살렘으로 되돌아가야만 했습니다.

34절 (없음)

35절 바울과 바나바는 안디옥에서 유하며 수다한 다른 사람들과 함께 주의 말씀을 가르치며 전파하니라

유다와 실라는 예루살렘으로 돌아갔지만 바울과 바나바는 안디옥에 남아서 목회 사역을 계속하였습니다. 바울과 바나바 같은 위대한 사도들이 목회하였기에 안디옥 교회에는 큰 부흥의 역사가 일어났습니다.

어느 교회든지 살아 있는 교회에는 말씀의 역사가 있고 성령의 역사와 표적과 기사가 나타나게 됩니다. 성령께서 살아 계시는데 말씀의 역사가 없을 수가 없고 말씀의 역사가 있는데 표적과 기사가 일어나지 않을 수 없는 것입니다.

6. 바울과 바나바의 이별(15:36-41)

36. 며칠 후에 바울이 바나바더러 말하되 우리가 주의 말씀을 전한 각 성으로 다시 가서 형제들이 어떠한가 방문하자 하고 37. 바나바는 마가라 하는 요한도 데리고 가고자 하나 38. 바울은 밤빌리아에서 자기들을 떠나 함께 일하러 가지 아니한 자를 데리고 가는 것이 옳지 않다 하여 39. 서로 심히 다투어 피차 갈라서니 바나바는 마가를 데리고 배 타고 구브로로 가고 40. 바울은 실라를 택한 후에 형제들

에게 주의 은혜에 부탁함을 받고 떠나 41. 수리아와 길리기아로 다니며 교회들을 견고하게 하니라

36절 며칠 후에 바울이 바나바더러 말하되 우리가 주의 말씀을 전한 각 성으로 다시 가서 형제들이 어떠한가 방문하자 하고

말씀을 전한 다음에는 자주 방문을 해서 돌아보아야 합니다. 시험에 들지 않았는가, 영적으로 잠들었거나 게을러지지 않았는지 자주 찾아가서 격려도 하고 기도도 해 주어야 합니다. 그래서 심방이 필요한 것입니다.

바울은 바나바에게 그들이 함께 복음을 전하여 교회를 세웠던 소아시아 지역에 다시 찾아가서 그곳 성도들의 신앙을 격려할 것을 제의했습니다. 그리하여 제2차 전도 여행이 시작됩니다.

37-38절 바나바는 마가라 하는 요한도 데리고 가고자 하나 바울은 밤빌리아에서 자기들을 떠나 함께 일하러 가지 아니한 자를 데리고 가는 것이 옳지 않다 하여

마가 요한은 제1차 전도 여행 때 길이 험하고 너무 어렵고 고통스러워 밤빌리아에서 혼자 예루살렘으로 되돌아갔었습니다.

그런데 이제 제2차 전도 여행을 떠나기에 앞서 전도 팀을 구성하는데 마가 요한으로 인하여 바울과 바나바는 서로 의견이 나뉘었습니다. 바나바는 마가 요한이 자신의 조카이기도 하고 전도 여행의 경험이 있는 일꾼이었기 때문에 그를 데리고 가기를 원했습니다. 바나바는 제1차 전

도 여행 때의 마가의 행동을 이미 용서하였기 때문에 데리고 가자고 했던 것입니다.

그러나 바울은 마가 요한을 믿을 수 없는 사람이라고 여겼으므로 함께 데리고 가는 것을 거부하였습니다. 전도 여행은 남녀 간에 결혼해서 함께 부부 생활을 하는 것과 같습니다. 마치 부부가 검은 머리 파뿌리 되도록 함께 살아야 하듯이, 일단 전도 팀의 일행이 되면 아무리 어렵고 힘들어도 끝까지 함께해야 합니다. 그런데 마가 요한은 전도 여행 도중에 팀을 이탈했던 전력이 있기 때문에, 바울은 아무리 바나바의 조카라 하더라도 마가 요한을 믿을 수 없으므로 데리고 가는 것을 반대한 것입니다.

39-40절 서로 심히 다투어 피차 갈라서니 바나바는 마가를 데리고 배 타고 구브로로 가고 바울은 실라를 택한 후에 형제들에게 주의 은혜에 부탁함을 받고 떠나

그렇게 사이가 좋던 두 사도가 마가 요한 때문에 다투게 되었습니다. 본문을 보면 보통 다툰 것이 아니라 심히 다투었다고 했습니다. 바울과 바나바는 둘 다 훌륭한 사도였지만 인사(人事) 문제로 갈라지고 말았습니다. 그러나 하나님께서는 이러한 불화를 통하여 사도들의 전도 팀을 갑절로 늘리셨습니다. 이와 같이 하나님께서는 모든 것을 합력하여 선을 이루시는 분이십니다.

바울과 갈라선 바나바는 마가를 데리고 해로(海路)를 택하여 배를 타고 구브로로 갔습니다. 그리고 바울은 바나바 대신에 실라를 데리고 가기로 했습니다. 예루살렘과 안디옥에 있는 동안에 실라를 만난 바울은 그가 바나바를 대신하기에 적당한 사람임을 알게 되었습니다. 뿐만 아

니라 실라는 예루살렘 교회의 지도자 중 한 사람이었으므로(22절) 그를 전도 여행의 동역자로 삼은 것은 바울에게 큰 이득이 되었습니다. 바울과 실라는 공식적으로 예배를 드린 후 형제들의 환송을 받고 여행길을 떠났습니다.

41절 수리아와 길리기아로 다니며 교회들을 견고하게 하니라

바나바는 해로를 택했지만 바울은 실라와 함께 육로를 택했습니다. 바울은 실라와 함께 수리아의 북편을 돌아서 길리기아의 좁은 지역을 다니며 그곳의 교회들을 격려하였습니다. 그들이 계획을 성공적으로 수행함으로 수리아와 길리기아의 모든 교회들은 더욱 굳게 서게 되었습니다.

제 16 장

바울의 제2차 전도 여행

디모데를 동반자로 택함	16:1-5
마게도냐로 인도하시는 성령	16:6-10
침례 받는 루디아	16:11-15
빌립보 감옥에서 바울과 실라의 찬미	16:16-34
빌립보를 떠나는 바울과 실라	16:35-40

A COMMENTARY ON
THE ACTS OF THE
APOSTLES Ⅱ

바울은 갈라디아에서 디모데를 제2차 전도 여행에 합류시켰습니다. 바울은 복음 전도의 일정을 성령의 인도하심을 따라 진행하였습니다. 본 장에는 빌립보에 교회가 세워지기까지 바울 일행이 받은 박해와 신실한 믿음, 그리고 성령의 역사하심이 기록되어 있습니다.

1. 디모데를 동반자로 택함(16:1-5)

1. 바울이 더베와 루스드라에도 이르매 거기 디모데라 하는 제자가 있으니 그 어머니는 믿는 유대 여자요 아버지는 헬라인이라 2. 디모데는 루스드라와 이고니온에 있는 형제들에게 칭찬받는 자니 3. 바울이 그를 데리고 떠나고자 할새 그 지역에 있는 유대인으로 말미암아 그를 데려다가 할례를 행하니 이는 그 사람들이 그의 아버지는 헬라인인 줄 다 앎이러라 4. 여러 성으로 다녀갈 때에 예루살렘에 있는 사도와 장로들이 작정한 규례를 그들에게 주어 지키게 하니 5. 이에 여러 교회가 믿음이 더 굳건해지고 수가 날마다 늘어 가니라

1-2절 바울이 더베와 루스드라에도 이르매 거기 디모데라 하는 제자가 있으니 그 어머니는 믿는 유대 여자요 아버지는 헬라인이라 디모데는 루스드라와 이고니온에 있는 형제들에게 칭찬받는 자니

바울은 제1차 전도 여행 때에 복음의 씨를 뿌렸던(14:6-7) 더베와 루스드라에 이르렀습니다. 그곳에서 바울은 디모데라 하는 좋은 제자를 얻었습니다.

바울은 디모데를 믿음의 참된 아들이라 하였고(딤전 1:2), 디모데는 바울을 자기 아버지와 같이 섬겼습니다. 또한 디모데는 바울을 위하여 생명을 아끼지 않고 충성스럽게 잘 받든 제자입니다.

디모데는 혈통적으로는 순수한 유대인이 아니었습니다. 그의 아버지는 헬라인이었고 어머니는 유대인이었습니다. 유대인인 유니게가 헬라인과 결혼하여 디모데를 낳았다는 사실은 소아시아에서는 팔레스타인 지역에서보다 유대인의 배타성이 그만큼 약화되었다는 점을 시사합니다. 디모데는 유대인과 이방인인 헬라인 사이에 태어났지만 어머니인 유니게와 외조모인 로이스로부터 신앙적으로 큰 영향을 받았습니다(딤후 1:5).

디모데는 어려서부터 하나님을 잘 섬기고 성경을 가까이했을 뿐만 아니라 경건하고 믿음이 독실하고 충성된 사람이었습니다(딤후 3:15). 그렇기 때문에 그는 루스드라와 이고니온에 있는 교회의 성도들에게 성숙한 신앙 인격과 모범된 신앙을 칭찬받았습니다. 그래서 바울은 디모데를 제자로 삼아 함께 전도 여행을 하기를 원했던 것입니다. 이때 바울이 디모데를 얻은 것은 하나님의 일을 하는 데 큰 도움이 되었습니다.

3절 바울이 그를 데리고 떠나고자 할새 그 지역에 있는 유대인으로 말미암아 그를 데려다가 할례를 행하니 이는 그 사람들이 그의 아버지는 헬라인인 줄 다 앎이러라

바울은 디모데를 데리고 전도 여행을 떠나기에 앞서 그에게 할례를 행

하였습니다. 이는 구원받게 하기 위하여 행한 것이 아니었습니다. 사실 디모데가 할례 받을 필요가 없는데도 불구하고 할례를 받은 것은 유대인들을 전도하기 위해서였습니다. 왜냐하면 유대인들은 할례 받지 않은 이방인의 전도를 받아들이지 않을 뿐만 아니라 할례를 받아야만 유대인의 회당에 들어가서 복음을 전할 수 있었기 때문이었습니다.

바울은 "유대인들에게 내가 유대인과 같이 된 것은 유대인들을 얻고자 함이요 율법 아래에 있는 자들에게는 내가 율법 아래에 있지 아니하나 율법 아래에 있는 자같이 된 것은 율법 아래에 있는 자들을 얻고자 함이요"(고전 9:20)라고 말했습니다. 바울이 약한 자와 함께 약한 자가 된 것은 약한 자를 구원하기 위해서였고 강한 자와 함께 강한 자가 된 것은 강한 자를 구원하기 위해서였습니다. 이와 같이 우리는 죄가 안 되고 말씀에 어긋남이 없는 이상 이 세상 사람들이 지키는 모든 규례를 지키면서 전도해야 합니다.

옛날에 우리나라에 온 미국인 선교사들은 두루마기를 입고 고무신을 신고 갓을 쓰고 다니면서 전도하였습니다. 그렇게 해야 우리나라 양반 사회에서 복음이 받아들여질 수 있었기 때문입니다. 만일 당시에 미국인 선교사들이 머리를 깎고 신사복에 넥타이를 매고 다녔다면 아마 복음은 이 사회에서 배척당하였을 것입니다. 바울은 바로 이러한 이유로 디모데에게 할례를 베푼 것입니다.

4-5절 여러 성으로 다녀갈 때에 예루살렘에 있는 사도와 장로들이 작정한 규례를 그들에게 주어 지키게 하니 이에 여러 교회가 믿음이 더 굳건해지고 수가 날마다 늘어 가니라

바울과 실라는 여러 성으로 다니면서 예루살렘에 있는 사도와 장로들의 작정한 규례를 그곳 성도들에게 알려 주었습니다. 그것은 우상의 더러운 것과 음행과 목매어 죽인 것과 피를 멀리하라는 것이었습니다(15:20). 이에 예루살렘 회의의 결정 사항을 지킴에 따라 여러 교회가 믿음 위에 더욱 굳게 서게 되었고 성도의 수가 날마다 늘어 갔습니다.

교회에 하나님의 말씀이 살아 있고 성령의 은혜와 역사가 함께 있으면 성도들의 믿음은 더욱 굳건해지고 따라서 교회는 날로 부흥하게 되는 것입니다.

2. 마게도냐로 인도하시는 성령(16:6-10)

6. 성령이 아시아에서 말씀을 전하지 못하게 하시거늘 그들이 브루기아와 갈라디아 땅으로 다녀가 7. 무시아 앞에 이르러 비두니아로 가고자 애쓰되 예수의 영이 허락하지 아니하시는지라 8. 무시아를 지나 드로아로 내려갔는데 9. 밤에 환상이 바울에게 보이니 마게도냐 사람 하나가 서서 그에게 청하여 이르되 마게도냐로 건너와서 우리를 도우라 하거늘 10. 바울이 그 환상을 보았을 때 우리가 곧 마게도냐로 떠나기를 힘쓰니 이는 하나님이 저 사람들에게 복음을 전하라고 우리를 부르신 줄로 인정함이러라

6-8절 성령이 아시아에서 말씀을 전하지 못하게 하시거늘 그들이

브루기아와 갈라디아 땅으로 다녀가 무시아 앞에 이르러 비두니아로 가고자 애쓰되 예수의 영이 허락하지 아니하시는지라 무시아를 지나 드로아로 내려갔는데

바울은 소아시아에서 복음을 전하기를 원했습니다. 그러나 성령께서 그것을 막으셨습니다. 이것은 바울의 전도 여행이 그 자신의 일방적인 계획에 의하여 진행되지 않고 있음을 보여 줍니다.

바울은 나름대로 전도 여행에 대한 계획을 세우고 성령의 세밀한 인도하심을 받았습니다. 성령께서 아시아에서 말씀을 전하지 못하게 하심으로 바울은 돌이켜 비두니아로 가고자 애를 썼습니다. 그러나 그때에도 예수의 영, 즉 성령께서 허락하지 않으셨습니다. 이는 하나님께서 아시아에 복음이 필요하지 않아서 막으신 것이 아니라 유럽의 복음화를 우선시하셨기 때문입니다.

이것은 하나님의 주권에 속한 일로써 복음 사역의 주도권은 하나님께서 가지고 계시다는 사실을 강력하게 시사해 줍니다. 하나님의 계획은 어느 누구도 막을 수 없는 것입니다. 만약 그때 바울이 아시아에 와서 복음을 전했다면 오늘날 아시아의 나라들은 세계를 호령하는 선진 국가들이 되고, 우리나라 국민은 선진 국가의 일등 국민이 되었을 것입니다. 왜냐하면 역사적으로 볼 때 복음이 들어가는 나라마다 찬란한 문화를 꽃피우고 문명이 발달하여 강성대국이 되었기 때문입니다. 유럽이 문명과 문화가 일찍 발달하여 선진국의 명예를 누릴 수 있었던 것도 예수 그리스도의 복음이 먼저 들어갔기 때문입니다.

하나님께서 유럽에 먼저 복음이 들어가고 아시아에는 전도의 문이 닫히게 하신 것은 하나님의 계획에 의한 것이었습니다. 그 당시 성령께서

바울이 아시아에 복음 전하는 것을 막으신 것은 마지막 때에 우리를 들어서 안디옥 교회와 같이 크게 쓰시기 위함입니다. 만약에 그때 바울의 의도대로 복음이 전해졌다면 지금은 아시아가 황혼기에 처하고 유럽이 복음으로 일어날 것입니다. 그때 아시아에 전파되지 못한 복음이 팔레스타인에서 로마로, 독일로, 영국으로, 미국으로 돌아서 2천 년의 세월이 지난 지금 태평양으로 건너와서 아시아의 한 나라인 우리 한국에 전해지게 된 것입니다. 지금 하나님께서는 한국 교회에 세계 선교를 위한 복음의 못자리를 만들어 놓고 계십니다.

9절 밤에 환상이 바울에게 보이니 마게도냐 사람 하나가 서서 그에게 청하여 이르되 마게도냐로 건너와서 우리를 도우라 하거늘

바울은 아시아로 가려고 하여도 성령께서 막으시고 비두니아로 가려고 해도 예수의 영이 허락하시지 아니하므로 힘써 기도하며 하나님의 뜻을 찾으려고 애를 많이 썼습니다. 그러던 중에 하루는 바울이 밤에 환상 가운데 마게도냐 사람이 "마게도냐로 건너와서 우리를 도우라" 고 청하는 것을 보았습니다.

이처럼 하나님께서는 꿈이나 환상이나 음성을 통해 하나님의 뜻을 알게 하여 우리를 인도하시기도 합니다. 그러나 말씀의 토대 없이 믿음과 신앙이 확고하지 못한 가운데서 무조건 꿈이나 환상이나 음성을 통하여 하나님의 뜻을 찾으려고 하면 안 됩니다. 왜냐하면 자칫 마귀의 미혹을 받을 수 있기 때문입니다. 그러므로 하나님의 뜻은 성령의 감동으로 성경 말씀에서 찾도록 해야 합니다.

바울은 환상을 통하여 계시된 대로 마게도냐로 가서 복음을 전하는 것

이 하나님의 뜻임을 깨달았습니다.

전도자는 바울과 같이 성령께서 인도하시는 대로 순종하여 복음을 전해야 합니다. 자기를 위하여 자기 생각대로 하지 말고 하나님께서 인도하시는 대로 따라가야 합니다. 전도는 복음을 전하려고 하는 열심만 가지고는 안 됩니다. 하나님께서 어디로 인도하시든지 그곳으로 가서 말씀을 전해야 하나님의 뜻이 이루어지고 복음의 참된 열매를 맺을 수 있습니다.

10절 바울이 그 환상을 보았을 때 우리가 곧 마게도냐로 떠나기를 힘쓰니 이는 하나님이 저 사람들에게 복음을 전하라고 우리를 부르신 줄로 인정함이러라

본 절의 '우리'라는 표현을 통하여 본 서의 기록자인 누가가 바울의 선교 여행에 함께하였음을 알 수 있습니다.

바울은 환상을 본 후에 즉시 마게도냐로 떠날 채비를 갖추었습니다. 하나님께서 환상으로 보여 주신 대로 유럽에 복음을 전파하는 것이 하나님의 뜻임을 알게 되었기 때문입니다. 바울은 하나님의 뜻 앞에 자신의 의지와 계획을 묻어 버릴 줄 아는 순종의 사람이었습니다.

하나님께서는 이 같은 순종의 사람을 하나님의 사역자로 삼으십니다. 인간이 보기에는 불가능한 것 같으나 하나님께서는 그 사역자들을 통하여 하나님의 뜻을 성취해 가십니다. 그러므로 하나님 앞에서 인간이 가져야 할 태도는 순종입니다(삼상 15:22).

인생을 살면서 하나님의 뜻을 알고 산다는 것이 얼마나 중요하고 좋은지 모릅니다. 하나님의 뜻을 알고 나면 그다음에는 동남풍이 불고 서북

풍이 불어도 요동하지 않습니다. 어떠한 시험과 환난이 다가와도 꿋꿋하게 견디며 앞으로 나아갈 수 있는 것입니다.

3. 침례 받는 루디아(16:11-15)

11. 우리가 드로아에서 배로 떠나 사모드라게로 직행하여 이튿날 네압볼리로 가고 12. 거기서 빌립보에 이르니 이는 마게도냐 지방의 첫 성이요 또 로마의 식민지라 이 성에서 수일을 유하다가 13. 안식일에 우리가 기도할 곳이 있을까 하여 문밖 강가에 나가 거기 앉아서 모인 여자들에게 말하는데 14. 두아디라 시에 있는 자색 옷감 장사로서 하나님을 섬기는 루디아라 하는 한 여자가 말을 듣고 있을 때 주께서 그 마음을 열어 바울의 말을 따르게 하신지라 15. 그와 그 집이 다 침례를 받고 우리에게 청하여 이르되 만일 나를 주 믿는 자로 알거든 내 집에 들어와 유하라 하고 강권하여 머물게 하니라

11-12절 우리가 드로아에서 배로 떠나 사모드라게로 직행하여 이튿날 네압볼리로 가고 거기서 빌립보에 이르니 이는 마게도냐 지방의 첫 성이요 또 로마의 식민지라 이 성에서 수일을 유하다가

'사모드라게'는 드로아와 네압볼리의 중간에 있는 섬으로 항구가 있었다고 합니다. 네압볼리는 빌립보의 외항으로서 북방으로 수리나 떨어

져 있는 곳입니다. '빌립보' 는 알렉산더 대왕의 아버지인 빌립의 이름을 따서 붙여진 지명으로서, 마게도냐 지방의 첫 성이었으며 당시 로마의 식민지였습니다.

바울은 드로아에서 떠나 사모드라게로 가서 이튿날 네압볼리를 경유하여 빌립보에 도착하였습니다. 그러나 그는 어떻게 하나님의 말씀을 전파할지 몰라 수일 동안 머물면서 빌립보 성을 살폈습니다.

13절 안식일에 우리가 기도할 곳이 있을까 하여 문밖 강가에 나가 거기 앉아서 모인 여자들에게 말하는데

바울의 전도 팀 일행은 기도처를 찾기 위해서 문밖 강가로 나갔습니다. 그들은 새로 방문한 도시에서 안식일을 맞을 경우 회당에 참석해 그 곳에 모인 유대인들에게 복음을 전하는 것이 상례였습니다. 그러나 빌립보 성에는 회당이 없었기 때문에 강가로 나간 것입니다. 이것으로 미루어 보아 빌립보에는 유대인이 몇 명만 있었다는 것을 알 수 있습니다. 왜냐하면 당시에는 유대인 남자 세대주 열 명이 있어야 회당을 건립할 수 있었기 때문입니다. 이 숫자가 차지 않는 경우에는 일반적으로 야외나 강가, 또는 바다 근처에 기도하는 장소를 마련하였습니다. 이는 예배 전에 손발을 씻는 의식 때문에 물이 있는 곳에 모이는 관습이 생겼던 것입니다. 바울은 마침 기도처에 모여 있던 여자들에게 복음을 전하기 시작했습니다.

주님을 사랑하는 사람은 그 신앙의 근원이 기도에 있습니다. 기도하지 않는 사람의 신앙은 절대로 바르게 자랄 수 없습니다. 기도를 해야 하늘 문이 열리고 하나님과의 교제가 이루어지는 것입니다.

14절 두아디라 시에 있는 자색 옷감 장사로서 하나님을 섬기는 루디아라 하는 한 여자가 말을 듣고 있을 때 주께서 그 마음을 열어 바울의 말을 따르게 하신지라

그때 '루디아' 라는 여자가 복음을 듣게 되었습니다. 루디아는 두아디라 시의 자색 옷감 장사로서 하나님을 공경하는 사람이었습니다. 루디아는 천지와 만물을 지으신 야훼 하나님에 대하여 알고 있었습니다. 그러나 예수님께서 메시아라는 사실은 몰랐기 때문에 구원받지 못했었습니다. 그런데 하나님께서 그 마음을 열어 주사 바울이 전하는 그리스도의 복음을 청종하게 하셨습니다.

이와 같이 하나님께서 마음을 열어 주시지 않으면 어느 누구도 예수님을 구주로 믿을 수 없으며 영접할 수 없습니다. 구원은 택한 백성에게만 주어지는 하나님의 선물입니다(엡 2:8). 또한 성령의 역사하심이 없이는 성경 말씀이 깨달아지지 않습니다. 왜냐하면 성경 말씀은 영의 말씀이므로 인간의 지식으로는 깨달을 수 없기 때문입니다. 육신의 감각을 통해서 볼 때는 모든 것이 어리석고 우습게만 느껴집니다. 그러므로 성경은 "육에 속한 사람은 하나님의 성령의 일들을 받지 아니하나니 이는 그것들이 그에게는 어리석게 보임이요, 또 그는 그것들을 알 수도 없나니 그러한 일은 영적으로 분별되기 때문이라"(고전 2:14)고 말씀하고 있습니다.

15절 그와 그 집이 다 침례를 받고 우리에게 청하여 이르되 만일 나를 주 믿는 자로 알거든 내 집에 들어와 유하라 하고 강권하여 머물게 하니라

루디아의 변화를 통해 그녀는 물론 그녀의 가족들이 다 침례를 받고 기독교로 개종하는 복음의 열매를 맺었습니다. 그러므로 성경은 “주 예수를 믿으라 그리하면 너와 네 집이 구원을 받으리라”(16:31)고 말씀하고 있습니다.

루디아는 바울과 그 일행을 강권하여 그녀의 집에 머물게 하였습니다. 이것은 섬김의 본을 나타낸 것으로, 전도 여행으로 지친 바울의 일행에게 큰 힘과 위안이 되었습니다.

루디아는 예수님을 구주로 믿고 온 가족이 다 구원받도록 인도하였으며 자기의 집을 개방하여 교회로 만들었습니다. 루디아는 자신의 집을 빌립보 지방의 기독교 전파를 위한 중심지요, 예배의 중심지로 사용하였으며 유럽 복음화를 위한 전도의 전초지로 삼은 것입니다. 이처럼 루디아는 유럽의 복음화에 큰 공헌을 하였으므로 그녀의 이름이 성경에 기록되어 세세토록 사람들의 기억 속에 남아 있게 된 것입니다.

4. 빌립보 감옥에서 바울과 실라의 찬미
(16:16-34)

16. 우리가 기도하는 곳에 가다가 점치는 귀신 들린 여종 하나를 만나니 점으로 그 주인들에게 큰 이익을 주는 자라 17. 그가 바울과 우

리를 따라와 소리 질러 이르되 이 사람들은 지극히 높은 하나님의 종으로서 구원의 길을 너희에게 전하는 자라 하며 18. 이같이 여러 날을 하는지라 바울이 심히 괴로워하여 돌이켜 그 귀신에게 이르되 예수 그리스도의 이름으로 내가 네게 명하노니 그에게서 나오라 하니 귀신이 즉시 나오니라 19. 여종의 주인들은 자기 수익의 소망이 끊어진 것을 보고 바울과 실라를 붙잡아 장터로 관리들에게 끌어갔다가 20. 상관들 앞에 데리고 가서 말하되 이 사람들이 유대인인데 우리 성을 심히 요란하게 하여 21. 로마 사람인 우리가 받지도 못하고 행하지도 못할 풍속을 전한다 하거늘 22. 무리가 일제히 일어나 고발하니 상관들이 옷을 찢어 벗기고 매로 치라 하여 23. 많이 친 후에 옥에 가두고 간수에게 명하여 든든히 지키라 하니 24. 그가 이러한 명령을 받아 그들을 깊은 옥에 가두고 그 발을 차꼬에 든든히 채웠더니 25. 한밤중에 바울과 실라가 기도하고 하나님을 찬송하매 죄수들이 듣더라 26. 이에 갑자기 큰 지진이 나서 옥터가 움직이고 문이 곧 다 열리며 모든 사람의 매인 것이 다 벗어진지라 27. 간수가 자다가 깨어 옥문들이 열린 것을 보고 죄수들이 도망한 줄 생각하고 칼을 빼어 자결하려 하거늘 28. 바울이 크게 소리 질러 이르되 네 몸을 상하지 말라 우리가 다 여기 있노라 하니 29. 간수가 등불을 달라고 하며 뛰어 들어가 무서워 떨며 바울과 실라 앞에 엎드리고 30. 그들을 데리고 나가 이르되 선생들이여 내가 어떻게 하여야 구원을 받으리이까 하거늘 31. 이르되 주 예수를 믿으라 그리하면 너와 네 집이 구원을 받으리라 하고 32. 주의 말씀을 그 사람과 그 집에 있는 모든 사람에게 전하더라 33. 그 밤 그 시각에 간수가 그들을 데려다가 그 맞은 자리를 씻어 주고 자기와 그 온 가족이 다 침례를 받은 후 34. 그들을 데리고 자기 집에 올라가서 음식을 차려 주고 그와 온 집안이 하나님을 믿으므로 크게 기뻐하니라

16절 우리가 기도하는 곳에 가다가 점치는 귀신 들린 여종 하나를 만나니 점으로 그 주인들에게 큰 이익을 주는 자라

바울은 기도하는 곳에 가다가 '점치는 귀신 들린 여종' 을 만났습니다. 바울은 빌립보에 있으면서 시간만 나면 기도하는 처소에 가서 기도를 했습니다. 그렇기 때문에 하나님의 권능이 따른 것입니다. 바울과 마주친 그 여종은 점을 쳐서 그 주인에게 돈을 많이 벌어 주고 있었습니다. 그 여종은 앞날을 잘 맞춘다고 소문이 나서 많은 사람들이 그녀에게 점을 치러 오므로 돈을 많이 벌어 주인에게 큰 이익을 주고 있었던 것입니다.

17-18절 그가 바울과 우리를 따라와 소리 질러 이르되 이 사람들은 지극히 높은 하나님의 종으로서 구원의 길을 너희에게 전하는 자라 하며 이같이 여러 날을 하는지라 바울이 심히 괴로워하여 돌이켜 그 귀신에게 이르되 예수 그리스도의 이름으로 내가 네게 명하노니 그에게서 나오라 하니 귀신이 즉시 나오니라

귀신은 사람보다 먼저 예수님을 알아봅니다. 예수님께서 복음을 전하실 때도 귀신이 소리쳐서 말하기를 "나는 당신이 누구인 줄 압니다. 하나님의 거룩한 분이십니다. 당신은 하나님의 아들이십니다." 라고 했습니다(막 5:7). 또한 성경에 귀신들도 믿고 떤다고 기록되어 있습니다(약 2:19).

귀신 들린 여종은 바울과 그 일행이 기도하는 곳에 가는 것을 보고 쫓아와서 "이 사람들은 지극히 높은 하나님의 종으로서 구원의 길을 너희에게 전하는 자라" 고 소리쳤습니다. 이러한 일이 여러 날 계속되자 바울이 심히 괴로웠습니다. 귀신 들린 여종의 말은 청중을 모으는 일에는 도

움이 되었지만, 그 외침이 며칠씩 계속되자 문제 거리가 되었습니다. 그것은 사람들이 복음보다 귀신의 말에 더 많은 관심을 가졌기 때문이었습니다.

사람들이 오해를 하게 되면 사도 바울이 행하는 이적도 귀신의 능력을 힘입어 행하는 것처럼 인식되어 하나님의 복음 전파에 많은 지장을 가져오게 됩니다. 이러므로 바울은 자신이 전한 복음이 귀신의 말로 오해되고 자신이 행하는 이적이 귀신의 일로 오인되어 하나님의 복음이 변질될까 하여 마음이 심히 괴로웠습니다. 그래서 귀신에게 "예수 그리스도의 이름으로 내가 네게 명하노니 그에게서 나오라"고 명하였습니다. 그러자 즉시 그 여종에게서 귀신이 나왔습니다.

오늘날 우리도 담대한 믿음을 가지고 예수님의 이름으로 귀신을 쫓아낼 수 있습니다. 성령 충만한 가운데 기도가 뒷받침이 될 때 예수님의 이름으로 강하고 담대하게 외치면 귀신이 쫓겨 나가는 역사가 일어납니다. 성경은 믿는 자들에게는 이처럼 귀신을 쫓는 표적이 따른다고 했습니다(막 16:17).

우리 그리스도인들은 하나님의 복음의 역사와 마귀의 역사를 분명히 갈라놓아야 합니다. 그리스도와 벨리알이 함께할 수 없고 하나님의 성전과 우상이 일치할 수 없습니다(고후 6:15-16). 하나님의 역사와 마귀의 역사를 갈라놓지 않고 혼합해 놓으면 성스러운 하나님의 사업은 무너지고 맙니다. 요한계시록 2장 20절을 보면 두아디라 교회가 이세벨을 용납한 일로 주님의 책망을 받는 것이 기록되어 있습니다. 성령의 역사와 마귀의 역사, 신본주의와 인본주의를 섞어 놓으면 복음은 부패하고 맙니다(갈 5:9).

19-21절 여종의 주인들은 자기 수익의 소망이 끊어진 것을 보고 바울과 실라를 붙잡아 장터로 관리들에게 끌어갔다가 상관들 앞에 데리고 가서 말하되 이 사람들이 유대인인데 우리 성을 심히 요란하게 하여 로마 사람인 우리가 받지도 못하고 행하지도 못할 풍속을 전한다 하거늘

바울이 귀신 들린 여종에게서 귀신을 쫓아낸 것은 그 여종의 주인들에게는 좋은 일이 아니었습니다. 여종에게서 귀신이 쫓겨나갈 때에 그 주인들의 수입원도 함께 사라졌기 때문입니다. 좋은 수입원을 잃은 그 주인들은 바울과 실라를 잡아 장터로 끌고 가서 관리들 앞에 세웠습니다. 그들이 고발한 죄명은 바울과 실라가 불법 종교를 퍼뜨려 평화를 교란시킨다는 것이었습니다. 그들은 바울과 실라가 로마 시민도, 헬라인도 아닌 줄 알았습니다. 그래서 그들은 관리들에게 바울과 실라를 끌고 간 것이었습니다.

당시 로마 제국 전역에 걸쳐 유대인에 대한 반감은 매우 컸습니다. 게다가 바울과 실라는 로마 사람들이 결코 받아들이거나 행할 수 없는 풍속을 전하고 있었습니다. 그러므로 로마 관원들은 바울의 종교적 활동을 평화를 교란하는 불법적인 행위로 간주하였습니다.

22-23절 무리가 일제히 일어나 고발하니 상관들이 옷을 찢어 벗기고 매로 치라 하여 많이 친 후에 옥에 가두고 간수에게 명하여 든든히 지키라 하니

사람들은 군중 심리에 편승하여 일제히 일어나서 기독교라는 불법 종교를 포교한다는 죄목으로 바울과 실라를 송사하였습니다. 그러자 상관

들은 재판도 하지 않고 바울과 실라에게 매를 많이 친 다음 그들을 옥에 가두고 간수에게 옥을 단단히 지키라고 명령하였습니다.

24-25절 그가 이러한 명령을 받아 그들을 깊은 옥에 가두고 그 발을 차꼬에 든든히 채웠더니 한밤중에 바울과 실라가 기도하고 하나님을 찬송하매 죄수들이 듣더라

바울과 실라는 현재의 고난을 그리스도의 고난에 참여하는 것으로 믿고 옥중에서도 감사하며 기도했습니다. 그들은 자신들이 전한 복음의 진리가 싹이 나서 열매가 맺힐 것이라는 확신에 차 있었기 때문에 현재의 고통을 잊어버리고 마음속 깊은 곳으로부터 우러나오는 감사의 찬송을 할 수 있었습니다. 또한 그들은 옥중에서도 하늘의 상급을 바라보고 즐거워하였으며, 그리스도의 생명에 깊이 참여하므로 그 마음속에 한없는 평안이 넘쳤습니다.

"내게 사는 것이 그리스도니 죽는 것도 유익함이라"(빌 1:21). 이와 같이 내가 받는 현재의 고난은 그리스도께서 받으신 십자가의 고난에 족히 비교할 수 없다는 마음을 가질 때, 깊은 옥중까지도 찾아와 한량없는 위로와 안식을 주시는 주님을 만나게 됩니다.

바울과 실라가 성령 충만하여 감사와 기쁨의 찬송을 드리자 모든 죄수들이 조용히 들었습니다.

26절 이에 갑자기 큰 지진이 나서 옥터가 움직이고 문이 곧 다 열리며 모든 사람의 매인 것이 다 벗어진지라

그때 하나님의 성령의 놀라운 역사가 일어났습니다. 갑자기 큰 지진이

나서 옥터가 움직이고 든든히 잠겨 있던 옥문이 다 열리고 바울과 실라를 비롯한 모든 죄수들의 매인 것이 다 풀렸습니다. 하나님께서는 천지와 같이 든든한 것들도 진동시키시고(히 12:26) 인간이 지키는 옥문도 깨뜨리시며(시 127:1) 얽매여 있는 자를 자유롭게 해 주시는 분이십니다(눅 4:18).

27-28절 간수가 자다가 깨어 옥문들이 열린 것을 보고 죄수들이 도망한 줄 생각하고 칼을 빼어 자결하려 하거늘 바울이 크게 소리 질러 이르되 네 몸을 상하지 말라 우리가 다 여기 있노라 하니

지진에 놀라서 잠이 깬 간수는 옥문이 열려 있는 것을 보고 죄수들이 도망한 줄 알았습니다. 그 당시의 로마법에는 죄수가 도망하면 간수가 그 죄수의 형벌을 대신 받게 되어 있었습니다. 그렇기 때문에 그 간수는 칼을 빼어 자결하려고 하였습니다. 이를 본 바울은 다급하게 간수를 부르며 자신을 포함한 모든 죄수들이 도망가지 않고 그대로 감옥에 있다고 소리 질렀습니다.

이때 모든 죄수들이 좋은 기회가 왔는데도 도망가지 않은 것은 하나님의 섭리였습니다. 하나님께서는 간수의 생명을 구함과 동시에 바울과 실라에게 복음을 증언할 기회를 주신 것입니다. 이처럼 하나님께서는 이름 없는 한 생명을 구원하시기 위하여 때로는 자연과 사람들을 함께 사용하기도 하십니다.

29-30절 간수가 등불을 달라고 하며 뛰어 들어가 무서워 떨며 바울과 실라 앞에 엎드리고 그들을 데리고 나가 이르되 선생들이

여 내가 어떻게 하여야 구원을 받으리이까 하거늘

간수는 등불을 들고 감옥에 들어가서 하나님의 놀라운 역사를 보고 무서워 벌벌 떨면서 바울과 실라 앞에 엎드렸습니다. 그리고는 그들을 데리고 나가서 "선생들이여 내가 어떻게 하여야 구원을 받으리이까" 라고 물었습니다. 간수는 옥문이 열렸는데도 죄수들이 도망가지 않은 것을 보고 하나님께서 살아 계시고 그들과 함께 계시다는 것을 느꼈습니다. 그는 바울이 귀신 들린 여종에게서 귀신을 좇아낸 일을 다른 사람으로부터 전해 들었을 것입니다. 그런데 지금 일어난 사건은 바울과 실라에 관한 그 말을 확증해 준 것이나 다름이 없었습니다.

31-32절 이르되 주 예수를 믿으라 그리하면 너와 네 집이 구원을 받으리라 하고 주의 말씀을 그 사람과 그 집에 있는 모든 사람에게 전하더라

바울은 구원의 길을 묻는 간수에게 긴 설교를 하지 않았습니다. 다만 "주 예수를 믿으라 그리하면 너와 네 집이 구원을 받으리라" 는 메시지와 함께 그 집에 있는 모든 사람에게 주님의 말씀을 전하였습니다. 전도자에게는 이런 상황이 복음을 전하기에 제일 좋은 때입니다. 인간은 자신의 힘과 능력이 다하면 스스로의 한계를 깨닫고 무엇이라도 붙잡고자 합니다. 이럴 때에 하나님께서 역사하십니다. 그러므로 자신의 계획과 소망이 깨어져 구원의 길을 찾으려고 헤매는 자에게 복음을 전하면 잘 받아들이는 것입니다.

33-34절 그 밤 그 시각에 간수가 그들을 데려다가 그 맞은 자리를

씻어 주고 자기와 그 온 가족이 다 침례를 받은 후 그들을 데리고 자기 집에 올라가서 음식을 차려 주고 그와 온 집안이 하나님을 믿으므로 크게 기뻐하니라

환난이 변하여 큰 복이 되었습니다. 지진으로 말미암아 간수 한 사람이 회개하자 온 가족에게 구원의 문이 열렸습니다. 간수는 바울과 실라의 매 맞은 자리를 씻어 주었습니다. 그리고 그 자신뿐 아니라 가족들까지 모두 침례를 받은 다음 바울과 실라를 집으로 데리고 가서 음식을 대접하였습니다. 바울과 실라를 통하여 하나님을 믿게 된 간수의 온 집안 식구들은 죄 사함을 받고 구원받은 것을 크게 기뻐하였습니다. 이것은 은혜 받은 증거요, 믿음의 싹이요, 신앙의 열매입니다.

오늘날 우리도 가족 중에 믿지 않는 사람들이 있으면 그들에게 복음을 전하여야 합니다. 그리고 그들을 위하여 기도하여야 합니다. 온 가족이 모두 다 구원받는 것은 하나님의 뜻입니다. 그러므로 우리가 가족 구원을 위해서 열심히 기도하고 전도하면 반드시 하나님의 성령께서 역사해 주실 것입니다.

5. 빌립보를 떠나는 바울과 실라(16:35-40)

35. **날이 새매 상관들이 부하를 보내어 이 사람들을 놓으라 하니**

36. 간수가 그 말대로 바울에게 말하되 상관들이 사람을 보내어 너희
를 놓으라 하였으니 이제는 나가서 평안히 가라 하거늘 37. 바울이
이르되 로마 사람인 우리를 죄도 정하지 아니하고 공중 앞에서 때리
고 옥에 가두었다가 이제는 가만히 내보내고자 하느냐 아니라 그들
이 친히 와서 우리를 데리고 나가야 하리라 한대 38. 부하들이 이 말
을 상관들에게 보고하니 그들이 로마 사람이라 하는 말을 듣고 두려
워하여 39. 와서 권하여 데리고 나가 그 성에서 떠나기를 청하니
40. 두 사람이 옥에서 나와 루디아의 집에 들어가서 형제들을 만나
보고 위로하고 가니라

35-36절 날이 새매 상관들이 부하를 보내어 이 사람들을 놓으라 하니 간수가 그 말대로 바울에게 말하되 상관들이 사람을 보내어 너희를 놓으라 하였으니 이제는 나가서 평안히 가라 하거늘

그 이튿날 아침에 상관들이 부하를 보내어 바울과 실라를 놓아주라고 하였습니다. 아마 그들은 하룻밤의 투옥과 태형으로 충분하다고 생각하였던 것 같습니다. 이것을 보면 그들은 바울과 실라가 죄 없는 사람인 줄 알면서도 때리고 감옥에 가두었던 것이 분명합니다.

37절 바울이 이르되 로마 사람인 우리를 죄도 정하지 아니하고 공중 앞에서 때리고 옥에 가두었다가 이제는 가만히 내보내고자 하느냐 아니라 그들이 친히 와서 우리를 데리고 나가야 하리라 한대

바울은 간수로부터 자신과 실라를 풀어 준다는 말을 전해 듣고 이를 거부하였습니다. 그는 자신이 로마 시민권 소유자임을 당당히 밝히고 상관들이 와서 데리고 나가야 한다고 주장하였습니다. 그 당시 로마의 시

민은 재판하지 않고는 때리거나 옥에도 가두지 못하도록 법에 명시되어 있었습니다. 그러므로 상관들이 로마 시민권을 가진 바울과 실라를 재판도 하지 않고 많은 사람들이 보는 앞에서 때리고 투옥한 것은 분명히 법을 어긴 것입니다. 이 때문에 바울은 큰소리칠 수 있었던 것입니다.

38-39절 부하들이 이 말을 상관들에게 보고하니 그들이 로마 사람이라 하는 말을 듣고 두려워하여 와서 권하여 데리고 나가 그 성에서 떠나기를 청하니

로마 시민권을 가진 바울을 재판도 하지 않은 채 잡아서 때리고 옥에 가둔 것은 큰 과오였습니다. 그렇기 때문에 상관들은 부하들로부터 바울의 말을 전해 듣고 두려워하였습니다. 겁에 질린 그들은 바울과 실라에게 와서 겸손히 사과하고 그 성에서 떠나 달라고 간청하였습니다. 그들은 더 이상 군중들의 혼란이나 반대가 야기되지 않도록 하기 위하여 바울과 실라에게 빌립보 성을 떠나라고 한 것입니다.

40절 두 사람이 옥에서 나와 루디아의 집에 들어가서 형제들을 만나 보고 위로하고 가니라

바울과 실라는 옥에서 나와 루디아의 집으로 갔습니다. 이때 루디아의 집은 벌써 예수님을 믿는 형제들이 많이 모이는 모임의 장소가 되어 있었습니다. 그래서 바울 일행들은 믿음의 형제들을 위로해 주고 루디아의 집을 떠나서 다른 지역으로 갔습니다. 이렇게 작은 무리로 시작된 빌립보 교회는 유럽 교회의 발상지가 되었고 영적으로나 양적으로 부흥하여 많은 복음의 열매를 맺었습니다.

이제 한국 교회도 하나님의 택하심을 받고 성령님의 품안에서 놀라운 부흥과 성장을 하여 많은 열매를 맺었습니다. 그러므로 우리는 온 세계를 복음화하는 성령의 횃불을 더욱 높이 들고 전진해 나아가야겠습니다.

제 17 장

복음의 확산

데살로니가 전도	17:1-9
베뢰아 전도	17:10-15
아덴 전도	17:16-31
아덴을 떠나는 바울	17:32-34

A COMMENTARY ON THE ACTS OF THE APOSTLES Ⅱ

본 장에는 데살로니가에서의 전도와 베뢰아에서의 전도, 그리고 아덴에서의 바울의 사역이 기록되어 있습니다.

1. 데살로니가 전도(17:1-9)

1. 그들이 암비볼리와 아볼로니아로 다녀가 데살로니가에 이르니 거
기 유대인의 회당이 있는지라 2. 바울이 자기의 관례대로 그들에게
로 들어가서 세 안식일에 성경을 가지고 강론하며 3. 뜻을 풀어 그
리스도가 해를 받고 죽은 자 가운데서 다시 살아나야 할 것을 증언하
고 이르되 내가 너희에게 전하는 이 예수가 곧 그리스도라 하니 4.
그중의 어떤 사람 곧 경건한 헬라인의 큰 무리와 적지 않은 귀부인도
권함을 받고 바울과 실라를 따르나 5. 그러나 유대인들은 시기하여
저자의 어떤 불량한 사람들을 데리고 떼를 지어 성을 소동하게 하여
야손의 집에 침입하여 그들을 백성에게 끌어내려고 찾았으나 6. 발
견하지 못하매 야손과 몇 형제들을 끌고 읍장들 앞에 가서 소리 질러
이르되 천하를 어지럽게 하던 이 사람들이 여기도 이르매 7. 야손이
그들을 맞아들였도다 이 사람들이 다 가이사의 명을 거역하여 말하
되 다른 임금 곧 예수라 하는 이가 있다 하더이다 하니 8. 무리와 읍
장들이 이 말을 듣고 소동하여 9. 야손과 그 나머지 사람들에게 보
석금을 받고 놓아주니라

1절 그들이 암비볼리와 아볼로니아로 다녀가 데살로니가에 이르니 거기 유대인의 회당이 있는지라

사도 바울은 빌립보에서 복음을 전한 후 그곳에 있는 모든 사람들을 하나님께 맡기고 이제 암비볼리와 아볼로니아를 거쳐 데살로니가에 이르렀습니다. 데살로니가는 마게도냐에서 가장 크고 번성하였던 도시로 유대인의 회당이 있었습니다. 바울은 회당에 들어가 전도하기 시작하였습니다.

2-3절 바울이 자기의 관례대로 그들에게로 들어가서 세 안식일에 성경을 가지고 강론하며 뜻을 풀어 그리스도가 해를 받고 죽은 자 가운데서 다시 살아나야 할 것을 증언하고 이르되 내가 너희에게 전하는 이 예수가 곧 그리스도라 하니

'바울의 관례'는 하나님의 선민인 유대인에게 먼저 복음을 전하여 구원받을 기회를 준 다음 이방인에게 복음을 전하겠다는 것입니다.

바울은 3주 동안 안식일이 되면 유대인의 회당에 가서 구약 성경을 가지고 강론했습니다. 그것은 구약 성경에는 예수님께서 하나님의 아들이시며 그의 백성들을 구원하실 메시아로서 이 세상에 오실 것이 예언되어 있기 때문입니다. 바울은 그리스도가 해를 받으시고 죽은 자 가운데서 다시 살아나셔야 할 것을 증언하고 "내가 너희에게 전하는 이 예수가 곧 그리스도라"고 말하였습니다. 이사야 53장에도 예수님께서 우리를 위해서 죽으실 것이라고 분명히 기록되어 있습니다. 이사야는 주님 오시기 약 7백 년 전에 예수님께서 이 땅에 오셔서 우리의 죄와 질병과 저주와 죽음을 한 몸에 짊어지실 것이라고 예언하였습니다. 그러므로 바울은 그리

스도가 고난을 당하시고 죽은 자 가운데서 다시 살아나신 것을 증명하고, 그들에게 전한 예수님이 바로 그들이 기다리는 그리스도라고 설명했습니다.

그런데 유대인들은 그리스도께서 오실 때에 큰 영광의 왕으로서 오실 줄로만 기대하였습니다. 그것은 그들이 성경 말씀을 잘못 알고 있었기 때문입니다. 예수님께서 영광의 왕으로 이 세상에 오시는 것은 재림하실 때입니다. 유대인들은 예수님께서 이미 오셔서 죄를 속량하신 것을 알지 못하고 메시아가 오시기를 학수고대하고 있었습니다. 하나님의 백성으로 택함받은 유대인들은 자신들이 그토록 고대하며 기다리던 메시아 예수님이 오셨을 때 알아보지 못하고 십자가에 못 박아 버리고 다른 그리스도가 오기를 기다리고 있었던 것입니다. 이처럼 하나님의 성령께서 허락하시지 않으면 영의 눈이 열리지 않아 주님을 알아볼 수 없습니다.

바울은 믿는 자에게만 성경을 가르친 것이 아니라 믿지 않는 사람에게도 성경을 가르쳤습니다. 그 결과 믿는 자가 점점 많아졌습니다. 이로 인해 유럽에서는 빌립보에 이어 두 번째로 데살로니가에 교회가 세워졌습니다.

4절 그중의 어떤 사람 곧 경건한 헬라인의 큰 무리와 적지 않은 귀부인도 권함을 받고 바울과 실라를 따르나

회당에서 바울의 설교를 듣고 경건한 헬라 사람들의 큰 무리와 귀부인들이 바울과 실라를 따랐습니다. 여기에서 말하는 '경건한 헬라인' 은 유대교로 개종한 헬라인들을 말하며, '귀부인' 은 당시에 데살로니가에서 높은 지위에 있던 사람들의 아내들로서 대단히 큰 영향력이 있었습니다.

5절 그러나 유대인들은 시기하여 저자의 어떤 불량한 사람들을 데리고 떼를 지어 성을 소동하게 하여 야손의 집에 침입하여 그들을 백성에게 끌어내려고 찾았으나

남부 갈라디아 지방에 있는 안디옥, 이고니온, 루스드라에서와 마찬가지로 데살로니가에도 하나님의 선민을 자처하면서 복음을 믿지 않는 유대인들이 있었습니다. 그들은 경건한 이방인들이 예수님을 믿자 이를 시기하여 불량배들을 선동하여 바울과 실라를 해치려고 하였습니다. 그리하여 불량배들이 떼를 지어 성을 소동하게 하고 바울과 실라가 머무르고 있던 야손의 집에 침입하여 그들을 찾으려고 집 안을 샅샅이 뒤졌습니다. 그러나 바울과 실라는 이미 피신하여 그곳에 없었습니다.

6-7절 발견하지 못하매 야손과 몇 형제들을 끌고 읍장들 앞에 가서 소리 질러 이르되 천하를 어지럽게 하던 이 사람들이 여기도 이르매 야손이 그들을 맞아들였도다 이 사람들이 다 가이사의 명을 거역하여 말하되 다른 임금 곧 예수라 하는 이가 있다 하더이다 하니

유대인들에게 매수된 불량배들은 야손의 집에서 바울과 실라를 찾지 못하자 야손과 몇 형제들을 읍장들에게 끌고 갔습니다. '야손' 은 데살로니가 교회의 지도자였습니다. 야손이라는 헬라어 이름은 히브리어로 '여호수아' 입니다. 그러므로 그를 유대인으로 보는데, 이는 로마서 16장 21절에 바울이 '친척' 이라고 한 그리스도인과 동일 인물로 볼 수 있기 때문입니다. 야손과 몇 형제들은 천하를 어지럽게 하는 사람들을 집 안에 맞아들였다는 죄목으로 읍장들 앞에 끌려갔습니다.

이때 유대인들은 바울 일행을 다른 임금을 옹립하려 했다는 죄목으로 고소하였는데, 이로 보아 바울은 하나님 나라에 대해서 말했던 것 같습니다. 유대인들은 이를 책잡아 바울 일행이 반제국주의 선동에 가담한 것으로 몰아세우려고 한 것입니다. 그래서 그들은 바울 일행을 천하를 어지럽게 하던 사람들이라고 하였습니다. 그러나 바울이 증언하는 예수님은 영원한 생명의 임금이요, 영원한 나라의 임금이지 로마 제국의 임금은 아닙니다. 어디까지나 바울은 순수한 복음을 증언하였습니다. 그럼에도 불구하도 유대인들은 바울이 사람들에게 로마의 황제를 섬기지 말고 '다른 임금' 인 '예수' 를 섬길 것을 강요한다고 고발했습니다.

8-9절 무리와 읍장들이 이 말을 듣고 소동하여 야손과 그 나머지 사람들에게 보석금을 받고 놓아주니라

그 당시 로마는 여러 나라들을 정복하였지만 피정복 민족들에게 어느 정도의 자유를 주었습니다. 다만 세금을 부과하고 로마의 정권에 대항하지 못하게 하였는데, 바울과 실라는 로마 정부의 정복을 획책한다는 죄목으로 고발당함으로써 큰 박해를 받게 된 것입니다.

그러나 이 고발은 데살로니가의 읍장들을 당황하게 만들었습니다. 왜냐하면 그들은 글라우디오 황제 때에 로마가 기독교인들의 선동으로 인하여 시끄러워지자 황제가 모든 유대인에게 추방 명령을 내린 일이 있었던 것을 알고 있었기 때문입니다. 그들은 로마에서와 같은 소요가 데살로니가에서 일어나는 것을 원하지 않았던 것입니다. 이러한 이유 때문에 이 고소 사건은 야손과 그 형제들을 보증인으로 삼아서 그러한 문제가 다시 되풀이되지 않도록 다짐을 받고 보석금을 받는 것으로 일단락되었습니다. 이때 야손과 그 형제들이 한 다짐은 결국 바울 일행이 데살로니가를 떠나야 한다는 것을 의미하는 것이었습니다.

2. 베뢰아 전도(17:10-15)

10. 밤에 형제들이 곧 바울과 실라를 베뢰아로 보내니 그들이 이르러
유대인의 회당에 들어가니라 11. 베뢰아에 있는 사람들은 데살로니
가에 있는 사람들보다 더 너그러워서 간절한 마음으로 말씀을 받고
이것이 그러한가 하여 날마다 성경을 상고하므로 12. 그중에 믿는
사람이 많고 또 헬라의 귀부인과 남자가 적지 아니하나 13. 데살로
니가에 있는 유대인들은 바울이 하나님의 말씀을 베뢰아에서도 전하
는 줄을 알고 거기도 가서 무리를 움직여 소동하게 하거늘 14. 형제
들이 곧 바울을 내보내어 바다까지 가게 하되 실라와 디모데는 아직
거기 머물더라 15. 바울을 인도하는 사람들이 그를 데리고 아덴까지
이르러 그에게서 실라와 디모데를 자기에게로 속히 오게 하라는 명
령을 받고 떠나니라

10절 밤에 형제들이 곧 바울과 실라를 베뢰아로 보내니 그들이 이르러 유대인의 회당에 들어가니라

보석금을 지불하고 석방된 야손과 그 형제들은 밤에 몰래 바울과 실라를 베뢰아로 보냈습니다. 만약 그들의 집에서 바울 일행이 발견되면 재

산을 몰수당할 처지에 놓여 있었기 때문입니다.

데살로니가를 빠져 나와 베뢰아에 온 바울 일행은 유대인의 회당에 들어가서 복음을 전하였습니다. 바울의 이러한 전도 방법은 "이 동네에서 너희를 박해하거든 저 동네로 피하라"(마 10:23)고 하신 예수님의 말씀을 따른 것이었습니다. 물론 이 말씀은 자신의 안전을 위해서 피하라는 것이 아니라 복음을 받아들일 준비가 된 곳에 가서 씨를 뿌리라는 선교 정책의 뜻이 담긴 말씀입니다. 전도를 한다는 명목으로 쓸데없이 분쟁을 하고 시비에 걸릴 필요는 없습니다. 순교도 하나님께서 명령을 하실 때에 기쁨으로 해야지 공연히 무모한 일에 값진 생명을 버려서는 안 되는 것입니다.

11-12절 베뢰아에 있는 사람들은 데살로니가에 있는 사람들보다 더 너그러워서 간절한 마음으로 말씀을 받고 이것이 그러한가 하여 날마다 성경을 상고하므로 그중에 믿는 사람이 많고 또 헬라의 귀부인과 남자가 적지 아니하나

베뢰아 사람들은 보편적으로 성품이 원만하고 좋았습니다. 베뢰아에 있는 유대인들은 바울이 복음을 전하였을 때 간절한 마음으로 말씀을 받아들였습니다. 그리고 성경을 표준으로 하여 그 진가(眞假)를 알아내려고 하였습니다. 이로 인해 데살로니가에 있는 유대인들보다 더 너그럽다는 평판을 받았습니다.

또한 베뢰아 사람들은 날마다 성경을 상고하며 말씀에 선 신앙을 가졌습니다. 목마른 사슴이 간절히 시냇물을 찾아 헤매듯이 성도들은 말씀을 사모하고 그 말씀을 꿀과 송이꿀같이 달게 받아야 합니다. 건강한 사

람은 입맛이 달고, 병든 사람은 입맛이 씁니다. 성경의 단맛을 잃어버렸다면 그의 신앙이 병든 것입니다. 또한 성도들은 성경을 배웠으면 그 말씀을 상고하여야 합니다. 성경을 부지런히 상고하는 자에게는 성경이 생명이 되고, 힘이 되고, 기업이 되기 때문입니다. 성경을 상고하여 성경에서 증거를 찾아 확신을 가진 신앙은 매우 고귀하고 견고합니다.

베뢰아 사람들은 이처럼 간절히 사모하는 마음으로 말씀을 받고 그 말씀을 상고하여 그중에 믿는 사람이 많았으며, 믿는 자들 중에는 지위가 높고 부유한 귀부인들과 남자들도 많이 있었습니다.

13절 데살로니가에 있는 유대인들은 바울이 하나님의 말씀을 베뢰아에서도 전하는 줄을 알고 거기도 가서 무리를 움직여 소동하게 하거늘

데살로니가의 유대인들은 바울이 하나님의 말씀을 베뢰아에서도 전한다는 소식을 듣고 와서 무리를 보내어 소동을 일으켰습니다.

이렇게 기독교를 반대하는 자들은 복음 전파를 훼방하는 일에 열심을 냅니다. 그러나 하나님의 말씀은 어느 누구도 막을 수 없습니다. 진리는 언제나 전진하고 승리하는 것입니다. 유대인들이 무리를 충동하는 것과 폭력을 일삼는 것은 그들이 진리에 서 있지 않다는 것을 스스로 증명하는 것입니다. 복음에 대한 훼방자요, 박해자요, 폭행자로서 그들이 보인 그릇된 열정은 그리스도께 대한 무지에서 비롯된 불신앙에 그 원인이 있습니다.

14-15절 형제들이 곧 바울을 내보내어 바다까지 가게 하되 실라와

디모데는 아직 거기 머물더라 바울을 인도하는 사람들이 그를 데리고 아덴까지 이르러 그에게서 실라와 디모데를 자기에게로 속히 오게 하라는 명령을 받고 떠나니라

바울은 유대인들의 방해와 박해 때문에 베뢰아에서도 떠나야 했습니다. 바울은 가는 곳마다 하나님의 말씀을 전하였지만 훼방꾼들은 따라다니면서 바울을 방해하고 괴롭혔습니다. 그러므로 우리는 복음을 증언할 때 지지해 주고 함께 기도해 주는 사람이 있는가 하면 끝까지 반대하고 온갖 방해로 괴롭히는 사람들도 있다는 것을 염두에 두어야 합니다.

바울은 데살로니가의 유대인들이 보낸 무리의 소동으로 인하여 베뢰아 성도들의 안내와 호위를 받으며 아덴으로 피했습니다. 이때 실라와 디모데는 베뢰아에 계속 머물러 있었는데 이는 베뢰아 성도들의 믿음을 굳게 하고 교회가 뿌리를 내리게 하기 위해서였습니다. 베뢰아 성도들이 바울을 전송한 것은 그들이 바울을 귀하고 자랑스럽게 여기고 있다는 증거입니다. 이렇게 전도자를 소중히 여기고 도와주는 자는 그에 대한 상을 받게 됩니다(마 10:40-42).

바울은 아덴에 이르자 안내해 준 성도들에게 실라와 디모데를 속히 자기에게 보내 달라고 부탁하여 보냈습니다. 이것은 바울이 아덴을 복음 전파의 전략적 중심지로 보았고 실라와 디모데의 도움이 필요하였기 때문입니다.

3. 아덴 전도(17:16-31)

16. 바울이 아덴에서 그들을 기다리다가 그 성에 우상이 가득한 것을
보고 마음에 격분하여 17. 회당에서는 유대인과 경건한 사람들과 또
장터에서는 날마다 만나는 사람들과 변론하니 18. 어떤 에피쿠로스
와 스토아 철학자들도 바울과 쟁론할새 어떤 사람은 이르되 이 말쟁
이가 무슨 말을 하고자 하느냐 하고 어떤 사람은 이르되 이방 신들을
전하는 사람인가 보다 하니 이는 바울이 예수와 부활을 전하기 때문
이러라 19. 그를 붙들어 아레오바고로 가며 말하기를 네가 말하는
이 새로운 가르침이 무엇인지 우리가 알 수 있겠느냐 20. 네가 어떤
이상한 것을 우리 귀에 들려주니 그 무슨 뜻인지 알고자 하노라 하니
21. 모든 아덴 사람과 거기서 나그네 된 외국인들이 가장 새로운 것
을 말하고 듣는 것 이외에는 달리 시간을 쓰지 않음이더라 22. 바울
이 아레오바고 가운데 서서 말하되 아덴 사람들아 너희를 보니 범사
에 종교심이 많도다 23. 내가 두루 다니며 너희가 위하는 것들을 보
다가 알지 못하는 신에게라고 새긴 단도 보았으니 그런즉 너희가 알
지 못하고 위하는 그것을 내가 너희에게 알게 하리라 24. 우주와 그
가운데 있는 만물을 지으신 하나님께서는 천지의 주재시니 손으로
지은 전에 계시지 아니하시고 25. 또 무엇이 부족한 것처럼 사람의
손으로 섬김을 받으시는 것이 아니니 이는 만민에게 생명과 호흡과
만물을 친히 주시는 이심이라 26. 인류의 모든 족속을 한 혈통으로
만드사 온 땅에 살게 하시고 그들의 연대를 정하시며 거주의 경계를
한정하셨으니 27. 이는 사람으로 혹 하나님을 더듬어 찾아 발견하게
하려 하심이로되 그는 우리 각 사람에게서 멀리 계시지 아니하도다

28. 우리가 그를 힘입어 살며 기동하며 존재하느니라 너희 시인 중 어떤 사람들의 말과 같이 우리가 그의 소생이라 하니 29. 이와 같이 하나님의 소생이 되었은즉 하나님을 금이나 은이나 돌에다 사람의 기술과 고안으로 새긴 것들과 같이 여길 것이 아니니라 30. 알지 못하던 시대에는 하나님이 간과하셨거니와 이제는 어디든지 사람에게 다 명하사 회개하라 하셨으니 31. 이는 정하신 사람으로 하여금 천하를 공의로 심판할 날을 작정하시고 이에 그를 죽은 자 가운데서 다시 살리신 것으로 모든 사람에게 믿을 만한 증거를 주셨음이니라 하니라

16절 바울이 아덴에서 그들을 기다리다가 그 성에 우상이 가득한 것을 보고 마음에 격분하여

아덴은 헬라 문화의 중심지로서 철학, 문학, 예술 등이 발달하여 세계 제일의 문화를 자랑하였습니다. 당시의 아덴은 로마의 정복지였으나 아덴의 화려한 문화와 역사적 배경을 고려하여 로마 당국은 아덴을 자유도시로 남게 하였고 나름대로 독자적으로 제도를 수행할 수 있게 하였습니다.

그러나 그곳에 있는 신전들과 조상들은 모두 그리스의 판테온을 숭배하기 위한 것들이며, 그곳의 문화는 모두 이교도적인 것이었습니다.

바울은 아덴에서 실라와 디모데를 기다리다가 온 성에 우상이 가득 찬 것을 보고 마음에 의분이 일어났습니다. 하나님의 형상과 모양대로 지음을 받은 사람이 하나님을 저버리고 우상 사신에 절하는 것은 영적인 간음입니다. 하나님을 뜨겁게 경외하는 바울은 사람들이 우상을 섬기는 것을 보고 마음에 분이 가득하였습니다.

17절 회당에서는 유대인과 경건한 사람들과 또 장터에서는 날마다 만나는 사람들과 변론하니

바울은 아덴이 우상 숭배에 깊이 빠져 있는 것을 보고 복음이 필요한 곳이 바로 아덴임을 직시하였습니다. 그래서 바울은 회당에 가서는 유대인과 경건한 사람들과 변론하고 또 장터에 날마다 나가서 만나는 사람들과 변론하였습니다.

이처럼 적극적인 바울의 태도는 바울 자신이 그리스도의 종이요, 증인으로서 헬라인이나 야만인이나 지혜 있는 자나 어리석은 자에게 복음에 빚진 자라는 생각과(롬 1:14-15) 복음을 전하지 않으면 자신에게 화가 미친다는 생각에서(고전 9:16) 나온 것이었습니다.

우리도 하나님의 은혜를 받은 자로서 마땅히 복음에 빚진 자들입니다. 그러므로 복음을 증언하지 않으면 화가 미친다는 생각을 가지고 안타까운 심정으로 불신자들에게 복음을 전해야 합니다.

18절 어떤 에피쿠로스와 스토아 철학자들도 바울과 쟁론할새 어떤 사람은 이르되 이 말쟁이가 무슨 말을 하고자 하느냐 하고 어떤 사람은 이르되 이방 신들을 전하는 사람인가 보다 하니 이는 바울이 예수와 부활을 전하기 때문이러라

아덴은 철학이 발달한 곳으로 에피쿠로스 학파와 스토아 학파의 발생지입니다. 에피쿠로스 학파는 쾌락이 인생의 주된 목표라고 주장하였습니다. 이들은 신의 존재를 부인하지는 않았으나 인간의 삶과는 전혀 이해관계가 없는 자연신교의 입장을 취하였습니다. 이에 비해 스토아 학파는 인간의 이성적 능력과 개개인의 자급자족을 강조하였습니다. 이들은

범신론과 도덕주의를 주장하여 자기 자신을 제어하고 고통을 참아 나가는 금욕주의자들이었습니다.

바울은 에피쿠로스와 스토아 철학자들과도 변론하며 예수님과 부활에 대하여 전했습니다. 그러므로 어떤 사람들은 바울을 말쟁이라고 하였고, 또 어떤 사람은 그를 이방 신들을 전하는 사람이라고 하였습니다. 철학은 인간의 지혜이고 복음은 하나님의 지혜입니다. 인간의 지혜를 가진 사람이 하나님의 지혜로 말하는 사람을 보니 말쟁이같이 생각되었던 것입니다.

19-21절 그를 붙들어 아레오바고로 가며 말하기를 네가 말하는 이 새로운 가르침이 무엇인지 우리가 알 수 있겠느냐 네가 어떤 이상한 것을 우리 귀에 들려주니 그 무슨 뜻인지 알고자 하노라 하니 모든 아덴 사람과 거기서 나그네 된 외국인들이 가장 새로운 것을 말하고 듣는 것 이외에는 달리 시간을 쓰지 않음이더라

그들은 바울을 붙들고 아레오바고로 데리고 갔습니다. '아레오바고'는 아덴의 법정으로서 종교 도덕상의 문제와 바울과 같은 방문자들에 대한 재판권을 행사하는 곳이었습니다. 에피쿠로스와 스토아 철학자들이 바울을 이 법정에 세운 것은 아레오바고의 관리들, 즉 아덴의 지도자들 앞에서 바울이 전하려는 내용에 관한 설명을 듣기 위함이었습니다.

하나님의 아들이신 예수님께서 인간의 육신을 입고 오셔서 모든 사람의 죄를 속량하기 위해 죽으셨다가 사흘 만에 부활하셨다는 것은 인간으로서는 상상할 수 없는 일이며 이해할 수 없는 일이었습니다. 그러므로

관리들은 그들의 귀에 이상하게 들리는 이 새로운 가르침에 대해서 알기를 원했습니다. 이처럼 바울에게 복음을 설명할 수 있는 기회가 주어진 것은 당시 세계의 지적 중심지였던 아덴의 사람들과 외국인 거주자들은 최근의 종교 사상에 대해 논쟁하기를 즐겼기 때문입니다.

22-23절 바울이 아레오바고 가운데 서서 말하되 아덴 사람들아 너희를 보니 범사에 종교심이 많도다 내가 두루 다니며 너희가 위하는 것들을 보다가 알지 못하는 신에게라고 새긴 단도 보았으니 그런즉 너희가 알지 못하고 위하는 그것을 내가 너희에게 알게 하리라

바울은 아레오바고 가운데 서서 "아덴 사람들아 너희를 보니 범사에 종교성이 많도다"라고 어느 정도 그들을 인정하여 주면서 말하기 시작하였습니다. 또한 바울은 그들이 '알지 못하는 신' 에게 바친 제단에 관한 이야기를 하면서 그들의 주의를 모았습니다.

사람이 살다가 정말 답답한 일을 만나게 되면 알지 못하는 신에게라도 단을 만들어서 제사 드리고 싶을 때가 있습니다. 그래서 바울은 그것을 이용하여 "그런즉 너희가 알지 못하고 위하는 그것을 내가 너희에게 알게 하리라" 고 말하였습니다. 이 말로 바울은 세상 사람들이 알지 못하고 섬기는 신이신 창조주 하나님과 그 아들 예수 그리스도에 대한 복음을 전하기 시작하였습니다.

24-26절 우주와 그 가운데 있는 만물을 지으신 하나님께서는 천지의 주재시니 손으로 지은 전에 계시지 아니하시고 또 무엇이

> 부족한 것처럼 사람의 손으로 섬김을 받으시는 것이 아니니 이는 만민에게 생명과 호흡과 만물을 친히 주시는 이심이라 인류의 모든 족속을 한 혈통으로 만드사 온 땅에 살게 하시고 그들의 연대를 정하시며 거주의 경계를 한정하셨으니

바울은 먼저 하나님께서 창조주이시며 천지의 주재이시고 생명의 수여자이심을 증언하였습니다. 우주와 그 가운데 있는 만물을 지으신 창조주 하나님께서는 '손으로 지은 전'에 계시지 않습니다. 또한 하나님께서는 무엇이 부족해서 사람의 손으로 섬김을 받으시는 분이 아니십니다. 하나님께서는 모든 사람들에게 생명과 호흡을 주시며 그 밖의 모든 것도 주시는 분이십니다.

또한 바울은 인류는 하나님에 의해서 창조된 피조물이며 같은 조상을 가진 후손이라고 주장하였습니다. 이것은 아덴 사람들이 자신들은 아티카(Attica) 본토의 흙에서 생겨났으므로 다른 사람들과는 다르다고 생각하였던 것과 정반대되는 사상이었습니다.

모든 인류는 하나님께서 창조하신 아담의 자손들입니다. 그러므로 모든 인류는 한 혈통이요, 한 사람의 자손입니다. 하나님께서는 각 사람의 연령과 연한을 정해 놓으시고 그 예정하신 기한대로 살게 하십니다. 그리고 하나님께서는 각 민족들이 거주하는 영토와 국가들의 국경을 정해 주셨습니다. 그러므로 각 민족들은 하나님께서 정해 주신 땅에서 살게 된 것입니다.

인간의 생사화복을 주관하시는 분은 하나님이십니다. 이 세상에 있는 백인종, 황인종, 흑인종은 비록 피부 색깔은 다르지만 혈통만은 하나입니다. 이것은 피부의 색깔이 어떠하든지 모든 인류가 아담과 하와의 혈

통에서 나왔다는 것을 증명하는 것입니다.

27절 이는 사람으로 혹 하나님을 더듬어 찾아 발견하게 하려 하심이로되 그는 우리 각 사람에게서 멀리 계시지 아니하도다

하나님께서 인간에게 만물을 주신 것은 그것을 통해 하나님을 더듬어 찾게 하기 위함입니다(롬 1:19-20). 그런데 인간의 눈이 어두워 만물을 통해 주시는 하나님의 계시를 깨닫지 못하는 것입니다. 사실 하나님께서는 우리 각 사람에게서 멀리 떠나 계시지 않습니다. 저 중천에 떠 있는 태양은 땅 위에 기어가는 조그마한 개미 한 마리까지도 그 빛으로 감싸며 쓰다듬고 있습니다. 이와 마찬가지로 주의 성령께서는 언제나 우리와 함께 하시고 우리 한 사람 한 사람을 감싸며 쓰다듬고 계십니다. 그러므로 우리는 하나님의 따뜻한 손길을 피해서 도망칠 수가 없습니다.

성경에는 이와 같이 기록되어 있습니다. "야훼가 말하노라 나는 천지에 충만하지 아니하냐"(렘 23:24). 이와 같이 하나님께서는 계시지 않는 곳이 없고 알지 못하시는 것이 없으십니다. 또한 하나님께서는 만물을 초월하여 계시고 또한 만물 가운데 계시며 만물을 다스리고 주관하십니다.

28절 우리가 그를 힘입어 살며 기동하며 존재하느니라 너희 시인 중 어떤 사람들의 말과 같이 우리가 그의 소생이라 하니

'우리가 그를 힘입어 살며 기동하며 존재한다' 는 말은 인간이 하나님의 은혜를 힘입어서 살아가는 것을 가리킵니다. 길리기아 출신의 시인 아라투스는 인간을 '신의 소생' 이라고 노래했습니다. 그는 자신이 섬기는 제우스신이 인간을 창조했다고 말했던 것입니다. 그런데 바울은 아라투

스의 시를 인용하면서 하나님께서 인간을 창조하셨음을 밝혔습니다.

29절 이와 같이 하나님의 소생이 되었은즉 하나님을 금이나 은이나 돌에다 사람의 기술과 고안으로 새긴 것들과 같이 여길 것이 아니니라

사람은 창조주 하나님께서 지으신 피조물입니다. 그러니 사람이 금이나 은이나 돌로 만든 신상을 창조주 하나님과 동일하게 생각하고 섬기면 되겠습니까? 하나님께서는 졸렬하고 사소한 조각품에 제한하여 섬기기에는 너무나도 광대하시고 지존하시며 전지전능하신 분이십니다. 그러므로 우리는 사람이 만든 신상을 섬기는 어리석음을 범하지 말아야 합니다.

30절 알지 못하던 시대에는 하나님이 간과하셨거니와 이제는 어디든지 사람에게 다 명하사 회개하라 하셨으니

'알지 못하던 시대' 는 예수 그리스도께서 오시기 전, 곧 이방 족속이 구원의 도리를 알지 못하던 시대를 말하고, '간과한다' 는 말은 책망하지 않고 내버려 둔다는 뜻입니다. 예수 그리스도께서 이 세상에 오시기 전에는 하나님께서 이방인들에게 선지자를 보내시지 않았으므로 사람들이 하나님을 몰랐습니다. 그렇기 때문에 하나님께서는 심판을 유보하신 채 오래 참으셨습니다. 그러나 지금은 복음이 이방인에게까지 전파된 은혜의 시대요, 복음이 편만한 시대입니다. 그렇기 때문에 하나님께서는 각처에 종을 보내어 회개할 것을 촉구하고 계십니다. 회개하지 않으면 하나님의 책망과 심판을 면할 수가 없습니다.

하나님께서는 우상을 만든 인간의 어리석음을 오랫동안 참으셨습니

다. 사람들은 하나님의 진노 아래 있으며(롬 1:18) 자연의 일반적인 계시를 통하여 하나님을 알게 하셨기 때문에 하나님께서 심판하신다 해도 변명할 수 없습니다(롬 1:19-20). 그럼에도 불구하고 하나님께서는 길이 참으시는 중에 전에 지은 죄를 간과하셨습니다(롬 3:25). 그러나 인간이 자기의 길, 즉 어둠의 일과 육신의 일(롬 13:12-14)을 도모하며 하나님의 진리를 거짓 것으로 바꾸어 피조물을 조물주보다 더 경배하고 섬기는 것은(롬 1:25) 하나님의 뜻에 대해서 여전히 무지하다는 증거입니다. 이런 자들을 하나님께서는 부끄러운 욕심과 그 상실한 마음대로 내버려 두셨는데, 이렇게 방치하신 이유는 그들이 지은 죄에 대한 형벌이요, 심판이었습니다(롬 1:24-32).

이방인들은 모든 세대를 통하여 자기들에게 주어진 일반 계시에 대한 책임이 있었습니다. 그런데 이제는 복음이 전 세계적으로 전파되었기 때문에 특별 계시에 대한 책임도 져야 합니다. 그것은 자기의 죄를 회개하라는 하나님의 명령에 순종하는 것입니다.

31절 이는 정하신 사람으로 하여금 천하를 공의로 심판할 날을 작정하시고 이에 그를 죽은 자 가운데서 다시 살리신 것으로 모든 사람에게 믿을 만한 증거를 주셨음이니라 하니라

'정하신 사람' 은 '예수 그리스도' 를 가리킵니다. 하나님께서는 그리스도를 통하여 천하를 공의로 심판하실 날을 작정하시고 그리스도로 말미암아 우리에게 구원의 길을 열어 주셨습니다. 그리스도께서 우리 죄를 위하여 십자가에서 죽으셨다가 죽은 자 가운데서 다시 살아나신 것으로 이 모든 사실에 믿을 만한 증거를 주셨습니다. 그러므로 우상을 버리고

하나님께로 돌아와 그리스도를 믿어야 구원을 받습니다. 그렇지 않으면 하나님의 심판을 피할 수 없습니다.

예수님의 부활, 승천 후 오순절 날 성령님께서 강림하셨습니다. 하나님께서 보내신 성령님께서는 우리 가운데 오셔서 예수님이 하나님의 아들이심을 증언하게 해 주십니다. 그래서 예수 그리스도의 복음이 온 천하만국에 전파되고 있습니다. 예수님께서는 "이 천국 복음이 모든 민족에게 증언되기 위하여 온 세상에 전파되리니 그제야 끝이 오리라"(마 24:14)고 말씀하셨는데, 이것으로도 지금 우리가 사는 시대가 마지막 때인 것을 알 수 있습니다. 그러므로 우리는 주님 오실 날이 눈앞에 가까운 이때에 전도에 전력을 기울여야 합니다. 주님께서 오시면 믿는 자와 믿지 않는 자, 구원받을 자와 구원받지 못할 자를 분리하시고 심판하실 것입니다.

바울은 아레오바고에서 이상과 같은 요지의 구원의 말씀을 철학적이고 논리적으로 설명하였습니다.

4. 아덴을 떠나는 바울(17:32-34)

32. 그들이 죽은 자의 부활을 듣고 어떤 사람은 조롱도 하고 어떤 사람은 이 일에 대하여 네 말을 다시 듣겠다 하니 33. 이에 바울이 그

들 가운데서 떠나매 34. 몇 사람이 그를 가까이하여 믿으니 그중에 는 아레오바고 관리 디오누시오와 다마리라 하는 여자와 또 다른 사람들도 있었더라

32-34절 그들이 죽은 자의 부활을 듣고 어떤 사람은 조롱도 하고 어떤 사람은 이 일에 대하여 네 말을 다시 듣겠다 하니 이에 바울이 그들 가운데서 떠나매 몇 사람이 그를 가까이하여 믿으니 그중에는 아레오바고 관리 디오누시오와 다마리라 하는 여자와 또 다른 사람들도 있었더라

바울은 논리정연하게 복음을 전하였으나 결과는 비방하고 조롱하는 사람과 다시 한 번 더 듣겠다고 하는 사람이 대부분이었습니다. 그리고 예수님을 믿는 사람은 아레오바고 관리 디오누시오와 다마리라는 여자와 다른 몇 사람뿐이었습니다. 이와 같이 아덴에서의 전도가 거의 실패로 돌아간 이유는 지혜 있고 통달한 자에게는 십자가의 도가 어리석게 보이고 숨겨져 있기 때문입니다(마 11:25; 고전 1:26-29).

복음, 즉 성경 말씀은 인간의 지식이 아니라 모든 인간의 영혼을 구원하는 신령한 진리입니다. 인간의 지식은 물질에 대한 것이고, 성경은 영에 대한 것이며 하나님의 특별 계시입니다. 그러므로 인간의 지식으로만 인식하려고 하면 하나님의 말씀을 깨달을 수 없으며, 인간의 지식과 지혜로는 예수님을 믿을 수 없습니다. 말세에는 인간의 지식이 최고도로 발달하게 되고(단 12:4) 그에 비례하여 믿는 사람의 신앙은 점점 식어집니다. 그러므로 아무리 지식이 많은 사람이라 할지라도 하나님의 말씀을 어린아이처럼 전적으로 받아들이지 않으면 알곡 성도가 될 수 없습니다.

복음 전파를 실패한 바울은 아레오바고 법정을 나온 후 곧 아덴을 떠났습니다. 그런데 이처럼 복음이 아덴에서 뿌리를 내리지 못한 이유는 복음에 대한 아덴 사람들의 태도에도 문제가 있었지만 바울의 설교에도 문제가 전혀 없었던 것은 아닙니다. 바울은 '하나님 안'에서 섭리와 존재를 말했지만 '그리스도 안'에 있는 은혜와 존재에 대한 말씀은 하지 않았습니다. 또한 창조에 대하여 이야기하고 헬라 시인들의 말도 인용했지만 구원이나 계시에 대해서는 언급하지 않았습니다. 바울이 데살로니가에서나 베뢰아에서 성경 말씀을 가지고 예수님이 그리스도이심을 증언할 때에는 많은 사람들이 믿었습니다. 그런데 아덴에서는 철학자들과 더불어 논쟁을 한다고 하여 철학적, 논리적, 신학적으로 설교를 한 결과 몇몇 사람밖에 믿지 않았던 것입니다. 나중에 이 점을 깨달은 바울은 아덴을 떠나 고린도에 갔을 때에 "예수 그리스도와 그가 십자가에 못 박히신 것 외에는 아무것도 알지 아니하기로 작정하였음이라"(고전 2:2)고 말하였습니다.

복음을 전할 때 예수 그리스도에 대한 것만 전하면 성령님이 역사하셔서 많은 사람들이 회개하고 하나님 앞에 나옵니다. 오직 하나님의 말씀, 우리를 구원하신 예수 그리스도, 그리고 그의 십자가 보혈의 능력만이 우리의 푸른 초장과 쉴 만한 물가가 됩니다. 오직 예수 그리스도의 십자가 밑에서만 오중복음과 삼중축복이 강물처럼 넘쳐 나는 것입니다.

제 18 장

바울의 제3차 전도 여행

A COMMENTARY ON THE ACTS OF THE APOSTLES Ⅱ

본 장에는 바울의 제2차 전도 여행의 마지막 부분과 제3차 전도 여행의 시작이 기록되어 있습니다.

1. 안식일마다 회당에서 강론함(18:1-4)

1. 그 후에 바울이 아덴을 떠나 고린도에 이르러 2. 아굴라라 하는 본도에서 난 유대인 한 사람을 만나니 글라우디오가 모든 유대인을 명하여 로마에서 떠나라 한 고로 그가 그 아내 브리스길라와 함께 이달리야로부터 새로 온지라 바울이 그들에게 가매 3. 생업이 같으므로 함께 살며 일을 하니 그 생업은 천막을 만드는 것이더라 4. 안식일마다 바울이 회당에서 강론하고 유대인과 헬라인을 권면하니라

1절 그 후에 바울이 아덴을 떠나 고린도에 이르러

바울은 아덴에서의 복음 전파에 큰 성과를 거두지 못한 것을 교훈 삼아 고린도에서는 학문적인 말로 전하지 않고 오직 십자가의 도만 전하며 성령의 능력으로 하나님의 말씀만 전하기로 결심하였습니다.

고린도는 아덴에서 80㎞ 떨어진 곳으로, 로마의 식민지이며 아가야

지방의 수도였습니다. 아덴이 문화와 지식의 중심지라면 고린도는 상업의 중심지였습니다. 고린도는 많은 여행자들이 빈번하게 왕래하는 도시로 부의 축적과 호화스런 생활과 더불어 온갖 부도덕한 타락 행위들이 범람하는 방탕하고 음란한 도시였습니다. 또한 고린도는 종교적으로 사랑의 여신인 아프로디테를 섬기는 중심지였습니다. 이 여신의 신전은 아크로 코린트의 정상에 위치해 있었으며, 수천 명의 여사제들이 이곳에서 종교적 행위로써 매춘을 하였습니다. 이처럼 고린도는 종교의 이름으로 부도덕을 촉진시키는 타락한 도시였습니다.

2-3절 아굴라라 하는 본도에서 난 유대인 한 사람을 만나니 글라우디오가 모든 유대인을 명하여 로마에서 떠나라 한 고로 그가 그 아내 브리스길라와 함께 이달리야로부터 새로 온지라 바울이 그들에게 가매 생업이 같으므로 함께 살며 일을 하니 그 생업은 천막을 만드는 것이더라

바울은 본도 출신의 유대인 아굴라와 그의 아내 브리스길라를 만났습니다. 원래 아굴라 부부는 로마에서 살았습니다. 그런데 주후 49년에 로마 황제 글라우디오가 유대인들의 폭동을 저지하기 위해 유대인 추방령을 내렸습니다. 그렇기 때문에 아굴라 부부는 로마를 떠나 고린도로 온 것입니다.

바울은 전도 여행 중에도 생활비와 전도 비용을 벌기 위해 천막 만드는 일을 하였습니다. 그 당시에는 유목민들이 많았기 때문에 천막 만드는 것은 유망한 직업이었습니다. 또한 당시 랍비들은 유대인들에게 생계를 유지할 만한 기술을 한 가지씩 배우도록 가르쳤다고 하는데 바울의 경

우 천막을 만드는 기술을 배운 것 같습니다. 그런데 아굴라 부부의 생업도 천막을 만드는 것이었습니다. 이처럼 바울과 아굴라 부부는 생업이 같았으므로 함께 생활하며 천막을 만드는 일을 하였습니다.

성경에는 바울이 빚을 지고 있다는 말이 없습니다. 오히려 그는 사랑의 빚 외에는 아무에게도 빚지지 말라고 했습니다. 사실 복음을 전하려면 많은 비용이 필요합니다. 그러나 바울은 교회에 신세를 지지 않고 자비량으로 복음 전파 사역을 하였습니다. 그는 오직 성령의 인도하심을 따라 복음을 증언한 위대한 사도였습니다.

고린도에서 만난 아굴라 부부는 이후 바울의 사역에 가장 큰 도움을 주는 동역자가 됩니다. 이러한 사실은 훗날 바울이 로마 교회에 보내는 편지에서 브리스길라와 아굴라를 '그리스도 예수 안에서 나의 동역자들' 이라고 소개하고 그들이 자신을 위하여 목까지도 내놓았다고 기록한 것을 통해 확인할 수 있습니다(롬 16:3-4).

4절 안식일마다 바울이 회당에서 강론하고 유대인과 헬라인을 권면하니라

바울은 고린도에서 복음을 전할 때에는 아덴에서처럼 철학적, 논리적으로 전하지 않았습니다. 그는 안식일마다 회당에 들어가서 성경을 강론하며 복음을 전하고 유대인과 헬라인에게 예수님을 믿으라고 권면하였습니다. 바울과 마찬가지로 우리 그리스도인들은 모두 하나님의 나라를 안내하는 안내자입니다. 이 세상에는 시간도 방향도 다 잃어버린 사람들이 많이 있습니다. 그들은 세상에서 자고 먹고 마시고 즐기며 살다가 늙고 병들어 죽으면 인생의 할 바를 다 하는 줄로 알고 있습니다. 우리

는 인생의 안내자로서 바로 이러한 사람들을 그리스도 앞으로 인도해야 합니다. 바울이 유대인과 헬라인에게 권면한 것처럼 우리가 만나는 사람들에게 진리이신 예수 그리스도의 도를 전해야 합니다. 예수 그리스도를 믿는 것이 참길이요, 참소망이요, 참생명이므로 예수님을 믿고 영생과 구원을 얻으라는 권면을 해야 합니다. 그러면 성령님께서 그 사람의 마음을 감동시키고 변화를 일으켜 예수님을 믿게 하십니다.

남을 살리려 하면 반드시 자기도 살아나게 되지만 남을 살리려 하지 않고 자기만 살려고 하면 남도 죽고 자기도 죽습니다. 이것이 생명의 법칙입니다.

2. 이방인에게로 마음을 돌림(18:5-11)

5. 실라와 디모데가 마게도냐로부터 내려오매 바울이 하나님의 말씀
에 붙잡혀 유대인들에게 예수는 그리스도라 밝히 증언하니 6. 그들
이 대적하여 비방하거늘 바울이 옷을 털면서 이르되 너희 피가 너희
머리로 돌아갈 것이요 나는 깨끗하니라 이후에는 이방인에게로 가리
라 하고 7. 거기서 옮겨 하나님을 경외하는 디도 유스도라 하는 사람
의 집에 들어가니 그 집은 회당 옆이라 8. 또 회당장 그리스보가 온
집안과 더불어 주를 믿으며 수많은 고린도 사람도 듣고 믿어 침례를
받더라 9. 밤에 주께서 환상 가운데 바울에게 말씀하시되 두려워하

지 말며 침묵하지 말고 말하라 10. 내가 너와 함께 있으매 어떤 사람도 너를 대적하여 해롭게 할 자가 없을 것이니 이는 이 성중에 내 백성이 많음이라 하시더라 11. 일 년 육 개월을 머물며 그들 가운데서 하나님의 말씀을 가르치니라

5절 실라와 디모데가 마게도냐로부터 내려오매 바울이 하나님의 말씀에 붙잡혀 유대인들에게 예수는 그리스도라 밝히 증언하니

마게도냐에 머물러 있던 실라와 디모데를 기다리던 바울은 마침내 고린도에서 그들과 만나 합류하였습니다. 복음을 전할 때는 혼자 하는 것보다 두세 사람이 함께 힘을 합쳐서 하여야 더 잘 전할 수 있습니다. 그래서 예수님께서도 복음 전파를 위해 제자들을 파송하실 때 두 사람씩 짝을 지어서 보내셨습니다. 실라와 디모데가 고린도에 오자 바울의 형편은 훨씬 좋아졌습니다. 그들은 데살로니가에 있는 성도들의 기쁜 소식을 전해 주었고(살전 3:6) 빌립보 성도들의 연보도 가져왔습니다(고후 11:9; 빌 4:14-15). 이에 바울은 큰 위로와 격려를 받았습니다. 특히 빌립보에서 보내 준 연보는 절실히 필요할 때에 가져왔기 때문에 큰 도움이 되었습니다.

"바울이 하나님의 말씀에 붙잡혀". 바울의 마음속에는 하나님의 말씀이 가득하였습니다. 그러므로 그 말씀을 통해서 성령의 능력으로 예수님께서 그리스도인 것을 밝히 증언할 수 있었습니다.

오늘날 우리도 성령님이 임하시면 하나님의 말씀에 사로잡혀 있을 수 있습니다. 말씀에 사로잡혀서 성경을 읽어야 예수님께서 그리스도이신 것을 마음에 확실히 믿을 수도, 증언할 수도 있습니다. 우리가 열심히 성

경을 읽고 말씀을 탐구하면 예수님께서 그리스도이신 것을 확실히 깨닫고 알게 되고 마음속에 큰 기쁨이 오게 됩니다. 이러므로 성경과 신앙은 불가분의 관계에 있습니다.

믿음의 선조들은 모두 말씀에 붙잡혀 살았습니다. 말씀에 붙잡혀서 말씀대로 생활하고 말씀대로 걸어가면 실패하는 것 같아도 결국에는 성공하게 됩니다.

6절 그들이 대적하여 비방하거늘 바울이 옷을 털면서 이르되 너희 피가 너희 머리로 돌아갈 것이요 나는 깨끗하니라 이후에는 이방인에게로 가리라 하고

유대인들은 바울을 대적하여 비방하였습니다. '비방하다' 는 헬라어로 '블라스페메오' (βλασφημέω)이며 '중상하다' 또는 '모독하다' 라는 뜻입니다. 유대인들은 바울이 예수님께서 그리스도라고 말한 것을 신성 모독이라고 비방하면서 바울의 복음 전파를 방해하였던 것입니다. 이와 같이 유대인들이 바울을 박해한 것은 곧 바울을 사도로 세우신 예수 그리스도를 대적한 것입니다(마 10:40-42). 이것은 그들이 율법의 겉만 보고 수건에 얼굴이 가려 본체이신 예수 그리스도를 보지 못하는 영적 맹인 상태에 있음을 나타냅니다(고후 3:14). 사람이 무지하면 죄를 범합니다. 그들은 바울이 전하는 복음을 거부하고 바울을 대적하는 것이 하나님의 말씀을 수호하고 이단을 막아 내는 최선의 정의로운 방법이라고 생각하였습니다. 그러나 그와 같은 행동은 무지에서 오는 강퍅한 마음을 그대로 표출한 것이며 하나님의 생명에서 떠났다는 증거입니다(엡 4:18).

이와 마찬가지로 우리도 진리요, 생명이신 예수 그리스도를 올바로 알

지 못할 때에는 잘못된 열심에 이끌리게 됩니다. 자신도 모르게 예수님을 멀리하고 급기야는 예수님을 비방하고 대적하는 자리에 빠지기 쉬우며 그것이 잘못된 행위라는 것조차 깨닫지 못하게 됩니다. 이러한 행동은 정도가 지나치면 하나님께로부터 버림받게 됩니다. 고린도에 있는 유대인들이 바울을 대적하자 하나님께서도 그들을 버리셨습니다.

본문에서 바울이 옷을 털었다는 것은 복음 전파를 훼방하고 대적하는 유대인들에게 대해 더 이상 책임을 지지 않겠다는 것을 나타냅니다. 이것은 얼마 전에 바울이 비시디아 안디옥에서 추방당할 때 발에서 먼지를 털어 버렸던 행동과 같습니다.

이어서 바울은 유대인들에게 "너희 피가 너희 머리로 돌아갈 것이요 나는 깨끗하니라" 고 말하였습니다. 이 말은 고린도에 있는 유대인들의 멸망을 선포한 것이며 그 멸망의 책임은 말씀을 듣고도 회개하지 않는 그들에게 있다는 것입니다. 이 같은 바울의 말은 악인들이 죄에서 떠나라는 경고를 듣고도 여전히 죄악 가운데 있다가 멸망당할 경우 그 책임은 전적으로 구원을 거절한 그들에게 있고 말씀을 선포한 자는 무죄하다고 밝히신 하나님의 말씀에 근거한 것입니다(겔 3:17-19; 33:4-9). 또한 바울의 이 말 속에는 그리스도께서 맡겨 주신 사명대로 그가 복음의 증인으로서의 직분을 성실히 감당했다는 자신감이 함축되어 있습니다. 예수님께서는 "너희 말을 듣지도 아니하거든 그 집이나 성에서 나가 너희 발의 먼지를 떨어 버리라" (마 10:14)고 말씀하셨는데, 이는 심판 날에 증거가 되기 위함이요, 또 그곳에 미련을 두지 말고 돌아서라는 뜻도 있습니다.

이와 같이 하나님의 말씀을 가르치는 위치에 있는 영적 지도자는 항상 하나님 보시기에 부끄러움이 없도록 복음을 증언함에 있어 올바르고 성실한 태도로 임해야 합니다.

7절 거기서 옮겨 하나님을 경외하는 디도 유스도라 하는 사람의 집에 들어가니 그 집은 회당 옆이라

'디도 유스도'는 하나님을 공경하는 사람으로, 바울의 전도를 받고 예수님을 믿은 사람입니다. 바울은 회당에서 유대인들이 대적하여 비방해서 복음을 전할 수 없게 되자 유스도의 집으로 옮겨서 복음을 전하였습니다. 바울은 예배 장소를 회당에서 유스도의 집으로 옮긴 것입니다. 마침 유스도의 집은 회당 옆에 위치하고 있었기 때문에 복음 듣기를 원하는 사람들이 쉽게 찾아올 수 있었습니다.

디도 유스도는 회당에서 바울의 설교를 듣고 자신의 집을 고린도의 전도 사업 본부로 제공하는 호의를 베풀었으며, 후에는 그의 집이 고린도 교회의 최초의 집회 장소가 되었습니다. 이것은 하나님의 일보다 자신의 소유, 특히 그중에서도 자신의 시간과 물질에 더 깊은 애정을 쏟고 있는 오늘날의 기독교인들에게 교훈을 줍니다.

8절 또 회당장 그리스보가 온 집안과 더불어 주를 믿으며 수많은 고린도 사람도 듣고 믿어 침례를 받더라

고린도에서 바울의 설교를 듣고 처음으로 믿은 사람들 중에는 회당장 그리스보도 있었습니다. 그리스보와 그의 가족들은 바울이 회당을 떠나자 그를 따랐습니다. 그리고 다른 수많은 고린도 사람들도 바울의 복음을 듣고 예수님을 믿었으며 침례를 받았습니다.

예수님을 믿으면 반드시 침례를 받아서 하나님과 마귀와 사람 앞에서 '나는 예수 믿는 사람' 이라는 것을 공포해야 합니다. 그럴 때 마귀가 떠나 버립니다. 남녀가 결혼식을 하여 한 가정을 이루면 반드시 법적으로 혼인 신고를 하여 호적상 부부임을 입증하는 것과 같이 예수님을 믿으면 침례를 받음으로써 그리스도인임을 확증해야 합니다. 이러므로 바울은 고린도에서 복음을 전하고 예수님을 믿는 사람들에게 물로 침례를 베풀어 구원받은 것을 확증하게 했던 것입니다.

9-10절 밤에 주께서 환상 가운데 바울에게 말씀하시되 두려워하지 말며 침묵하지 말고 말하라 내가 너와 함께 있으매 어떤 사람도 너를 대적하여 해롭게 할 자가 없을 것이니 이는 이 성중에 내 백성이 많음이라 하시더라

바울이 유스도의 집을 복음 전도의 거점으로 삼은 직후에 환상 가운데 주님께서 나타나셔서 바울을 격려하셨습니다.

바울은 마게도냐 지방에서의 문제와 아덴에서 석연치 않게 퇴각당한 일 때문에 마음에 부담을 가지고 있었습니다. 그렇기 때문에 고린도에서도 서글픈 경험이 되풀이되지 않을까 염려하였을 것입니다. 물론 디모데와 실라가 합류함으로써 큰 힘을 얻기는 했지만 이 환상을 경험하기 전까지 바울은 심히 연약한 상태에 있었을 것입니다. 그러나 바울은 이 환상을 통해 새로운 힘과 용기를 얻을 수 있었습니다. 이로 말미암아 바울은 일 년 육 개월 동안 우상 숭배와 향락으로 찌든 고린도에서 복음 사역에 전념할 수 있었습니다.

"내 백성이 많음이라". 이 말씀은 하나님의 택한 백성이 많다는 뜻입

니다. 그리고 여기서 말하는 '백성'은 현재 예수님을 믿고 구원받은 사람들을 뜻하기도 하지만, 그보다는 앞으로 예수님을 믿고 구원받을 사람들을 뜻합니다.

오늘날도 우리의 전도를 통해서 많은 사람들이 구원을 받게 됩니다. 하나님의 택한 백성이라 할지라도 우리가 전하지 않으면 복음을 모른 채 죽어 버릴 수 있습니다. 그러므로 우리는 때를 얻든지 못 얻든지 열심히 전도해야 하는 것입니다.

11절 일 년 육 개월을 머물며 그들 가운데서 하나님의 말씀을 가르치니라

바울이 일 년 육 개월 동안 고린도에 머물면서 하나님의 말씀을 가르치므로 믿는 사람이 많이 생겨 고린도 교회가 세워졌습니다. 뿐만 아니라 믿는 성도들의 신앙이 말씀에 바로 서게 되어 믿음이 견고해졌고, 그 영혼들이 말씀에서 생명을 얻어 더욱 자라났습니다. 교회가 성도들에게 성경 말씀을 계속하여 가르치는 것은 매우 중요합니다. 그러므로 예수 그리스도의 터 위에 교회를 세우고 성경 말씀으로 성도들의 영혼을 양육해야 하는 것입니다.

3. 재판을 거절하는 갈리오(18:12-17)

12. 갈리오가 아가야 총독 되었을 때에 유대인이 일제히 일어나 바울
을 대적하여 법정으로 데리고 가서 13. 말하되 이 사람이 율법을 어
기면서 하나님을 경외하라고 사람들을 권한다 하거늘 14. 바울이 입
을 열고자 할 때에 갈리오가 유대인들에게 이르되 너희 유대인들아
만일 이것이 무슨 부정한 일이나 불량한 행동이었으면 내가 너희 말
을 들어주는 것이 옳거니와 15. 만일 문제가 언어와 명칭과 너희 법
에 관한 것이면 너희가 스스로 처리하라 나는 이러한 일에 재판장 되
기를 원하지 아니하노라 하고 16. 그들을 법정에서 쫓아내니 17. 모
든 사람이 회당장 소스데네를 잡아 법정 앞에서 때리되 갈리오가 이
일을 상관하지 아니하니라

12절 갈리오가 아가야 총독 되었을 때에 유대인이 일제히 일어나 바울을 대적하여 법정으로 데리고 가서

바울이 고린도에서 하나님께로부터 받은 약속은 해를 당하지 않도록 보호받으리라는 것이지 어떤 어려움이나 방해도 없으리라는 것은 아니었습니다(9-10절).

갈리오가 아가야 지방의 총독이 되었을 때에 유대인들이 일제히 일어나 바울을 법정으로 끌고 가서 총독에게 송사하였습니다. 바울이 그동안 당한 모든 곤경을 주동하였던 주모자들은 유대인들이었습니다. 그들

은 바울에 대하여 일제히 들고 일어나 바울에게 해를 입히는 일에 하나로 결속하여 손잡았습니다.

13절 말하되 이 사람이 율법을 어기면서 하나님을 경외하라고 사람들을 권한다 하거늘

유대인들은 바울이 전한 복음의 내용을 전혀 새로운 반유대적인 것으로 보았기 때문에 전적으로 반대하고 일어나 바울을 송사하였습니다. 유대인들은 예수님께서 하나님의 아들이신 것을 모르고 있었습니다. 그렇기 때문에 예수님을 믿으라고 하는 것을 야훼 하나님을 거역하는 일로 생각하였던 것입니다.

그러나 성부, 성자, 성령은 삼위일체가 되시는 동일한 한 분 하나님이십니다.

14절 바울이 입을 열고자 할 때에 갈리오가 유대인들에게 이르되 너희 유대인들아 만일 이것이 무슨 부정한 일이나 불량한 행동이었으면 내가 너희 말을 들어주는 것이 옳거니와

바울은 자신을 변호하기 위해 입을 열고자 하였으나 기회를 얻지 못했습니다. 바울이 말을 하려는 순간에 갈리오가 먼저 입을 열었습니다. 재판장 갈리오는 이 소송은 재판으로 다룰 문제가 되지 못한다는 결론을 내리고 이 문제를 심의하는 일에 간섭하려고 하지 않았습니다.

15절 만일 문제가 언어와 명칭과 너희 법에 관한 것이면 너희가 스스로 처리하라 나는 이러한 일에 재판장 되기를 원하지 아니하노

라 하고

갈리오가 해야 할 일은 민사 혹은 형사상의 문제를 재판하는 것이지 유대인들의 종교 문제를 해결해 주는 것이 아니었습니다.

어떤 교리가 옳은지 옳지 않은지는 세상의 법으로는 알 수 없습니다. 세상의 법은 사회적으로 부정한 일이나 괴악한 행동을 다스리는 것입니다. 종교상의 문제나 교리상의 문제는 세상의 법으로 설명할 수 없습니다. 그러므로 갈리오는 유대인의 종교적 문제에 재판장이 되는 것을 원하지 않았습니다.

16절 그들을 법정에서 쫓아내니

갈리오는 유대인의 종교에 관한 문제는 유대인 스스로 처리하도록 하고 자신은 관여하지 않았습니다. 이처럼 갈리오가 이해하지 못하는 것에 자신의 권력을 남용하여 재판하려 하지 않은 점은 칭찬할 만합니다.

17절 모든 사람이 회당장 소스데네를 잡아 법정 앞에서 때리되 갈리오가 이 일을 상관하지 아니하니라

이때 하나의 사건이 발생하였는데, 이 사건을 통하여 당시의 고린도에 얼마나 반유대적 감정이 퍼져 있었는지를 알 수 있습니다.

사람들은 회당장 소스데네를 잡아서 갈리오의 면전에서 때렸습니다. 그런데도 갈리오는 이 일에 관여하지 않았습니다. 여기에 나오는 '소스데네'는 아마 그리스보가 예수님을 믿은 후에 그의 직분을 이어 받은 자일 것입니다. 그는 이후에 그리스도인이 되었으며 고린도전서 1장 1절에 나오는 소스데네와 동일 인물입니다.

4. 안디옥 귀환과 제3차 전도 여행의 시작 (18:18-23)

18. 바울은 더 여러 날 머물다가 형제들과 작별하고 배 타고 수리아
로 떠나갈새 브리스길라와 아굴라도 함께하더라 바울이 일찍이 서원
이 있었으므로 겐그레아에서 머리를 깎았더라 19. 에베소에 와서 그
들을 거기 머물게 하고 자기는 회당에 들어가서 유대인들과 변론하
니 20. 여러 사람이 더 오래 있기를 청하되 허락하지 아니하고 21.
작별하여 이르되 만일 하나님의 뜻이면 너희에게 돌아오리라 하고
배를 타고 에베소를 떠나 22. 가이사랴에 상륙하여 올라가 교회의
안부를 물은 후에 안디옥으로 내려가서 23. 얼마 있다가 떠나 갈라
디아와 브루기아 땅을 차례로 다니며 모든 제자를 굳건하게 하니라

18절 바울은 더 여러 날 머물다가 형제들과 작별하고 배 타고 수리아로 떠나갈새 브리스길라와 아굴라도 함께하더라 바울이 일찍이 서원이 있었으므로 겐그레아에서 머리를 깎았더라

바울은 고린도에서 머물면서 복음 전파 사역을 하다가 수리아의 안디옥 교회로 돌아갔습니다. 이때 브리스길라와 아굴라도 바울과 동행하였습니다.

바울은 일찍이 서원이 있었으므로 겐그레아에서 머리를 깎았습니다. 그의 서원은 아마도 고린도에서의 그의 전도 사역과 연관이 있었던 것 같

습니다. 이것은 그가 전에 일시적인 나실인 서약을 하였음을 가르쳐 줍니다. 그가 머리를 깎았다는 것은 그의 서원 기간이 끝났다는 것을 알게 해 주며, 또한 그의 새로운 결심과 각오를 나타내 줍니다.

19절 에베소에 와서 그들을 거기 머물게 하고 자기는 회당에 들어가서 유대인들과 변론하니

에베소에는 시 당국과 로마 황제의 허락을 받은 유대인의 거주지가 형성되어 있었습니다. 에베소는 소아시아에서 가장 큰 상업 도시였으며, 로마에서 동쪽으로 이어진 길목에 위치하여 지정학적 이점 외에도 정치적인 중요성을 가지고 있었습니다.

브리스길라와 아굴라는 에베소에 도착한 후 그곳에서 전도를 하였습니다(26절). 그들은 에베소에서 서너 해 동안 머물면서 믿음의 형제들을 대접하였고, 바울의 서신을 통해 고린도의 친구들에게 안부를 전하기도 하였습니다(고전 16:19). 그리고 로마의 글라우디오 황제가 죽은 후 로마로 돌아갔습니다.

바울은 에베소에서 일하고 싶은 마음이 간절하여 회당에 가서 그곳에 모여 있는 유대인들과 변론하였습니다. 그러나 바울은 곧 예루살렘으로 떠나야 했습니다.

20-21절 여러 사람이 더 오래 있기를 청하되 허락하지 아니하고 작별하여 이르되 만일 하나님의 뜻이면 너희에게 돌아오리라 하고 배를 타고 에베소를 떠나

바울의 변론에 흥미를 느낀 사람들은 바울에게 더 오래 머물 것을 간

청하였습니다. 그러나 바울은 이 여행이 끝난 후에 하나님의 뜻이라면 다시 돌아오겠다고 말하고 떠났습니다.

전도자는 사람이 붙잡는다고 머물거나 청한다고 다시 가는 것이 아니라 하나님의 뜻에 의해서 떠나가기도 하고 다시 오기도 해야 합니다.

22절 가이사랴에 상륙하여 올라가 교회의 안부를 물은 후에 안디옥으로 내려가서

바울이 에베소에서 배를 타고 떠나 가이사랴로 갔습니다. 가이사랴는 유대 땅이었고 바울이 상륙하여 올라간 곳은 예루살렘이었습니다.

여기에서 예루살렘에 올라갔다는 정확한 언급은 없지만 바울이 안부를 물었던 교회가 가이사랴 교회는 아니었기 때문에 그가 예루살렘에서 안디옥으로 내려갔다고 추측해 볼 수 있습니다.

이로써 바울은 제2차 전도 여행을 끝마치고 바야흐로 제3차 전도 여행의 장정에 오르게 됩니다.

23절 얼마 있다가 떠나 갈라디아와 브루기아 땅을 차례로 다니며 모든 제자를 굳건하게 하니라

바울의 제3차 전도 여행이 새로이 시작되었습니다. 바울은 안디옥 교회를 출발하여 소아시아와 마게도냐를 향해서 전도 여행을 하였습니다. 바울은 갈라디아와 브루기아 땅을 차례로 방문하여 복음을 전파하고 교회를 설립하였습니다. 이때 갈라디아 교회의 성도들은 바울을 하나님의 천사와 같이 환영하였습니다(갈 4:14-15).

바울은 복음의 씨앗을 심기 위해 수고하였던 교회들을 차례로 방문하

여 모든 제자들의 믿음을 굳건하게 하였습니다. 또한 예수 그리스도를 위한 그들의 각오와 주님을 향한 경건한 애정을 더욱 풍부하게 하였습니다.

5. 아볼로의 활동(18:24-28)

24. 알렉산드리아에서 난 아볼로라 하는 유대인이 에베소에 이르니
이 사람은 언변이 좋고 성경에 능통한 자라 25. 그가 일찍이 주의 도
를 배워 열심으로 예수에 관한 것을 자세히 말하며 가르치나 요한의
침례만 알 따름이라 26. 그가 회당에서 담대히 말하기 시작하거늘
브리스길라와 아굴라가 듣고 데려다가 하나님의 도를 더 정확하게
풀어 이르더라 27. 아볼로가 아가야로 건너가고자 하므로 형제들이
그를 격려하며 제자들에게 편지를 써 영접하라 하였더니 그가 가매
은혜로 말미암아 믿은 자들에게 많은 유익을 주니 28. 이는 성경으
로써 예수는 그리스도라고 증언하여 공중 앞에서 힘 있게 유대인의
말을 이김이러라

24절 알렉산드리아에서 난 아볼로라 하는 유대인이 에베소에 이르니 이 사람은 언변이 좋고 성경에 능통한 자라

에베소에 당도한 아볼로에 대해 소개되고 있습니다. 그는 이집트의

알렉산드리아에서 태어난 유대인으로, 그의 양친은 모두 유대인이었습니다. 아볼로는 재간이 뛰어났으며 공적인 봉사 활동을 하였습니다. 뿐만 아니라 그는 언변이 좋아서 어떠한 성경 말씀도 능수능란하게 설명하며 가르칠 수 있었습니다.

25절 그가 일찍이 주의 도를 배워 열심으로 예수에 관한 것을 자세히 말하며 가르치나 요한의 침례만 알 따름이라

아볼로는 예수님께서 이 세상에 오셔서 사람들을 구원할 것이라는 사실은 구약 성경을 통해서 잘 알고 있었지만 예수님께서 이 땅에 오셨다는 사실은 모르고 있었습니다. 다만 침례 요한이 예수님보다 먼저 와서 광야에 거하며 주의 길을 곧게 하였고 회개의 침례를 베풀었다는 정도만 알고 있었습니다. 그는 예수님의 죽음과 부활의 신비에 참여하지 못하였던 것입니다. 또한 아볼로는 성령께서 강림하신 후 어떤 사도들과도 대화를 나누지 못하였습니다. 그는 요한의 물 침례만 받았을 뿐 제자들이 오순절에 받은 성령 침례는 받지 못했습니다.

26절 그가 회당에서 담대히 말하기 시작하거늘 브리스길라와 아굴라가 듣고 데려다가 하나님의 도를 더 정확하게 풀어 이르더라

아볼로가 회당에서 사람들에게 자신이 아는 것을 담대하게 가르치고 있을 때 마침 브리스길라와 아굴라가 그것을 듣게 되었습니다. 그들이 보기에 아볼로는 많은 학식과 웅변으로 담대히 말씀을 전파하였으나 미흡한 점이 너무 많았습니다.

그러나 브리스길라와 아굴라는 젊은 사역자 아볼로의 부족한 점을 사

람들 앞에서 비난하거나 헐뜯지 않았습니다. 그리고 주의 일을 하기에 부적당한 자라고 여기지도 않았습니다. 그들은 아볼로를 집으로 데리고 가서 잘 대접한 후 바울에게서 배웠던 구원의 도리를 더 정확하게 풀어서 가르쳐 주었습니다.

여기서 우리는 브리스길라와 아굴라의 진실하고 겸손한 태도를 통해 그리스도인의 진실한 사랑의 실례를 볼 수 있습니다. 브리스길라와 아굴라가 하나님의 도를 보다 더 자세하고 정확하게 가르쳐 주자 아볼로는 예수님의 죽음과 부활 그리고 오순절 성령 강림을 통해서 하나님께서 이루신 모든 일들을 겸손히 받아들였습니다.

27-28절 아볼로가 아가야로 건너가고자 하므로 형제들이 그를 격려하며 제자들에게 편지를 써 영접하라 하였더니 그가 가매 은혜로 말미암아 믿은 자들에게 많은 유익을 주니 이는 성경으로써 예수는 그리스도라고 증언하여 공중 앞에서 힘 있게 유대인의 말을 이김이러라

'아가야' 는 고린도입니다. 아볼로가 아가야로 건너가고자 하므로 브리스길라와 아굴라는 그곳의 형제들에게 아볼로를 영접하도록 권하는 편지를 써서 보냈습니다.

아가야에서 아볼로는 성경을 가지고 '예수는 그리스도' 라고 증언하였습니다. 그리고 예수님께서 구약의 예언을 어떻게 성취하셨는지를 성경을 통하여 보여 줌으로써 유대인과의 공적 논쟁에서 이길 수 있었습니다. 이곳에서의 아볼로의 영향력은 "나는 심었고 아볼로는 물을 주었으되 오직 하나님께서 자라나게 하셨나니"(고전 3:6)라고 한 바울의 높은 평

가에서도 나타나고 있습니다.

아볼로는 아가야의 교회에서 하나님의 말씀을 가르치고 능력 있는 설교를 함으로써 하나님의 은혜로 믿게 된 사람들에게 많은 유익을 주었습니다.

제 19 장

말씀의 능력

A COMMENTARY ON
THE ACTS OF THE
APOSTLES Ⅱ

본 장에는 에베소에서 바울을 통해 일어난 성령의 역사가 기록되어 있습니다. 우상 숭배의 중심지인 에베소에 성령님이 임하시어 놀라운 역사가 일어났습니다. 그러나 그에 대한 반동으로, 방해하는 자들이 일어나 큰 소동을 일으켰습니다.

1. 너희가 믿을 때에 성령을 받았느냐?(19:1-7)

1. 아볼로가 고린도에 있을 때에 바울이 윗지방으로 다녀 에베소에 와서 어떤 제자들을 만나 2. 이르되 너희가 믿을 때에 성령을 받았느냐 이르되 아니라 우리는 성령이 계심도 듣지 못하였노라 3. 바울이 이르되 그러면 너희가 무슨 침례를 받았느냐 대답하되 요한의 침례니라 4. 바울이 이르되 요한이 회개의 침례를 베풀며 백성에게 말하되 내 뒤에 오시는 이를 믿으라 하였으니 이는 곧 예수라 하거늘 5. 그들이 듣고 주 예수의 이름으로 침례를 받으니 6. 바울이 그들에게 안수하매 성령이 그들에게 임하시므로 방언도 하고 예언도 하니 7. 모두 열두 사람쯤 되니라

1절 아볼로가 고린도에 있을 때에 바울이 윗지방으로 다녀 에베소에 와서 어떤 제자들을 만나

'에베소' 는 바울의 제3차 전도 여행의 중심지입니다. 바울은 안디옥

에서 윗지방을 거쳐 에베소에 도착하였습니다. 여기에서 '윗지방'은 갈라디아와 브루기아 땅을 가리킵니다. 바울이 에베소에 온 것은 제2차 전도 여행 중에 그곳 회당의 유대인들에게 "만일 하나님의 뜻이면 너희에게 돌아오리라"(18:21)고 약속했던 것을 지키기 위해서였습니다.

에베소에 온 바울은 어떤 제자들을 만나게 되었습니다. '어떤 제자들'은 아볼로를 통해 예수 그리스도를 알기는 알지만 요한의 침례만 받았을 뿐 성령 침례를 받지 못한 유대인들을 말합니다.

2절 이르되 너희가 믿을 때에 성령을 받았느냐 이르되 아니라 우리는 성령이 계심도 듣지 못하였노라

바울이 에베소 교회를 방문하여 교세가 연약한 것을 보았습니다. 그래서 바울은 먼저 "너희가 믿을 때에 성령을 받았느냐"라고 물었습니다. 왜냐하면 그들이 성령을 받았다면 교인이 열두 명 정도일 리가 없기 때문입니다(7절).

중생은 성령과 말씀으로 그리스도의 몸에 접붙임을 받고 주님의 생명을 받아들이는 체험입니다. 그리고 중생한 성도가 성령으로 충만하게 되면 하나님의 권능을 받아 다이너마이트 같은 그리스도의 증인이 되는 것입니다. 우리가 성령의 감화 감동을 받아서 죄를 회개하고 예수님을 구주로 모시면 성령님이 우리 속에 임재하시지만 그것이 곧 성령 충만은 아닙니다. 그러므로 바울은 에베소 성도들에게 그들이 믿을 때에 성령 침례와 성령 충만을 받았는지에 대해 물었던 것입니다.

오늘날 예수님을 믿으면서도 성령 침례와 성령 충만을 받지 않은 사람들이 많습니다. 그렇기 때문에 신앙생활에 능력이 없고 생명력이 없는

것입니다.

바울의 질문에 에베소 성도들은 성령에 대해 전혀 알지 못한다고 대답하였습니다. 구원은 예수 그리스도를 구주로 믿음으로 말미암아 받습니다. 그러나 권능과 능력 있는 신앙은 예수 그리스도를 믿어 구원받고 중생한 성도가 성령의 충만함을 받음으로 얻을 수 있는 은혜입니다.

3절 바울이 이르되 그러면 너희가 무슨 침례를 받았느냐 대답하되 요한의 침례니라

바울의 두 번째 질문은 에베소 성도들이 어떤 침례를 받았는가에 관한 것이었습니다. 이에 그들은 요한의 침례를 받았다고 대답하였습니다. '요한의 침례'는 침례 요한이 요단 강에서 주었던 물 침례로(요 3:23) 예수 그리스도를 받아들이기 위한 예비적 단계, 즉 회개의 침례였습니다(눅 3:3). 침례 요한의 사명은 메시아보다 앞서 와서 메시아의 길을 평탄하게 하고 사람들에게 메시아를 증언함으로써 그들로 하여금 예수 그리스도를 받아들일 수 있도록 준비시키는 것이었습니다(말 3:1; 4:6).

4-5절 바울이 이르되 요한이 회개의 침례를 베풀며 백성에게 말하되 내 뒤에 오시는 이를 믿으라 하였으니 이는 곧 예수라 하거늘 그들이 듣고 주 예수의 이름으로 침례를 받으니

바울은 침례 요한이 백성들에게 회개의 침례를 베풀면서 "내 뒤에 오시는 이를 믿으라"고 선포했던 그분이 바로 예수님이시라고 밝혔습니다. 그리고 이 땅에 오셔서 지상 사역을 완수하시고 부활, 승천하신 예수님께서 하나님의 우편에 앉아 계시며 약속하신 성령을 선물로 보내 주셨

음을 설명하였습니다. 이와 같이 바울은 침례 요한이 증언했던 예수님을 부각시켰습니다.

바울의 설명을 듣고 난 후 에베소 성도들은 그때에야 비로소 자신들이 추구해 온 모든 것과 자신들의 믿음이 잘못된 것이었음을 깨닫고 바울에게 주 예수 그리스도의 이름으로 침례를 받았습니다.

6-7절 바울이 그들에게 안수하매 성령이 그들에게 임하시므로 방언도 하고 예언도 하니 모두 열두 사람쯤 되니라

많은 사람들이 예수 믿고 중생할 때에 이미 성령 침례를 받은 것이라고 생각하는데 그것은 잘못된 생각입니다. 중생한 사람은 하나님의 자녀 된 증거로 성령께서 그 마음속에 와 계신 것이지 성령 침례를 받은 것은 아닙니다.

바울이 안수하자 성령께서 그들에게 임하시므로 그들이 방언도 하고 예언도 하였습니다. 이와 같이 안수를 통하여 성령을 받게 된 것은 사마리아 교회에서도 있었습니다. 그러나 꼭 안수를 받을 때만 성령을 받게 되는 것은 아닙니다. 설교를 들을 때나 기도를 하는 중에도 성령을 받습니다. 고넬료의 가정에서는 베드로가 설교할 때에 성령이 그들에게 임하시므로 그들이 다 방언을 말하며 하나님을 높였다고 했습니다. 그리고 오순절 날 마가 다락방에서도 120문도가 기도할 때에 하늘에서 강한 바람 같은 소리가 나며 불의 혀같이 갈라지는 것이 각 사람 머리에 임하였습니다. 그리하여 그들이 다 성령으로 충만함을 받고 성령께서 말하게 하심을 따라 다른 방언으로 말하였습니다.

오늘날에도 안수를 받음으로 성령의 충만함을 받는 체험을 하는 것은

널리 알려진 사실입니다. 물론 성령 침례를 받고자 하는 마음의 준비가 되어 있지 않거나 뜨거운 열망이 없는 상태에서는 성령 침례를 받을 수 없습니다. 그러나 우리가 모든 죄를 회개하고 예수님을 마음속에 모셔 들이고 간절히 성령을 구하면 하나님께서 성령을 주십니다.

에베소 교회의 성도 열두 명이 성령을 받고 성령의 권능으로 전도하기 시작하자, 에베소 교회는 소아시아에서 가장 큰 교회로 부흥하게 되었습니다.

2. 강론을 통한 말씀의 능력(19:8-10)

8. 바울이 회당에 들어가 석 달 동안 담대히 하나님 나라에 관하여 강론하며 권면하되 9. 어떤 사람들은 마음이 굳어 순종하지 않고 무리 앞에서 이 도를 비방하거늘 바울이 그들을 떠나 제자들을 따로 세우고 두란노 서원에서 날마다 강론하니라 10. 두 해 동안 이같이 하니 아시아에 사는 자는 유대인이나 헬라인이나 다 주의 말씀을 듣더라

8-9절 바울이 회당에 들어가 석 달 동안 담대히 하나님 나라에 관하여 강론하며 권면하되 어떤 사람들은 마음이 굳어 순종하지 않고 무리 앞에서 이 도를 비방하거늘 바울이 그들을 떠나 제자들

을 따로 세우고 두란노 서원에서 날마다 강론하니라

바울은 에베소의 회당에서 석 달 동안 하나님 나라에 관하여 가르침으로 마침내 에베소에서 복음을 전하고자 했던 소망을 이루었습니다. 그러나 으레 그렇듯이 이곳에도 방해하는 사람들이 있었습니다. 그중의 어떤 사람들은 마음이 완고하고 강퍅하여 무리 앞에서 공공연하게 바울이 전하는 복음을 비방하였습니다. 바울이 석 달 동안 회당에서 담대하게 하나님 나라에 대해서 강론하고 권면하였지만 여전히 반대자들은 복음에 대하여 맹렬히 비방하였습니다. 결국 바울은 제자들을 따로 세우고 복음 전하는 장소를 두란노 서원으로 옮겨 그곳에서 날마다 주님의 말씀을 강론하였습니다.

10절 두 해 동안 이같이 하니 아시아에 사는 자는 유대인이나 헬라인이나 다 주의 말씀을 듣더라

하나님께서는 모든 것이 합력하여 선을 이루게 하십니다. 두란노 서원에서의 가르침에는 두 가지 유익이 있었습니다. 회당에서는 매주 안식일에만 가르칠 수 있었으나(13:42) 이곳에서는 매일 강론할 수 있기 때문에 복음을 전하는 시간을 더 많이 가질 수 있었습니다. 그래서 에베소는 물론이거니와 소아시아에 사는 사람들이 다 주님의 말씀을 들을 수 있었습니다. 당시 에베소는 소아시아의 수도였기 때문에 각 지방으로부터 사람들이 몰려와서 복음을 들을 수 있었던 것입니다. 게다가 매일 말씀을 강론하니 에베소에 온 많은 여행객들도 말씀을 듣게 되었습니다. 이렇게 두란노 서원을 통해 복음은 크게 확산되었습니다. 그로 인해 약 2년 동안에 에베소 교회를 중심으로 골로새와 라오디게아에 교회가 세워졌고(골

2:1-4:13), 소아시아의 서머나와 버가모와 두아디라와 사데와 빌라델비아에 교회가 세워졌습니다.

이와 같이 복음은 살아 있고 운동력이 있기 때문에(히 4:12) 마음의 문을 열고 겸손히 복음을 받아들일 때 놀라운 역사가 일어나게 됩니다.

3. 바울을 통하여 나타나는 하나님의 능력 (19:11-12)

11. 하나님이 바울의 손으로 놀라운 능력을 행하게 하시니 12. 심지어 사람들이 바울의 몸에서 손수건이나 앞치마를 가져다가 병든 사람에게 얹으면 그 병이 떠나고 악귀도 나가더라

11-12절 하나님이 바울의 손으로 놀라운 능력을 행하게 하시니 심지어 사람들이 바울의 몸에서 손수건이나 앞치마를 가져다가 병든 사람에게 얹으면 그 병이 떠나고 악귀도 나가더라

하나님께서는 바울의 손을 통해 놀라운 능력을 행하게 하셨습니다. 여기서 '놀라운 능력' 은 사람의 힘으로 할 수 없는 기적으로, 병 고치는 것과 악귀를 쫓아내는 것을 말합니다. 이적은 두 가지 방법을 통해서 나

타났습니다. 하나는 바울의 안수를 통해서 나타났고, 다른 하나는 멀리 있어서 올 수 없는 병자들에게 바울의 몸에서 손수건이나 앞치마를 가져다가 얹었을 때 나타났습니다. 이처럼 바울의 손수건과 앞치마를 통해 능력이 나타난 것은, 그것들이 어떤 마술적인 힘을 가지고 있었기 때문이 아니라 권능의 하나님께서 바울과 함께하심을 보여 주는 도구로 쓰였기 때문입니다.

바울이 행한 이적과 기사는 혈루증을 앓던 여자가 예수님의 옷 가에 손을 대는 순간 병이 나았던 것(눅 8:44)과 베드로의 그림자만 지나가도 병자들이 회복되었던 사건(5:15)을 생각나게 합니다. 그런데 여기서 우리는 한 가지 사실을 주시하여야 합니다. 그것은 이러한 기적이 하나님의 능력과 그 병자들의 믿음을 통해서 일어났다는 것입니다.

바울이 행한 놀라운 능력은 마술과 미신의 본거지인 에베소의 사람들에게 오직 야훼 하나님만이 참신임을 나타냈으며 복음 전파에 큰 공헌을 하였습니다.

4. 날로 흥왕하여 가는 주의 말씀(19:13-20)

13. 이에 돌아다니며 마술하는 어떤 유대인들이 시험 삼아 악귀 들린 자들에게 주 예수의 이름을 불러 말하되 내가 바울이 전파하는 예수

를 의지하여 너희에게 명하노라 하더라 14. 유대의 한 제사장 스게
와의 일곱 아들도 이 일을 행하더니 15. 악귀가 대답하여 이르되 내
가 예수도 알고 바울도 알거니와 너희는 누구냐 하며 16. 악귀 들린
사람이 그들에게 뛰어올라 눌러 이기니 그들이 상하여 벗은 몸으로
그 집에서 도망하는지라 17. 에베소에 사는 유대인과 헬라인들이 다
이 일을 알고 두려워하며 주 예수의 이름을 높이고 18. 믿은 사람들
이 많이 와서 자복하여 행한 일을 알리며 19. 또 마술을 행하던 많은
사람이 그 책을 모아 가지고 와서 모든 사람 앞에서 불사르니 그 책
값을 계산한즉 은 오만이나 되더라 20. 이와 같이 주의 말씀이 힘이
있어 흥왕하여 세력을 얻으니라

13절 이에 돌아다니며 마술하는 어떤 유대인들이 시험 삼아 악귀 들린 자들에게 주 예수의 이름을 불러 말하되 내가 바울이 전파하는 예수를 의지하여 너희에게 명하노라 하더라

바울이 놀라운 능력을 행하자, 이를 본 유대인 마술사들이 경거망동한 행동을 하였습니다. 그들은 혹시 바울을 흉내 내면 자신들도 바울과 같은 기적을 행할 수 있을까 하여 시험을 하였습니다. 그들은 자신들이 들었던 새 이름, 즉 예수님의 이름을 마술에 이용하려고 한 것입니다. 그래서 그들은 악귀 들린 자들에게 "내가 바울이 전파하는 예수를 의지하여 너희에게 명하노라" 고 하였습니다.

이처럼 유대인 마술사들이 예수님의 이름을 그들의 마술에 이용하려고 한 데에는 그 당시의 풍습도 관련이 있습니다. 보편적으로 고대 세계에서는 악령을 내쫓기 위해 주문을 외울 때 주술적인 이름들을 사용하였는데, 특히 에베소에서 두드러지게 많이 사용되었습니다. 또한 유대인

무당들은 특별한 주문으로 귀신을 쫓아낸다고 믿었기 때문에 사람들로부터 상당히 존경받고 있었습니다. 이러므로 이 유대인 마술사들은 큰 인기를 얻고 많은 돈을 벌려는 속셈으로 예수님의 이름을 이용하여 마술을 하려고 한 것입니다.

14-15절 유대의 한 제사장 스게와의 일곱 아들도 이 일을 행하더니 악귀가 대답하여 이르되 내가 예수도 알고 바울도 알거니와 너희는 누구냐 하며

당시 에베소 등지에서는 마술과 미신이 상당히 성행하고 있었습니다. 그런데 유대의 한 제사장 스게와의 일곱 아들들이 그러한 일에 관련되어 있었습니다. 유대인 마술사들의 이 같은 행위는 성령을 돈 주고 사려고 했던 마술사 시몬의 행위와 별다를 바 없는 것입니다(8:18-19). 그러나 이들은 결국 하나님의 심판을 면할 길이 없게 됩니다(계 21:8).

스게와의 일곱 아들은 귀신을 쫓기 위해 예수님의 이름을 사용하였습니다. 그런데 귀신이 쫓겨 나가기는커녕 오히려 악귀가 그들에게 달려들었습니다.

여기서 우리는 한 가지 놀라운 사실을 발견할 수 있습니다. 그것은 악귀가 예수님과 바울을 알고 있다는 사실입니다. 또한 악귀는 그들에게 "너희는 누구냐"고 반문했는데, 이 사건은 갈라디아서 6장 7절의 "스스로 속이지 말라 하나님은 업신여김을 받지 아니하시나니 사람이 무엇으로 심든지 그대로 거두리라"는 말씀을 확인시켜 줍니다. 악령은 예수님께서 전능하신 하나님의 아들이시라는 것과 바울이 예수님의 이름으로 악마를 추방하는 권세를 가지고 있다는 것을 알고 있었습니다. 그런데

예수님의 교훈과 그의 이름을 믿지 않는 자들이 어떻게 감히 그 입술로 그의 언약과 명령을 선포하며 이용할 수 있느냐는 것입니다(시 50:16-17). 이것은 악령의 입을 통하여 유대인 마술사들의 불신앙을 고발하는 것입니다. 그럼으로써 예수님의 이름을 악용하는 무리들을 부끄럽게 한 것입니다.

16절 악귀 들린 사람이 그들에게 뛰어올라 눌러 이기니 그들이 상하여 벗은 몸으로 그 집에서 도망하는지라

스게와의 아들들은 자신들의 능력으로는 맞설 수 없는 존재와 상대하고 있다는 것을 깨달았습니다. 물리치려 했던 악귀는 오히려 그들에게 거세고 난폭하게 달려들었습니다. 거라사의 군대 귀신 들린 사람(막 5:1-15)처럼 악귀 들린 사람이 그들을 억제하고 옷을 벗기고 때려 온몸에 상처를 입히자 스게와의 아들들은 피를 흘리며 도망하였습니다.

이 일은 예수님의 이름을 부르면서도 악에서 떠나지 않는 사람들에게 경고를 주고 있습니다. 만일 우리가 그리스도에 대한 진실한 신앙과 확신에 찬 믿음으로 악귀를 대적한다면 예수님 이름의 권세 앞에서 악귀는 도망갈 것입니다. 그러나 스게와의 일곱 아들처럼 믿지도 않는 예수님의 이름을 돈 벌기 위한 수단으로 이용한다면 마귀의 조롱은 물론 하나님의 심판을 면하지 못할 것입니다.

이 사건은 에베소 사람들에게 성령과 악령의 역사에 차이가 있음을 분명히 보여 주었습니다.

17-19절 에베소에 사는 유대인과 헬라인들이 다 이 일을 알고 두려

위하며 주 예수의 이름을 높이고 믿은 사람들이 많이 와서 자복하여 행한 일을 알리며 또 마술을 행하던 많은 사람이 그 책을 모아 가지고 와서 모든 사람 앞에서 불사르니 그 책값을 계산한즉 은 오만이나 되더라

스게와의 아들들에게 벌어진 사건은 에베소 전역에 알려졌습니다. 이 소식은 유대인이나 헬라인들로 하여금 두려워하며 예수님의 이름을 높이는 결과를 가져왔으며, 예수님의 이름을 부르면서도 악에서 떠나지 않는 사람들에게 경고를 주었습니다. 사람들은 예수님께서는 절대로 희롱당하시지 않는다는 사실을 알게 되었으며, 또한 예수님께서는 절대로 이방의 미신과 혼합될 수 없다는 것도 깨닫게 되었습니다. 그 결과 사람들은 예수 그리스도의 권위를 인정했고, 그리스도의 종인 바울의 권위도 인정했습니다.

이제 에베소에서는 예수 그리스도의 이름이 아무런 저항도 받지 않고 전파되었습니다. 많은 사람들이 예수님의 이름 앞에 자복하였으며 자신들의 악한 행실과 비종교적인 생활을 청산하고 회개하기 시작하였습니다. 뿐만 아니라 마술을 행하던 많은 사람들이 회개하고 예수님을 믿었습니다. 그들은 자신들의 변화를 공개하기 위하여 많은 사람들이 보는 앞에서 마술에 관한 책들을 모아 불태워 버렸습니다. 흑암의 세력이 물러가고 이제는 그리스도의 복음이 확산되어 나갔습니다. 은 5만이나 되는 값의 마술에 관한 책들을 만인이 보는 앞에서 모두 불태워 버린 사건은 곧 예수 그리스도께서 승리하셨음을 말해 줍니다. 마술사들이 자신들의 생명과도 같은 책들을 불살라 버린 것은 예수 그리스도께로 개종한 것을 의미하는 동시에 그들이 믿음의 결단을 내린 것을 의미합니다. 그들

은 옛 생활과 옛 습관으로 돌아가지 않겠다는 결심으로 마술에 관한 책들을 모두 불태워 버린 것입니다.

20절 이와 같이 주의 말씀이 힘이 있어 흥왕하여 세력을 얻으니라

주님의 말씀에는 힘이 있습니다. 주님의 말씀과 능력이 힘 있게 널리 전파되면서 많은 사람들이 예수 그리스도를 믿게 되었습니다. 이것은 말씀 속에서 성령님께서 역사하심으로 말미암아 복음이 확산된 결과였습니다.

복음은 마게도냐와 아가야와 아시아 지방으로 확산되었습니다. 바울 서신을 통해서 살펴볼 때 이 지역에 세워진 교회들은 바울이 세운 여러 교회들 중에서 가장 충성된 교회임을 알 수 있습니다.

5. 예루살렘과 로마로 가기를 원함(19:21-22)

> **21. 이 일이 있은 후에 바울이 마게도냐와 아가야를 거쳐 예루살렘에 가기로 작정하여 이르되 내가 거기 갔다가 후에 로마도 보아야 하리라 하고 22. 자기를 돕는 사람 중에서 디모데와 에라스도 두 사람을 마게도냐로 보내고 자기는 아시아에 얼마 동안 더 있으니라**

21절 이 일이 있은 후에 바울이 마게도냐와 아가야를 거쳐 예루살렘

에 가기로 작정하여 이르되 내가 거기 갔다가 후에 로마도 보아야 하리라 하고

바울은 에베소에서 복음이 확산되자 다른 곳으로 가서 복음 전파를 할 계획을 세웠습니다. 바울은 로마 제국의 동부 지역을 복음화한 후에 예루살렘으로 돌아갔다가 로마로 떠나기로 결심하였습니다. 그리고 도중에 마게도냐와 아가야의 교회들을 다시 방문하려는 계획을 세웠습니다. 바울이 예루살렘에 가기를 원한 것은 이방 교회에서 거둔 구제 헌금을 흉년과 가난으로 어려움을 당하고 있는 예루살렘에 있는 형제들에게 전달하기 위해서였습니다(고전 16:1-4).

22절 자기를 돕는 사람 중에서 디모데와 에라스도 두 사람을 마게도냐로 보내고 자기는 아시아에 얼마 동안 더 있으니라

바울은 계획대로 마게도냐로 가기에 앞서 먼저 디모데와 에라스도를 그곳에 보냈습니다. 디모데는 바울이 마게도냐에 교회를 세웠을 때 함께 있었기 때문에 이 일에 적임자였으며(16:3-17:14), 에라스도는 고린도 시의 재무를 맡은 사람이었기 때문에 도움이 되었습니다(롬 16:23). 이 두 사람은 구제 헌금을 가져오기 위하여 마게도냐로 먼저 갔습니다. 그리고 바울은 아시아, 즉 에베소에 얼마 동안 머물러 있으면서 계획대로 마게도냐로 갈 때를 기다렸습니다.

6. 훼방을 이기는 말씀의 능력(19:23-41)

23. 그때쯤 되어 이 도로 말미암아 적지 않은 소동이 있었으니 24.
즉 데메드리오라 하는 어떤 은장색이 은으로 아데미의 신상 모형을
만들어 직공들에게 적지 않은 벌이를 하게 하더니 25. 그가 그 직공
들과 그러한 영업하는 자들을 모아 이르되 여러분도 알거니와 우리
의 풍족한 생활이 이 생업에 있는데 26. 이 바울이 에베소뿐 아니라
거의 전 아시아를 통하여 수많은 사람을 권유하여 말하되 사람의 손
으로 만든 것들은 신이 아니라 하니 이는 그대들도 보고 들은 것이라
27.우리의 이 영업이 천하여질 위험이 있을 뿐 아니라 큰 여신 아데
미의 신전도 무시당하게 되고 온 아시아와 천하가 위하는 그의 위엄
도 떨어질까 하노라 하더라 28. 그들이 이 말을 듣고 분노가 가득하
여 외쳐 이르되 크다 에베소 사람의 아데미여 하니 29. 온 시내가 요
란하여 바울과 같이 다니는 마게도냐 사람 가이오와 아리스다고를
붙들어 일제히 연극장으로 달려 들어가는지라 30. 바울이 백성 가
운데로 들어가고자 하나 제자들이 말리고 31. 또 아시아 관리 중에
바울의 친구 된 어떤 이들이 그에게 통지하여 연극장에 들어가지 말
라 권하더라 32. 사람들이 외쳐 어떤 이는 이런 말을, 어떤 이는 저
런 말을 하니 모인 무리가 분란하여 태반이나 어찌하여 모였는지 알
지 못하더라 33. 유대인들이 무리 가운데서 알렉산더를 권하여 앞
으로 밀어내니 알렉산더가 손짓하며 백성에게 변명하려 하나 34.
그들은 그가 유대인인 줄 알고 다 한 소리로 외쳐 이르되 크다 에베
소 사람의 아데미여 하기를 두 시간이나 하더니 35. 서기장이 무리
를 진정시키고 이르되 에베소 사람들아 에베소 시가 큰 아데미와 제

우스에게서 내려온 우상의 신전지기가 된 줄을 누가 알지 못하겠느냐 36. 이 일이 그렇지 않다 할 수 없으니 너희가 가만히 있어서 무엇이든지 경솔히 아니하여야 하리라 37. 신전의 물건을 도둑질하지도 아니하였고 우리 여신을 비방하지도 아니한 이 사람들을 너희가 붙잡아 왔으니 38. 만일 데메드리오와 그와 함께 있는 직공들이 누구에게 고발할 것이 있으면 재판 날도 있고 총독들도 있으니 피차 고소할 것이요 39. 만일 그 외에 무엇을 원하면 정식으로 민회에서 결정할지라 40. 오늘 아무 까닭도 없는 이 일에 우리가 소요 사건으로 책망받을 위험이 있고 우리는 이 불법 집회에 관하여 보고할 자료가 없다 하고 41. 이에 그 모임을 흩어지게 하니라

23절 그때쯤 되어 이 도로 말미암아 적지 않은 소동이 있었으니

에베소에서는 바울이 전한 기독교의 교리로 인하여 큰 소동이 일어났습니다. 왜냐하면 그 당시 에베소는 우상을 섬기는 도시였기 때문입니다. 거리에서는 쉽게 아데미 여신의 신상을 볼 수 있었고 에베소의 북동쪽 약 2.4㎞ 되는 곳에는 한 면의 길이가 각각 120m, 60m나 되는 엄청난 아데미 신전이 세워져 있었습니다. 해마다 수많은 순례자와 여행자들이 이 신전을 방문하려고 원근 각처에서 에베소로 몰려들었습니다. 그런데 바울이 전한 복음을 듣고 믿는 사람이 점점 늘어나게 되자 소동이 일어나게 된 것입니다.

24절 즉 데메드리오라 하는 어떤 은장색이 은으로 아데미의 신상 모형을 만들어 직공들에게 적지 않은 벌이를 하게 하더니

아데미 신전에 몰려드는 순례자와 여행자들을 상대로 아데미 여신의 신상 모형을 만들어 파는 것은 에베소에서 돈벌이가 잘되는 장사였습니

다. '신상 모형'은 은으로 만든 모조품을 말하는데, 여기서는 아데미 여신의 모조 은 신상을 일컫고 있습니다.

사도 바울은 복음을 전파하면서 아데미 여신을 숭배하는 것을 공박하였는데, 이로 인해 소동이 일어나게 되었습니다. 원래 이 소동의 발단은 데메드리오라는 은장색에 의해 시작되었습니다. '은장색'이란 은으로 기구나 우상을 넣는 함 따위를 만드는 사람을 말합니다. 바울의 복음 전파로 은장색들의 수입이 줄게 되자 그들 중 데메드리오가 주동이 되어 소동을 일으킨 것입니다.

25-26절 그가 그 직공들과 그러한 영업하는 자들을 모아 이르되 여러분도 알거니와 우리의 풍족한 생활이 이 생업에 있는데 이 바울이 에베소뿐 아니라 거의 전 아시아를 통하여 수많은 사람을 권유하여 말하되 사람의 손으로 만든 것들은 신이 아니라 하니 이는 그대들도 보고 들은 것이라

에베소의 은장색들은 아데미의 신상 모형을 만들어 팔아 풍족한 생활을 하였습니다. 그런데 바울의 복음 전도로 인하여 그들의 수입에 큰 차질이 생겼습니다. "손으로 만든 것들은 신이 아니라"고 하는 바울의 말은 은장색들에게 풍족한 생활을 보장하였던 수단을 위협하는 것이었고, 동시에 그들의 여신에 대한 종교심을 부정하게 하는 것이었습니다.

여신을 섬기던 사람들이 예수 그리스도를 믿게 되자 은장색들의 공예 사업이 부진하게 되었습니다. 그래서 데메드리오는 바울에 대한 적개심을 가지고 그의 직공들과 동업자들을 선동한 것입니다.

27절 우리의 이 영업이 천하여질 위험이 있을 뿐 아니라 큰 여신 아데미의 신전도 무시당하게 되고 온 아시아와 천하가 위하는 그의 위엄도 떨어질까 하노라 하더라

데메드리오는 만약 바울의 가르침이 신망을 얻게 된다면 그들의 상업은 몰락할 것이라고 그들에게 경고하였습니다. 또한 그들의 영업이 천하여질 위험이 있을 뿐만 아니라 에베소와 아시아, 나아가서 온 천하에 알려져 있는 아데미 여신의 위상에도 위협을 받게 될 것이라고 말하였습니다. 데메드리오는 자신이 아데미 여신에 대한 강한 애정과 충정에서 우러나오는 열심을 갖고 있는 척 가장하여 말하였습니다. 그러나 사실은 이러한 소동을 일으킴으로써 바울의 전도를 막고 아데미 여신에 대하여 사람들의 큰 관심을 불러일으키고자 하였던 것입니다.

28-29절 그들이 이 말을 듣고 분노가 가득하여 외쳐 이르되 크다 에베소 사람의 아데미여 하니 온 시내가 요란하여 바울과 같이 다니는 마게도냐 사람 가이오와 아리스다고를 붙들어 일제히 연극장으로 달려 들어가는지라

은장색들은 데메드리오의 말을 듣고 분노가 가득하여 "크다 에베소 사람의 아데미여"라고 외치면서 거리로 몰려나왔습니다. 여기서 우리는 거짓 종교에 대한 열정이 얼마나 무서운 사회적 혼란을 가져오는가를 볼 수 있습니다. 왜냐하면 거짓 종교, 더 정확히 우상 숭배는 인간의 이성을 마비시키고 혼란하게 만들어 이성을 잃어버리게 합니다. 지방색과 종교색이 짙은 은장색들의 감정적인 선동에 우매한 군중들도 합세하여 에베소 성은 온통 벌집 쑤신 것처럼 되고 말았습니다.

이 군중들은 바로 얼마 전까지만 해도 스게와의 일곱 아들이 예수님의 이름을 시험하였다가 악귀에게 혼났다는 소식을 듣고 두려워하여 주 예수의 이름을 높이던 사람들입니다. 뿐만 아니라 마술사들이 자기들의 책들을 태우며 그리스도인이 되는 장면을 목격한 사람들입니다. 그럼에도 불구하고 그들은 은장색들의 갑작스러운 선동에 이처럼 선동된 것입니다. 여기서 우리는 말씀 위에 굳게 선 변화된 삶과 단지 하나님의 권능을 두려워하여 입으로만 영광을 돌리는 삶에는 엄청난 차이가 있다는 것을 보게 됩니다.

거리로 쏟아져 나온 군중들은 바울의 일행인 마게도냐 사람 가이오와 아리스다고를 붙잡아 에베소의 중심 시가지의 동맥 구실을 하는 커다란 대로변에 있는 노천극장인 연극장으로 끌고 갔습니다. 이때 군중들에게 잡혀 간 가이오와 아리스다고는 바울의 동료가 되어 함께 주를 섬기고 주를 위해 고난을 받으며 바울과 함께 여행하였을 뿐 다른 죄는 없었습니다. 그럼에도 불구하고 군중들은 이 두 사람이 바울의 일행이라는 이유로 연극장으로 끌고 간 것입니다.

30-31절 바울이 백성 가운데로 들어가고자 하나 제자들이 말리고 또 아시아 관리 중에 바울의 친구 된 어떤 이들이 그에게 통지하여 연극장에 들어가지 말라 권하더라

이때 바울은 연극장으로 가서 변론하려고 하였으나 그의 제자들이 만류하였습니다. 뿐만 아니라 바울의 친구 된 아시아 관리들도 바울에게 연극장에 들어가지 말라는 통지를 하였습니다. 당시 '아시아 관리'는 모두 열 명이었는데, 이들은 아시아에서 가장 고귀한 신분이었으며 가장

부요한 가문의 일원으로서 로마 황제의 신전이 있는 각 성을 위하여 해마다 아시아에서 선임한 사람들이었습니다.

바울은 로마 시민권이 있고 또한 친분이 있는 관리들의 호의를 받고 있었기 때문에 군중을 진정시킬 수 있다고 생각하였을 것입니다. 뿐만 아니라 바울은 그 자리에 모인 군중들에게 복음을 증언하면서 폭동을 진정시키려고 했던 것입니다. 그러나 아시아의 관리들이 볼 때 이는 경솔한 행동이었습니다. 그러므로 바울의 친구 된 아시아 관리들은 바울을 만류하며 자신을 보존하는 길을 택하라고 강권한 것입니다.

본문을 통해 우리는 자신의 의무를 저버리지 않는 범위 내에서 할 수 있는 한 위험을 피해야 한다는 것을 깨달을 수 있습니다. 주님의 일을 하다 보면 때로는 우리의 목숨을 내놓으라는 강요를 받을 수 있습니다. 그러나 우리는 하나님으로부터 받은 귀중한 생명을 가볍게 던져서는 안 됩니다.

32절 사람들이 외쳐 어떤 이는 이런 말을, 어떤 이는 저런 말을 하니 모인 무리가 분란하여 태반이나 어찌하여 모였는지 알지 못하더라

폭도들의 무리는 완전히 혼란에 빠져 버렸습니다. 모인 사람들마다 하는 말이 서로 달랐고 장내는 온통 뒤범벅이 되어 무엇 때문에 모였는지조차 알지 못하였습니다. 단지 그들은 아데미 여신에게 불경건하게 행동한 자들을 향한 분노 때문에 한 자리에 모였던 것입니다.

그들은 무엇이 폭동의 원인인지, 누가 탄핵의 대상인지, 무슨 용건인지를 몰랐습니다. 사실 이러한 경우에 대부분의 사람들은 군중 심리에

의한 호기심에서 모여드는 경우가 많습니다.

오늘날도 우매한 대중들은 불의한 권력자들에 의해 갈 바를 알지 못한 채 그저 휩쓸려 살아갑니다. 그래서 분명히 잘못된 일임에도 불구하고 단체나 권력자들의 이익을 위해 덮어 두거나, 또는 그런 실수조차 모르는 채 합리화하는 오류를 범하고 있습니다.

33절 유대인들이 무리 가운데서 알렉산더를 권하여 앞으로 밀어내니 알렉산더가 손짓하며 백성에게 변명하려 하나

그때에 유대인들은 또 다른 계책을 세웠습니다. 그것은 알렉산더를 앞세워 바울 일행을 비판하려는 것이었습니다. 여기에 나오는 알렉산더가 디모데전서 1장 20절과 디모데후서 4장 14절에 나오는 알렉산더와 동일인인지는 불확실합니다.

알렉산더는 군중 앞에서 자신을 변명하려고 하였습니다. 그러나 그가 무슨 말을 하려고 하였는지는 확실하지 않습니다. 아마도 그는 유대인들이 바울 일행과는 무관하다는 것을 말하려고 하였을 것입니다.

34-35절 그들은 그가 유대인인 줄 알고 다 한 소리로 외쳐 이르되 크다 에베소 사람의 아데미여 하기를 두 시간이나 하더니 서기장이 무리를 진정시키고 이르되 에베소 사람들아 에베소 시가 큰 아데미와 제우스에게서 내려온 우상의 신전지기가 된 줄을 누가 알지 못하겠느냐

에베소에 있던 유대인 사회는 규모가 상당히 컸습니다. 긴박한 상황에서 유대인들은 알렉산더를 통하여 위기에서 빠져 나오려고 하였습니다

다. 그러나 군중들은 그가 유대인임을 알고는 다 같이 한 소리로 "크다 에베소 사람의 아데미여" 라고 소리를 질렀습니다. 그 고함 소리는 무려 두 시간 동안이나 계속되었습니다. 우상을 섬기는 자들은 그리스도인들뿐만 아니라 유대인들도 못마땅하게 여긴 것입니다.

그런데 이 난동 속에서 서기장이 나타나 무리들을 진정시키고 질서를 회복시켰습니다. 당시에는 에베소 출신의 사람만 서기장이 될 수 있었으며, 서기장이 된 사람은 시 의회의 포고문을 발표하는 집행 관리로서 로마의 행정 당국을 연결시켜 주는 일을 하였습니다. 따라서 이 서기장은 에베소에서 발생하는 모든 소요 사태에 대한 책임을 지고 있었습니다.

"에베소 사람들아 에베소 시가 큰 아데미와 제우스에게서 내려온 우상의 신전지기가 된 줄을 누가 알지 못하겠느냐". 여기서 '우상의 신전지기' 는 '우상을 숭배하는 도시' 라는 뜻입니다. 이와 같이 서기장은 에베소 사람들을 진정시킨 후 그들에게 에베소 시가 아데미와 제우스를 섬기는 것을 누가 감히 부정하겠느냐고 말하며 군중들의 소요를 진압하려고 최선을 다하였습니다.

위세 당당한 서기장이 나서서 말하자 군중들은 고함을 그치고 서기장의 말을 조용히 경청하기 시작했습니다.

36-39절 이 일이 그렇지 않다 할 수 없으니 너희가 가만히 있어서 무엇이든지 경솔히 아니하여야 하리라 신전의 물건을 도둑질하지도 아니하였고 우리 여신을 비방하지도 아니한 이 사람들을 너희가 붙잡아 왔으니 만일 데메드리오와 그와 함께 있는 직공들이 누구에게 고발할 것이 있으면 재판 날도 있고 총독들

도 있으니 피차 고소할 것이요 만일 그 외에 무엇을 원하면 정식으로 민회에서 결정할지라

서기장은 군중들을 향하여 모든 일에 있어 침착하게 숙고하고 지혜로운 처사를 해야 한다고 말했습니다. 그리고 바울 일행이 여신을 섬기는 신전의 물건을 훔치지 않았으며 신성 모독을 한 것도 아닌데 왜 잡아 왔느냐고 질책하며 법률에 의한 정식 절차를 이용하라고 말했습니다. 그런 다음 서기장은 데메드리오와 그의 직공들에게 만일 그들이 손해를 당했다면 법의 절차를 따라 민회에 소송을 제기하라고 말했습니다.

여기서 우리는 하나님께서 성도들을 보호하실 때 때로는 불신자들을 사용하시기도 한다는 사실을 발견할 수 있습니다.

40-41절 오늘 아무 까닭도 없는 이 일에 우리가 소요 사건으로 책망받을 위험이 있고 우리는 이 불법 집회에 관하여 보고할 자료가 없다 하고 이에 그 모임을 흩어지게 하니라

서기장은 이 소요 사건에 대해 로마 당국에서 책망할지도 모르며 사건의 원인을 해명하라고 할지도 모른다고 말함으로써 군중들에게 두려움과 중압감을 느끼게 했습니다. 당시 로마는 관대한 식민지 정책을 실시하였으나 소요 사건만은 엄하게 다스렸기 때문입니다.

서기장이 폭동적인 집회의 어리석음과 그 사건에 뒤따를 수 있는 책망에 대하여 말하자, 군중들은 자진 해산하고 말았습니다.

대부분의 사람들은 하나님의 심판보다 인간들의 심판을 더 두려워합니다. 그러나 그들은 얼마 있지 않아 하늘과 땅의 주재이신 재판관에게 그들의 무질서한 삶에 대하여 심판을 받게 된다는 것을 알아야 할 것입니다.

제 20 장

만남과 헤어짐

마게도냐 방문	20:1-6
드로아에서의 강론	20:7-12
밀레도를 향하여	20:13-16
에베소 장로들에게 전하는 고별사	20:17-35
헤어짐	20:36-38

A COMMENTARY ON THE ACTS OF THE APOSTLES Ⅱ

바울은 마게도냐와 아가야 지방의 교회들을 방문한 다음 예루살렘으로 돌아가고자 하였습니다. 바울은 아시아의 드로아에서 강론하였는데, 이때 졸고 있던 청년 유두고가 3층에서 떨어져 죽었다가 다시 살아나는 기적이 일어났습니다. 그 후 바울은 밀레도에서 에베소 장로들을 초청하여 고별 설교를 하고 그곳을 떠나 예루살렘을 향하였습니다.

1. 마게도냐 방문(20:1-6)

1. 소요가 그치매 바울은 제자들을 불러 권한 후에 작별하고 떠나 마게도냐로 가니라 2. 그 지방으로 다녀가며 여러 말로 제자들에게 권하고 헬라에 이르러 3. 거기 석 달 동안 있다가 배 타고 수리아로 가고자 할 그때에 유대인들이 자기를 해하려고 공모하므로 마게도냐를 거쳐 돌아가기로 작정하니 4. 아시아까지 함께 가는 자는 베뢰아 사람 부로의 아들 소바더와 데살로니가 사람 아리스다고와 세군도와 더베 사람 가이오와 및 디모데와 아시아 사람 두기고와 드로비모라 5. 그들은 먼저 가서 드로아에서 우리를 기다리더라 6. 우리는 무교절 후에 빌립보에서 배로 떠나 닷새 만에 드로아에 있는 그들에게 가서 이레를 머무니라

1-2절 소요가 그치매 바울은 제자들을 불러 권한 후에 작별하고 떠나 마게도냐로 가니라 그 지방으로 다녀가며 여러 말로 제자들에

게 권하고 헬라에 이르러

바울은 소요가 그치자 제자들을 불러 위로하고 용기를 갖도록 권면한 후에 그들과 작별하고 에베소를 떠나 마게도냐로 향하였습니다. 바울은 마게도냐로 가기 전에 드로아에서 고린도 교회의 소식을 듣기를 갈망했지만(고후 2:12-13) 마게도냐에 가서야 디도를 만나 소식을 듣고 위로를 받았습니다(고후 7:5-7).

바울은 마게도냐에 약 1년 동안 머물면서 복음을 전하였습니다. 그 기간에 특별히 바울이 관여했던 것은 예루살렘의 곤궁한 성도들을 돕기 위하여 연보를 거두는 일이었습니다. 이때 갈라디아와 아시아와 마게도냐와 아가야 지방의 교회들이 연보를 하였습니다(롬 15:25-26; 고전 16:1-4; 고후 8:2-5). 이 연보는 그들의 사랑을 나타내는 행위였으며, 바울에게 있어서 한 몸을 이룬 교회를 상징하는 행위였습니다.

3절 거기 석 달 동안 있다가 배 타고 수리아로 가고자 할 그때에 유대인들이 자기를 해하려고 공모하므로 마게도냐를 거쳐 돌아가기로 작정하니

바울은 주후 50-57년경 석 달 동안 아가야에 머물면서 로마서를 기록하였습니다. 바울은 자신의 방문을 로마의 그리스도인들이 준비하도록 하는 한편 체계적이면서도 포괄적으로 복음의 내용을 설명하기 위해 그들에게 서신을 보냈는데, 그것이 바로 로마서입니다. 바울이 이처럼 로마에 깊은 관심을 가졌던 이유는 장차 로마를 라틴 세계와 서반아의 복음 전도를 위한 전진 기지로 사용하려는 계획을 가지고 있었기 때문입니다.

바울은 고린도에서 가이오의 따뜻한 접대를 받으면서 복음을 전파하

였고 마게도냐에서와 같이 이곳에서도 예루살렘 교회의 교인들을 돕기 위하여 연보를 모았습니다(롬 15:25-26).

고린도에서 지낸 지 석 달이 될 무렵에 바울은 예루살렘으로 가고자 하였습니다. 이때 바울은 수리아까지 배를 타고 가려 했습니다. 그런데 유대인들이 이를 알고 바다에서 그를 암살할 음모를 세웠다는 소식을 듣게 되었습니다. 그래서 바울은 부득불 마게도냐까지 육로로 가서 그곳에서 배를 타기로 결심하였습니다.

4-5절 아시아까지 함께 가는 자는 베뢰아 사람 부로의 아들 소바더와 데살로니가 사람 아리스다고와 세군도와 더베 사람 가이오와 및 디모데와 아시아 사람 두기고와 드로비모라 그들은 먼저 가서 드로아에서 우리를 기다리더라

바울과 함께 예루살렘에 가려고 모인 사람들은 각 교회의 대표자들이었습니다. 이들은 예루살렘의 불쌍한 성도들을 돕기 위해 모은 연보를 관리하였습니다. 바울이 직접 연보를 관리하지 않은 것은 지혜로운 행동이었습니다. 그런데 여기서 특이한 점은 이들 중에 고린도 교회의 대표자가 없다는 것입니다. 이는 고린도 교회 안에 어떤 문제가 있었다는 것을 암시하고 있습니다.

한편 본문을 통하여 우리는 바울이 동역자들과 함께 전도 여행을 하였다는 것을 볼 수 있습니다. 성경은 한 사람이 천을 쫓으며 두 사람이 만을 도망하게 한다고 하였습니다(신 32:30). 혼자서 교회에 다니고 신앙생활을 조용히 하면 좋을 것 같지만, 갑자기 어려운 일이 다가오면 혼자서 감당하기 어렵게 됩니다. 환난이 닥치면 혼자서는 감당하지 못하기 때문

에 쓰러지기 쉽습니다. 그러므로 신앙생활에 있어 동역자가 필요한 것입니다. 동역자가 있을 때 어려운 일도 함께 나누고 서로 도움을 주고받으며 위로를 받음으로 말미암아 승리하는 삶을 살 수 있습니다.

6절 우리는 무교절 후에 빌립보에서 배로 떠나 닷새 만에 드로아에 있는 그들에게 가서 이레를 머무니라

바울은 무교절이 끝날 때까지 빌립보에 머물렀습니다. 여기에서 다시 '우리' 라는 말이 나오는데, 아마 바울은 누가와 함께 항해를 했던 것 같습니다. 그들은 빌립보를 떠난 지 닷새 만에 드로아에 도착하였습니다.

2. 드로아에서의 강론(20:7-12)

7. 그 주간의 첫날에 우리가 떡을 떼려 하여 모였더니 바울이 이튿날 떠나고자 하여 그들에게 강론할새 말을 밤중까지 계속하매 8. 우리가 모인 윗다락에 등불을 많이 켰는데 9. 유두고라 하는 청년이 창에 걸터앉아 있다가 깊이 졸더니 바울이 강론하기를 더 오래 하매 졸음을 이기지 못하여 삼 층에서 떨어지거늘 일으켜 보니 죽었는지라 10. 바울이 내려가서 그 위에 엎드려 그 몸을 안고 말하되 떠들지 말라 생명이 그에게 있다 하고 11. 올라가 떡을 떼어 먹고 오랫동안 곧 날이 새기까지 이야기하고 떠나니라 12. 사람들이 살아난 청년을 데리고

가서 적지 않게 위로를 받았더라

7절 그 주간의 첫날에 우리가 떡을 떼려 하여 모였더니 바울이 이튿날 떠나고자 하여 그들에게 강론할새 말을 밤중까지 계속하매

'그 주간의 첫날'은 주일을 가리킵니다. 유대인의 안식일은 토요일입니다. 그런데 사도 시대에 그리스도인들은 안식 후 첫날, 즉 주일에 모였습니다. 예수님께서 부활하신 날이 주일이었으며, 제자들이 모여 있는 곳에 예수님께서 나타나신 날도 유대인의 안식일인 토요일 이후 첫날인 주일이었습니다. 그래서 유대인들은 토요일을 안식일로 지키지만 그리스도인들은 예수님께서 부활하신 주일을 성일로 지키는 것입니다.

본문에서 '그 주간의 첫날에 떡을 떼려고 모였다'고 한 것은 초기 그리스도인들이 예배를 드리려고 주일에 모였다는 것에 대한 확실한 증거를 보여 줍니다. 그들이 떡을 떼고 잔을 마시며 성찬을 함께 나눈 것은 하나님을 예배하기 위한 것이었습니다. 성도들이 함께 모여서 마음을 같이하여 하나님께 예배드리고 또한 상호간의 유대를 공고히 하고 도움을 주고받으며 친교를 나누는 것은 대단히 중요한 일입니다. 이 예배에서 바울은 성도들에게 말씀을 강론하였습니다.

8-9절 우리가 모인 윗다락에 등불을 많이 켰는데 유두고라 하는 청년이 창에 걸터앉아 있다가 깊이 졸더니 바울이 강론하기를 더 오래하매 졸음을 이기지 못하여 삼 층에서 떨어지거늘 일으켜 보니 죽었는지라

바울은 다음 날 떠나야 했기 때문에 밤중까지 계속 강론하였습니다. 그것은 하나의 고별 설교였습니다. 고별 설교는 언제나 그 특별한 의미 때문에 설교자와 청중들의 마음을 함께 감동시킵니다. 바울은 그들에게 해 줄 말이 많았습니다.

그런데 바울의 강론을 듣던 무리들 가운데 유두고라고 하는 청년이 창에 걸터앉아서 졸다가 삼 층에서 떨어져 죽는 사건이 발생했습니다. 이 사건의 원인에 관해서 어떤 사람들은 말씀을 신중히 대하지 않고 졸면서 경솔히 대한 유두고의 태도에 원인이 있다고 말하기도 합니다. 그러나 그날 유두고는 그 집 안에 입추의 여지없이 빽빽하게 모여든 사람들 때문에 삼 층으로 올라가 창에 걸터앉을 수밖에 없었으며 바울의 강론이 밤중까지 계속되었으므로 피곤에 지쳐 졸지 않을 수 없었을 것입니다. 어찌됐든 간에 이 사건으로 인해 그 모임은 잠시 중단되었고 유두고의 죽음은 사람들에게 큰 충격을 주었습니다.

이와 마찬가지로 오늘날 교회 내에서도 종종 의외의 불상사들이 일어나 세상 사람들의 구설(口舌)에 오르고 또 교인들이 시험에 빠지는 경우들이 있습니다. 그러나 그런 때일수록 전 교인이 더욱 믿음으로 하나가 되어야 하며 그 사건을 통해 교훈하시는 하나님의 음성을 듣도록 노력해야 합니다.

10-12절 바울이 내려가서 그 위에 엎드려 그 몸을 안고 말하되 떠들지 말라 생명이 그에게 있다 하고 올라가 떡을 떼어 먹고 오랫동안 곧 날이 새기까지 이야기하고 떠나니라 사람들이 살아난 청년을 데리고 가서 적지 않게 위로를 받았더라

사람들이 죽은 유두고를 둘러싸고 웅성거리고 있을 때 바울이 내려오더니 유두고의 몸 위에 엎드려 그 몸을 안았습니다. 이러한 바울의 행동은 엘리야가 사르밧 과부의 아들을 살릴 때 그 아이를 품에 안고 그의 거처인 다락으로 올라가 침상에 눕혔던 것이나(왕상 17:19-22) 엘리사가 수넴 여인의 죽은 아들 위에 올라 엎드려 그의 입과 눈과 손과 몸에 자신의 입과 눈과 손과 몸을 대었던 것과(왕하 4:34-35) 유사한 것으로, 사랑의 표현임과 동시에 자신의 몸 전체를 유두고에게 내어 주어 그를 살리고 자기가 죽겠다는 대속의 상징적 의미가 내포된 것입니다.

바울은 유두고의 몸 위에 엎드려 그 몸을 안고서 사람들에게 "떠들지 말라 생명이 그에게 있다"고 말했습니다. 이 말은 유두고가 죽지 않았다는 것이 아니라, 바울이 죽은 유두고의 몸을 안는 순간에 유두고의 생명이 돌아왔음을 의미합니다. 바울의 말 속에는 믿음의 능력의 역사와 함께 살리는 능력이 있었습니다. 드로아 교인들은 하나님의 역사로 살아난 유두고를 보고 적지 않은 위로를 받았습니다.

예수님께서는 "날 때부터 맹인 된 자는 누구의 죄로 인함이니이까?"라고 묻는 제자들에게 "하나님이 하시는 일을 나타내고자 하심이니라"고 응답하신 적이 있습니다(요 9:2-3). 이와 같이 유두고가 죽었다가 살아난 것도 하나님께서 바울과 유두고를 통해 하나님의 능력과 사역과 임재를 나타내시는 사건이었다고 말할 수 있습니다.

또한 하나님께서는 이 사건을 통하여 매우 중요한 사실을 일깨워 주십니다. 그것은 바로 말의 중요성입니다. 다른 사람들은 유두고가 죽었다고 막 떠들고 야단이었지만, 바울은 오히려 생명이 그 안에 있다고 긍정적으로 확신 있는 말을 했습니다. 보이는 믿음, 즉 마음에 믿고 입술로 시인하며 행위로 옮기는 것이 참된 믿음입니다. 그러므로 우리는 부정적이고 파괴적인 말 대신 언제나 믿음을 가지고 긍정적이고 창조적이고 적극적인 말을 하여 아름다운 성령의 역사를 이루어야 합니다.

오늘날도 하나님께서는 인간의 힘으로 해결하기 힘든 어려움 가운데 있는 교회와 성도들에게 그 문제를 해결해 주심으로써 성령의 임재하심과 능력을 나타내십니다. 그것은 지금도 많은 사람들의 신앙 체험과 간증으로 증명되고 있습니다. 하나님의 특별한 섭리를 체험한 사람들은 그 기쁨을 자신만 가지고 있을 것이 아니라 다른 사람들에게 간증함으로써 그 기쁨과 위로를 나누도록 해야 합니다.

3. 밀레도를 향하여(20:13-16)

13. 우리는 앞서 배를 타고 앗소에서 바울을 태우려고 그리로 가니
이는 바울이 걸어서 가고자 하여 그렇게 정하여 준 것이라 14. 바울
이 앗소에서 우리를 만나니 우리가 배에 태우고 미둘레네로 가서
15. 거기서 떠나 이튿날 기오 앞에 오고 그 이튿날 사모에 들르고 또
그다음 날 밀레도에 이르니라 16. 바울이 아시아에서 지체하지 않기
위하여 에베소를 지나 배 타고 가기로 작정하였으니 이는 될 수 있는
대로 오순절 안에 예루살렘에 이르려고 급히 감이러라

13절 우리는 앞서 배를 타고 앗소에서 바울을 태우려고 그리로 가니

이는 바울이 걸어서 가고자 하여 그렇게 정하여 준 것이라

바울은 제3차 전도 여행을 다 마치고서 예루살렘으로 향하였습니다. 이때 바울은 그의 일행과 앗소에서 합류하기로 하고 그들을 배에 태워 앞서 보내고 자신은 걸어서 갔습니다.

이와 같이 바울이 육로를 택한 것은 죄인들을 회개시키고 성도들의 덕을 함양시키며 주님의 위대한 사업을 수행하기 위함이었을 것입니다. 뿐만 아니라 그동안 전도 일정에 바빴으므로 잠시 고요한 시간을 가지면서 자기 자신을 돌아보고 성찰하며 주님과의 교제 시간을 갖기를 원했을 것이며, 새로운 영적 투쟁을 위한 하나님과의 은밀한 교제의 시간도 필요했을 것입니다. 또한 바울은 안일에 탐닉하지 않기 위하여 스스로 어려운 길을 택하였을지도 모릅니다. 바울은 스스로 고행과 자기 부정에 자신의 몸을 복종시켜 왔습니다. 그것은 자신을 그러한 역경 속에 끌어넣음으로써 그리스도를 위한 고난을 감당할 수 있게 하기 위함이었을 것입니다(딤후 2:3).

14-15절 바울이 앗소에서 우리를 만나니 우리가 배에 태우고 미둘레네로 가서 거기서 떠나 이튿날 기오 앞에 오고 그 이튿날 사모에 들르고 또 그다음 날 밀레도에 이르니라

바울은 앗소에서 그의 동료들과 다시 만나 함께 배를 타고 출발하여 미둘레네로 갔습니다. 그리고 이튿날은 기오 섬과 소아시아 본토를 나누는 해협을 가로질러 에베소 서쪽에 있던 사모 섬에 도착하여 잠시 머무른 후 다시 항해를 계속하여 그다음 날 밀레도에 도착하였습니다. '밀레도' 는 에베소 가까이에 있는 항구 도시로 아이오니아의 옛 수도였습

니다.

16절 바울이 아시아에서 지체하지 않기 위하여 에베소를 지나 배 타고 가기로 작정하였으니 이는 될 수 있는 대로 오순절 안에 예루살렘에 이르려고 급히 감이러라

"바울이 아시아에서 지체하지 않기 위하여 에베소를 지나 배 타고 가기로 작정하였으니". 바울은 오순절 안에 예루살렘에 도착하는 데 차질이 있을 것을 염려하여 이와 같이 하였습니다. 왜냐하면 에베소의 성도들이 머물 것을 권유하여 체류하게 되면 오순절 안에 예루살렘에 갈 수 없다고 생각했기 때문입니다.

바울은 이미 4, 5년 전에 예루살렘에 간 적이 있습니다(18:22). 그는 비록 이방인들에게 복음을 전하는 사도로 부름을 받았으나 예루살렘 교회에 대한 존경심을 가지고 있었고, 따라서 그들과 계속적인 연락을 갖기 원하였습니다. 그렇기 때문에 이번에도 예루살렘에 가기로 결심한 것입니다. 뿐만 아니라 그는 오순절을 지키기 위하여 예루살렘으로 몰려올 유대인들과 이방인 개종자들에게 복음을 전할 수 있는 좋은 기회를 놓치지 않으려고 서두른 것입니다.

4. 에베소 장로들에게 전하는 고별사(20:17-35)

17. 바울이 밀레도에서 사람을 에베소로 보내어 교회 장로들을 청하
니 18. 오매 그들에게 말하되 아시아에 들어온 첫날부터 지금까지
내가 항상 여러분 가운데서 어떻게 행하였는지를 여러분도 아는 바
니 19. 곧 모든 겸손과 눈물이며 유대인의 간계로 말미암아 당한 시
험을 참고 주를 섬긴 것과 20. 유익한 것은 무엇이든지 공중 앞에서
나 각 집에서나 거리낌이 없이 여러분에게 전하여 가르치고 21. 유
대인과 헬라인들에게 하나님께 대한 회개와 우리 주 예수 그리스도
께 대한 믿음을 증언한 것이라 22. 보라 이제 나는 성령에 매여 예루
살렘으로 가는데 거기서 무슨 일을 당할는지 알지 못하노라 23. 오
직 성령이 각 성에서 내게 증언하여 결박과 환난이 나를 기다린다 하
시나 24. 내가 달려갈 길과 주 예수께 받은 사명 곧 하나님의 은혜의
복음을 증언하는 일을 마치려 함에는 나의 생명조차 조금도 귀한 것
으로 여기지 아니하노라 25. 보라 내가 여러분 중에 왕래하며 하나
님의 나라를 전파하였으나 이제는 여러분이 다 내 얼굴을 다시 보지
못할 줄 아노라 26. 그러므로 오늘 여러분에게 증언하거니와 모든
사람의 피에 대하여 내가 깨끗하니 27. 이는 내가 꺼리지 않고 하나
님의 뜻을 다 여러분에게 전하였음이라 28. 여러분은 자기를 위하
여 또는 온 양 떼를 위하여 삼가라 성령이 그들 가운데 여러분을 감
독자로 삼고 하나님이 자기 피로 사신 교회를 보살피게 하셨느니라
29. 내가 떠난 후에 사나운 이리가 여러분에게 들어와서 그 양 떼를
아끼지 아니하며 30. 또한 여러분 중에서도 제자들을 끌어 자기를
따르게 하려고 어그러진 말을 하는 사람들이 일어날 줄을 내가 아노

라 31. 그러므로 여러분이 일깨어 내가 삼 년이나 밤낮 쉬지 않고 눈물로 각 사람을 훈계하던 것을 기억하라 32. 지금 내가 여러분을 주와 및 그 은혜의 말씀에 부탁하노니 그 말씀이 여러분을 능히 든든히 세우사 거룩하게 하심을 입은 모든 자 가운데 기업이 있게 하시리라 33. 내가 아무의 은이나 금이나 의복을 탐하지 아니하였고 34. 여러분이 아는 바와 같이 이 손으로 나와 내 동행들이 쓰는 것을 충당하여 35. 범사에 여러분에게 모본을 보여 준 바와 같이 수고하여 약한 사람들을 돕고 또 주 예수께서 친히 말씀하신바 주는 것이 받는 것보다 복이 있다 하심을 기억하여야 할지니라

17절 바울이 밀레도에서 사람을 에베소로 보내어 교회 장로들을 청하니

바울은 밀레도에 도착한 후 에베소로 사람을 보내어 장로들을 오게 하였습니다. 그 이유는 그들에게 필요한 권면과 위로를 해 주기 위해서였습니다.

18절 오매 그들에게 말하되 아시아에 들어온 첫날부터 지금까지 내가 항상 여러분 가운데서 어떻게 행하였는지를 여러분도 아는 바니

"그들에게 말하되". 이때 바울이 에베소 장로들에게 전한 고별 설교는 본서 전체와 비교하여 볼 때 독특한 점이 있습니다. 그것은 바로 그리스도인들에게 주어진 바울의 유일한 설교였다는 것입니다. 그리고 더욱더 놀라운 사실은 이 설교가 바울의 서신들과 여러 면에서 병행되어 있다는 점입니다.

바울이 밀레도에서 한 설교는 기독교인들에게 그의 사역의 모범을 제

시하는 것이었습니다. 즉, 장로는 구제에 대한 일을 관리하고(11:29-30) 교회를 잘 다스리고(딤전 5:17), 바른 가르침으로 교훈하고 책망하며(딛 1:5-9), 병자를 잘 돌아보아야 한다는 것이었습니다(약 5:14-15). 이러므로 바울은 에베소 교회의 영적 지도자인 장로들에게 고별 설교를 하고 권면을 함으로 모든 에베소 교인들에게 많은 영향을 주었을 것입니다.

뿐만 아니라 바울이 밀레도에서 장로들에게 전한 고별 설교는 매우 감동적이며 실제적인 것이었습니다. 그리고 그 속에는 바울의 뛰어난 목회 정신이 내포되어 있었습니다.

바울은 설교 서두에 그가 아시아에서 행하였던 사역에 대하여 말하였습니다. 그는 유대인들의 적개심과 음모의 위험 속에서도 굽힐 줄 몰랐던 그의 복음 선포에 대한 열정과 겸손과 충실한 봉사 정신과 그의 슬픔 등에 대해 에베소 교회 장로들의 기억을 상기시켰습니다.

바울은 누구라도 들여다볼 수 있는 일관되고 투명한 삶을 살았습니다. 그는 아무것도 숨길 것이 없는 삶을 살았고 사람들의 섬김을 요구하지도 않았습니다. 또한 바울은 뛰어난 신앙 정신을 가지고 모범적인 신앙생활을 하였습니다. 그러므로 에베소 교회의 장로들은 바울이 열정적이며 은혜롭고 거룩한 정신의 소유자이며 자신의 이익을 좇지 않는 사람이라는 것을 알고 있었습니다. 뿐만 아니라 바울은 한결같이 모범적으로 행동하며 살았습니다. 아시아에 온 첫날부터 그는 어느 누구도 흠잡을 것이 없는 생활 태도를 보였습니다. 그의 사역과 생활은 그가 예수 그리스도의 종임을 입증하기에 충분한 것이었습니다(롬 1:1).

19절 곧 모든 겸손과 눈물이며 유대인의 간계로 말미암아 당한 시험

을 참고 주를 섬긴 것과

바울은 자신의 사역 동기가 이기적인 것이 아니라 영적인 것이었음을 사람들에게 알리는 데 신중을 기했습니다(살전 2:1-12). 바울은 유대인들의 간계로 인해 발생한 시험을 참으며 겸손과 눈물로 주를 섬겼다고 했습니다. 실제로 그는 아시아뿐 아니라 여러 지역에서 많은 유대인들로부터 박해를 받았습니다. 데살로니가의 유대인들이 불량배들을 동원하여 소동을 일으키고(17:5-8) 그것으로도 부족하여 베뢰아까지 좇아와서 무리를 선동하여 복음 사역을 방해한 일(17:13), 고린도에서 갈리오가 아가야의 신임 총독이 된 것을 이용해 유대인들이 고소한 일(18:12-13), 그리고 에베소 회당에서 유대인들이 비방한 일(19:9) 등 유대인들의 간계로 인해 바울은 많은 박해를 받았습니다. 그러나 바울은 간계와 무력을 앞세운 유대인들에게 그들과 동일한 방법으로 대적하지 않았습니다. 오직 인내하고 눈물을 흘리며 겸손히 하나님의 도우심만을 간구했습니다. 그리고 바울은 겸양과 온유함과 겸손함으로 그의 일을 수행하였습니다. 그는 남을 섬기는 데 있어서는 기꺼이 자신을 낮추었으며 수고를 아끼지 않았습니다. 또한 바울은 언제나 온유했고 사랑과 동정심이 많았습니다. 그는 많은 눈물로 주님과 성도들을 섬겼습니다.

바울은 많은 난관들과 투쟁하였습니다. 그는 수많은 반대 앞에서도, 많은 유혹과 시험에도 인내와 용기와 기도로 맞서서 그의 임무를 수행하였습니다. 그러므로 그가 당한 수많은 고난은 그를 쓰러뜨리지 못하고 오히려 그에게 선한 열심을 일으키는 동기가 되었습니다.

20절 유익한 것은 무엇이든지 공중 앞에서나 각 집에서나 거리낌이

없이 여러분에게 전하여 가르치고

바울은 에베소의 성도들에게 유익한 것이라면 무엇이든지 공중 앞에서나 각 가정에서나 거리낌 없이 가르쳤습니다. 여기에서 '유익한 것' 이란 영혼과 심령에 평안을 주는(엡 6:15) 생명의 말씀인 복음(빌 2:16)과 성도로서의 언행심사에 있어서 올바른 삶을 권면하는 말씀을 가리킵니다. 바울의 권면은 간사와 부정과 궤계와 듣기 좋은 아첨과 아부의 말이 아니었으며, 탐심과 탐욕이 숨어 있는 말도 아니었습니다. 바울의 권면은 마음속 깊은 곳에서 우러나오는 진심에 기초한 말이었습니다. 이처럼 바울이 권면을 함에 있어 진실한 자세로 한 것은, 그에게 인간의 마음을 감찰하시는 하나님만을 기쁘시게 하며 온전하신 주님의 뜻만을 이루려는 신앙심이 있었기 때문입니다.

뿐만 아니라 바울은 능력 있는 설교자였으며, 근면하고 신실한 전도자였습니다. 그는 많은 사람들이 모인 곳에서나 소수의 사람들이 있는 곳에서나 간에 항상 자신의 노고를 아끼지 않고 혼신의 힘을 다하여 복음을 전파하였습니다.

21절 유대인과 헬라인들에게 하나님께 대한 회개와 우리 주 예수 그리스도께 대한 믿음을 증언한 것이라

바울은 대상을 가리지 않는 포괄적인 설교자였습니다. 그는 유대인뿐 아니라 헬라인들에게도 복음을 전하였습니다. 그는 하나님을 알고 죄를 회개하는 것과 중보자이시며 구세주이신 예수 그리스도를 믿는 믿음에 대하여 유대인과 헬라인들에게 전파하였습니다.

'회개' 란 죄를 뉘우치고 죄 자체를 미워하는 마음의 변화를 말합니다.

죄를 지으면 자연히 하나님으로부터 멀어지고 하나님과의 관계가 단절됩니다. 이와 같이 죄로 인해 단절된 상태에서 죄를 버리고 돌이켜 하나님을 바라보며 하나님께로 나아가는 것이 바로 회개입니다.

회개는 죄를 사하여 주시기 위해 허락하신 그리스도의 선물입니다. 그러므로 우리는 때때로 죄를 지을지라도 곧 회개하고 하나님께로 돌이켜 회개에 합당한 열매를 맺어야 합니다.

22절 보라 이제 나는 성령에 매여 예루살렘으로 가는데 거기서 무슨 일을 당할는지 알지 못하노라

바울은 예루살렘으로 가면 고난을 당하게 될 것이라고 예상하고 있었습니다. 그럼에도 불구하고 그는 자신의 사명을 계속하고자 하여 확고한 결단을 하였고 이를 실행하기로 하였습니다. 그리고 그 고난에 대비하여 마음속으로 기도하고 있었습니다.

바울이 예루살렘으로 가는 것은 그의 계획이 아니라 성령의 절대적인 간섭과 인도하심에 따른 것이었습니다. 모든 선한 그리스도인들이 하나님의 뜻에 자신을 복종시키려고 노력하며 심령이 가난한 생활을 하는 것과 같이 바울도 심령에 매임을 받고 있었던 것입니다.

23절 오직 성령이 각 성에서 내게 증언하여 결박과 환난이 나를 기다린다 하시나

바울은 미래에 일어날 일을 구체적으로 알지 못한 채 성령의 인도하심을 받아 예루살렘으로 향하고 있습니다. 이러한 바울의 모습은 마치 아브라함이 하나님의 부르심에 순종하여 장래의 유업으로 받을 땅에 나아

갈 때 갈 바를 알지 못하고 떠났던 모습과 유사합니다(히 11:8).

바울은 비록 결박과 환난이 기다리고 있었지만 그의 달려갈 길과 주님께로부터 받은 사명, 곧 하나님의 은혜의 복음을 증언하는 일을 마치기 위하여 자신의 생명을 조금도 귀한 것으로 여기지 아니하였습니다. 그는 그리스도를 증언하다가 복음의 대적자들로부터 환난과 박해를 당하고 이로 인해 세상의 더러운 것과 만물의 찌꺼기같이 되는 것을(고전 4:13) 오히려 기뻐하였습니다(골 1:24). 왜냐하면 그 자신은 육체의 고통과 역경을 당하더라도 복음이 묶이지 않고 전파됨으로써 많은 사람들이 그리스도께로 돌아오기를 바랐기 때문입니다(빌 2:16-17).

이와 같이 언제나 바울의 주된 관심사는 자신의 육신적인 평안함이 아니라 복음의 확산과 진보에 있었습니다. 그는 살든지 죽든지 그의 몸에서 그리스도가 존귀하게 되기를 원했으며(빌 1:20), 비록 자신에게 유익한 것이라 할지라도 그리스도께 유익이 되지 않는다면 다 해로 여기며 배설물로 간주하였습니다(빌 3:8).

이와 같이 성도들의 관심사도 오직 예수 그리스도와 그의 복음을 전파하는 데 있어야 합니다. 아무리 자신에게 유익한 것이라도 그것이 그리스도의 영광을 가리거나 복음 전파를 방해하는 것이라면 과감히 던져 버릴 수 있어야 합니다. 그리할 때 주님께서 친히 인도하여 주시며 하나님께로부터 받은 사명을 이루게 해 주시는 것입니다.

24절 내가 달려갈 길과 주 예수께 받은 사명 곧 하나님의 은혜의 복음을 증언하는 일을 마치려 함에는 나의 생명조차 조금도 귀한 것으로 여기지 아니하노라

"나의 생명조차 조금도 귀한 것으로 여기지 아니하노라". 육신의 생명은 자연인의 관점에서 볼 때 최고의 가치를 가진 것이지만, 신앙인의 관점에서 볼 때 그 생명은 영생과는 비교할 수가 없는 것입니다. 생명은 그리스도를 위해 쓰임 받을 때 가장 귀한 것입니다.

바울의 사명은 예수 그리스도께로부터 위임받은 것입니다. 그의 사명은 하나님의 은혜의 복음을 증언하는 일이었으며 세상에 진리를 공포하고 권고하는 일이었습니다. 또한 바울은 자신에게 주어진 삶을 그가 완주해야 할 길로 간주하였습니다. 이 세상에서의 삶은 잠깐입니다. 우리는 달음질을 하되 삶의 여로(旅路)를 순간에 마치고 이 세상을 통과하는 것입니다.

바울은 그의 인생 여정에서 종말을 헤아려 보았습니다. 가는 곳마다 사람들이 성령으로 말미암아 그가 예루살렘에서 당할 환난과 결박에 대하여 예언했습니다. 그러나 바울의 심령이 이미 예루살렘을 향하여 매여 있는 상태였기 때문에 아무도 그를 막을 수 없었습니다.

바울은 항상 죽음을 염두에 두고 그것이 확실하고 가깝다는 것을 생각하며 필사의 믿음을 가지고 활동했습니다. 예수 그리스도의 증거와 그를 믿는 신앙을 위해서 어떤 고난과 어려움도 감당할 것을 각오할 때 우리는 바울과 같이 담대해질 수 있습니다.

25절 보라 내가 여러분 중에 왕래하며 하나님의 나라를 전파하였으나 이제는 여러분이 다 내 얼굴을 다시 보지 못할 줄 아노라

바울은 에베소 장로들에게 이 땅에서의 마지막 설교를 하듯 말하고 있습니다. 바울은 그동안 에베소에서 살았고 이곳에 출입을 하며 복음을

전파하였으나 이후로는 더 이상 자신을 볼 수 없을 것이라고 하였습니다. 그가 이제 예루살렘에 가면 결박과 환난과 고통을 당하고 로마로 끌려가서 순교당할 것을 성령께서 보여 주셨기 때문에, 그는 에베소의 장로들에게 자신을 다시 보지 못할 줄 아노라고 말한 것입니다.

26-27절 그러므로 오늘 여러분에게 증언하거니와 모든 사람의 피에 대하여 내가 깨끗하니 이는 내가 꺼리지 않고 하나님의 뜻을 다 여러분에게 전하였음이라

바울은 자신이 성실하게 복음 전도 사역을 해 왔다고 말했습니다. "모든 사람의 피에 대하여 내가 깨끗하니". 이 말은 그가 결코 복음 전도에 태만한 적이 없이 오직 복음에 대한 열심과 부지런함으로 최선을 다했다는 말입니다. 바울은 하나님의 뜻인 복음만을 전하였습니다. 그렇기 때문에 모든 사람들의 피에 대하여 자신은 깨끗하다고 고백할 수 있었던 것입니다.

28절 여러분은 자기를 위하여 또는 온 양 떼를 위하여 삼가라 성령이 그들 가운데 여러분을 감독자로 삼고 하나님이 자기 피로 사신 교회를 보살피게 하셨느니라

바울은 장로들에게 사명을 기억하라고 명령했습니다. 하나님께로부터 사명을 받은 자들은 각자 맡은바 임무에 충성하여야 합니다. 특히 성령께서 양 떼의 감독자, 즉 목자로 삼은 장로들은 자신에게 맡겨진 임무에 충실해야 합니다. 그러므로 바울은 에베소 교회 장로들에게 먼저 자기 자신을 위하여, 또 온 양 떼를 위하여 삼가라고 했습니다. 여기서 '삼

가라' 는 말은 '주의를 집중하라', '전력하라', '관심을 가지라' 는 뜻입니다. 스스로 올바르게 처신해야 청지기의 직분을 감당할 수 있는 것입니다. 자신의 포도원을 제대로 관리하지 못하면 타인의 포도원을 효과적으로 신실하게 관리하는 사람이 될 수가 없는 것입니다.

장로들은 하나님의 성령께서 세우신 양 떼의 감독자입니다. 즉, 하나님께서 예수 그리스도의 피로 값 주고 사신 교회를 보살피게 하시려고 성령께서 주의 종들을 감독자로 세우신 것입니다. 그렇기 때문에 그들은 스스로 조심하여 자신과 양 떼를 위하여 모범이 되고 언행이 일치해야 합니다.

바울이 이처럼 에베소 교회 장로들에게 경각심을 불어넣어 주는 데에는 이유가 있습니다. 자신이 떠나게 되면 에베소 교회가 외적으로 박해에 시달리고 내적으로 배교의 세력으로 인하여 어려움에 빠질 것을 예측했기 때문입니다.

"하나님이 자기 피로 사신 교회를 보살피게 하셨느니라". 여기에서 '교회' 란 외형적인 건물이나 조직을 가리키는 것이 아니라 회중, 즉 하나님께로부터 부르심을 입은 백성들을 의미합니다. 그렇기 때문에 교회의 형성은 곧 하나님의 은혜이며, 참된 교회가 되기 위해서는 그리스도와 연합해야 하고(엡 5:24) 그리스도의 터 위에 세워져야 합니다(엡 2:19-20).

요즘 현대 교회도 에베소 교회가 당면한 문제 못지않게 많은 이단 사설의 도전에 직면하고 있습니다. 따라서 교회의 영적 지도자들의 사명은 성도들을 하나님의 말씀으로써 '생명으로 인도하느냐' 아니면 '사망으로 인도하느냐' 라는 중차대한 문제와 직접 연관되어 있다고 말할 수 있습니다. 그러므로 주의 백성을 가르치는 모든 영적 지도자들은 성령님을 인정하고 겸허하게 성령님의 인도하심과 도우심을 요청하여야 하며, 내 양이 아니라 하나님의 양 떼를 친다는 청지기적 목회관이 정립되어 있어야 합니다.

29절 내가 떠난 후에 사나운 이리가 여러분에게 들어와서 그 양 떼를 아끼지 아니하며

바울은 이제 에베소 교회의 미래에 대하여 말하고 있습니다. '사나운 이리' 는 '사탄' 을 말합니다. 교회의 장로들이 깨어서 양 떼들을 지켜야 하는 것은 사탄, 즉 사나운 이리가 두루 다니며 삼킬 자를 찾기 때문입니다. 그러므로 바울은 양 떼를 돌보며 양 떼의 믿음을 굳게 하고 위로하고 격려하도록 권면하고 부탁하였습니다. 믿음이 없고 신앙이 약한 양 떼로 하여금 고난을 두려워하여 그리스도를 떠나거나 고난으로 인하여 상처받고 시험에 들지 않도록 하라고 당부한 것입니다.

바울은 장차 교회 안에 생길 일을 예견하였기 때문에 이러한 권면을 한 것입니다.

30절 또한 여러분 중에서도 제자들을 끌어 자기를 따르게 하려고 어그러진 말을 하는 사람들이 일어날 줄을 내가 아노라

우리 주변에는 양 떼를 약탈하려는 이리들로 인한 위험성이 산재하고 있습니다. 요한복음 10장의 '선한 목자의 비유' 에서처럼 여기서도 참목자와 거짓 선생들을 대조시키고 있습니다. 거짓 선생들은 외부로부터 오는 경우도 있지만 교회 내부의 지도자 계층에서도 올 수가 있습니다.

교회 내의 잘못된 지도자들이 그들의 추종자들을 유혹하여 잘못된 길

로 빠뜨리는 경우가 많이 있습니다. 이러한 사실이 실제로 에베소 교회에서 발생하였다는 것은 바울의 목회 서신과 사도 요한의 요한계시록에서 찾아볼 수 있습니다(딤전 1:19-20; 4:1-5; 딤후 1:15; 2:17-3:17). 목회 서신에서는 바울의 가르침에 대항하는 소동이 아시아 지역에서 일어났음을 말해 주고 있습니다. 그리고 요한계시록에서는 에베소 교회가 첫사랑을 버렸다고 책망하고 있습니다(계 2:4).

바울은 자신의 죽음을 예견했던 것과 같이 이단들과 분열 책동자들이 일어날 것을 실제로 예견하였고 또 생각하였습니다. 그러므로 바울은 장로들에게 에베소 교회 안에 어떠한 이리도 들어오는 일이 없도록 해야 한다고 치리를 위임하며 권면했던 것입니다.

31절 그러므로 여러분이 일깨어 내가 삼 년이나 밤낮 쉬지 않고 눈물로 각 사람을 훈계하던 것을 기억하라

바울은 이제 그가 에베소 교회에서 삼 년간 어떻게 그들을 섬겨 왔는가를 상기시키며 그들이 따라야 할 모범을 제시하고 있습니다. 바울은 그들의 영혼에 대하여 많은 사랑과 관심을 가지고 눈물로 그들을 훈계하였습니다. 바울은 눈물로 주님을 섬겼듯이 또한 눈물로 그들을 섬겼습니다. 그는 연민의 눈물로 그들을 훈계하였습니다. 바울은 무지와 죄로 인해 위험하고 비참한 상태에 있는 그들에 대하여 자신이 얼마만큼 염려를 하고 있는가를 보여 줌으로써 그들을 감동시킬 수 있기를 바랐습니다.

32절 지금 내가 여러분을 주와 및 그 은혜의 말씀에 부탁하노니 그 말씀이 여러분을 능히 든든히 세우사 거룩하게 하심을 입은 모든

자 가운데 기업이 있게 하시리라

바울은 비록 자신은 떠나지만 하나님의 말씀은 항상 그들과 함께한다는 점을 확신하고 주님과 그 은혜의 말씀에 그들을 부탁하였습니다. 성도들이 흔들리지 않는 신앙생활을 하기 위해서는 하나님의 말씀 위에 굳게 서야 합니다. 말씀 위에 서지 않고 사람을 보고 믿든지 교파를 보고 믿으면 낙심하고 실망하게 됩니다. 그러나 하나님의 말씀만 믿고 의지하여 나가면 천국의 기업을 얻을 수 있는 것입니다.

33-34절 내가 아무의 은이나 금이나 의복을 탐하지 아니하였고 여러분이 아는 바와 같이 이 손으로 나와 내 동행들이 쓰는 것을 충당하여

"내가 아무의 은이나 금이나 의복을 탐하지 아니하였고". 바울은 복음을 증언할 때에 복음을 세속적인 출세를 위한 수단으로 삼지 않았다고 했습니다. 그 당시 에베소 교인들은 많은 돈과 귀금속과 값비싼 가구를 가지고 있었으며 고급 옷을 입고 치장하기를 좋아하는 등 사치스러운 생활을 즐겼습니다. 그리고 거짓 선생들은 무릇 육체의 모양을 내려고 노력하였고(갈 6:12) 세상에서 유명한 자가 되기를 갈망하였습니다. 그러나 바울은 그가 가지고 있는 것으로 만족하며 궁핍에 처할 줄도 알고 비천한 자리에 처할 줄도 알았습니다.

또한 바울은 자신의 생계를 위하여 일하였을 뿐만 아니라 동행자들의 생필품까지도 공급하였습니다. 그는 전도하고 주의 일을 수행할 때 다른 사람의 물질적인 도움을 조금도 바라지 않고 어느 누구에게도 부담스러운 짐을 지워 주지 않으려고 무던히 노력하였습니다. 그러므로 바울

은 하나님의 양 떼를 돌보는 자들은 물질적인 보상을 바라지 않고 행해야 함을 상기시키면서 자신의 삶을 모본으로 제시하였습니다.

35절 범사에 여러분에게 모본을 보여 준 바와 같이 수고하여 약한 사람들을 돕고 또 주 예수께서 친히 말씀하신바 주는 것이 받는 것보다 복이 있다 하심을 기억하여야 할지니라

바울은 세 가지 모본을 보여 주었습니다. 첫째는 세상의 부귀영화와 공명을 탐하지 않았고, 둘째는 먹고 살기 위해 일한 것이 아니었으며, 셋째는 다른 사람에게 나누어 주는 생활을 했습니다. 바울은 에베소의 장로들에게 이러한 자신을 본받으라고 권고하면서 "주는 것이 받는 것보다 복이 있다"는 예수님의 말씀을 상기시켰습니다(눅 6:38).

한마디로 말해 바울은 청지기 정신을 가지고 모든 일을 했습니다. 특히 바울은 부활 후에 보상해 주실 하나님을 모시고 사는 성도들의 생활 철학을 '주는 것' 이란 말로 요약하고 있습니다. 예수님께서는 "그러므로 무엇이든지 남에게 대접을 받고자 하는 대로 너희도 남을 대접하라 이것이 율법이요 선지자니라"(마 7:12)고 말씀하셨습니다. 이것이 바로 주님의 삶이었고 삶을 통해 주시는 교훈이었습니다.

우리는 노고의 대가를 받는 것보다 우리의 노고를 값없이 베푸는 것이 더 복된 삶이라는 것을 알아야 합니다. 왜냐하면 장차 하나님께서 우리의 노고를 모두 갚아 주실 것이기 때문입니다.

5. 헤어짐(20:36-38)

**36. 이 말을 한 후 무릎을 꿇고 그 모든 사람들과 함께 기도하니 37.
다 크게 울며 바울의 목을 안고 입을 맞추고 38. 다시 그 얼굴을 보
지 못하리라 한 말로 말미암아 더욱 근심하고 배에까지 그를 전송하
니라**

36-38절 이 말을 한 후 무릎을 꿇고 그 모든 사람들과 함께 기도하니 다 크게 울며 바울의 목을 안고 입을 맞추고 다시 그 얼굴을 보지 못하리라 한 말로 말미암아 더욱 근심하고 배에까지 그를 전송하니라

바울은 말을 마치고 난 후 그들과 함께 무릎을 꿇고 기도하였습니다. 에베소 교회의 장로들은 바울과 함께 많은 눈물을 흘리며 기도하였습니다. 이 기도는 연합된 기도요, 겸손하고 경건한 기도요, 작별의 기도였습니다. 그리스도 안에서 바울과 에베소 교회의 장로들 사이의 사랑이 넘치는 진한 감동의 장면이 밀레도에서 펼쳐지고 있었습니다.

바울과 에베소 교회의 장로들은 서로 헤어지는 아쉬움으로 많은 눈물을 흘렸습니다. 그러나 우리 그리스도인들에게는 사람들과의 이별 자체가 큰 슬픔이 될 수 없습니다. 이 세상에서의 이별은 잠시뿐이고 천국에서 다시 만날 소망이 있기 때문입니다.

그들과 깊은 애정과 슬픔을 나누며 작별을 고한 후 바울과 그 일행은 밀레도를 떠나 예루살렘을 향하여 길을 떠났습니다.

제 21 장

예루살렘으로 향하는 열정

예루살렘 귀환을 만류하는 제자들	21:1-6
주 예수의 이름을 위하여 죽을 것도 각오하였노라	21:7-14
예루살렘 도착	21:15-26
유대인들에게 붙잡힘	21:27-36
심문당하는 바울	21:37-40

A COMMENTARY ON
THE ACTS OF THE
APOSTLES Ⅱ

바울은 제자들의 만류와 경고에도 불구하고 예루살렘을 향해 길을 떠났습니다. 바울은 주 예수 그리스도의 이름을 위해서라면 목숨까지도 바칠 결연한 자세를 지닌 인물이었습니다. 또한 그는 고난의 상황을 통해서도 하나님께 영광을 돌릴 수 있는 굳건한 믿음을 가진 사람이었습니다. 본 장은 바울이 고난의 과정 속에서 어떻게 하나님의 복음을 증언하고 있는가에 대해 가르쳐 줍니다.

1. 예루살렘 귀환을 만류하는 제자들(21:1-6)

1. 우리가 그들을 작별하고 배를 타고 바로 고스로 가서 이튿날 로도
에 이르러 거기서부터 바다라로 가서 2. 베니게로 건너가는 배를 만
나서 타고 가다가 3. 구브로를 바라보고 이를 왼편에 두고 수리아로
항해하여 두로에서 상륙하니 거기서 배의 짐을 풀려 함이러라 4. 제
자들을 찾아 거기서 이레를 머물더니 그 제자들이 성령의 감동으로
바울더러 예루살렘에 들어가지 말라 하더라 5. 이 여러 날을 지낸
후 우리가 떠나갈새 그들이 다 그 처자와 함께 성문 밖까지 전송하거
늘 우리가 바닷가에서 무릎을 꿇어 기도하고 6. 서로 작별한 후 우
리는 배에 오르고 그들은 집으로 돌아가니라

1-3절 우리가 그들을 작별하고 배를 타고 바로 고스로 가서 이튿날 로도에 이르러 거기서부터 바다라로 가서 베니게로 건너가는 배를 만나서 타고 가다가 구브로를 바라보고 이를 왼편에 두고 수

리아로 항해하여 두로에서 상륙하니 거기서 배의 짐을 풀려 함이러라

"우리가 그들을 작별하고". 여기서 '그들'은 밀레도의 교인들과 에베소 교회의 장로들을 말합니다. 바울 일행은 밀레도에서 그들과 눈물겨운 작별을 하고 배를 타고 고스로 가서 이튿날 로도에 당도하였습니다. 그리고 다시 로도에서 출발하여 루기아의 항구 도시인 바다라까지 가서 베니게로 가는 배를 탔습니다. 바울 일행을 태운 배는 베니게에서 수리아를 향해 가다가 짐을 풀기 위해 두로에서 잠시 정박하였습니다.

이처럼 바울의 전도 여행지가 구체적으로 제시됨으로써 하나님의 복음 사역이 역사적으로 입증될 수 있는 타당성을 갖게 된 것입니다.

4절 제자들을 찾아 거기서 이레를 머물더니 그 제자들이 성령의 감동으로 바울더러 예루살렘에 들어가지 말라 하더라

두로는 큰 도시는 아니었지만 거기에도 바울의 제자들이 있었습니다. 이 '제자들'은 스데반의 박해 이후 두로에 흩어져 있던 성도들을 가리키는데, 이것은 이미 두로에 교회가 세워졌음을 의미합니다.

이 제자들 중에는 성령 충만하여 예언하는 은사를 받은 사람들도 있었습니다. 그들은 성령의 감동으로 바울이 겪게 될 고난에 대해 미리 알고 바울에게 예루살렘에 들어가지 말라고 만류하였습니다. 이처럼 두로의 성도들이 그가 당할 고통과 위험을 염려하여 예루살렘 행을 만류한 것은 지극히 당연한 일이기도 했습니다. 바로 여기에서 주님의 성스러운 사역과 인간적인 애정 사이의 갈등을 볼 수 있습니다. 인간적인 애정이 주님의 일과 늘 갈등을 일으키는 것은 아니지만 때로는 하나님의 성역을 방

해할 때가 있습니다. 두로의 성도들의 경우가 바로 그러했습니다.

그러나 바울은 자신이 주 예수 그리스도의 이름을 위하여 결박을 받고 더 나아가 죽음의 자리에 들어간다 할지라도 예루살렘에 반드시 가겠다는 의사를 단호하게 표명했습니다. 하나님께서 이미 바울에게 예루살렘으로 가라고 지시를 내리셨기 때문입니다(19:21; 20:22-24).

장차 있을 고난을 성령께서 미리 보여 주신다 할지라도 하나님께서 그 문제 위에 함께 계신다는 확신을 얻는 것은 복음 증거자들에게 중요한 지침이 됩니다.

5절 이 여러 날을 지낸 후 우리가 떠나갈새 그들이 다 그 처자와 함께 성문 밖까지 전송하거늘 우리가 바닷가에서 무릎을 꿇어 기도하고

초대 교회 성도들은 사랑이 두터웠습니다. 그들은 모두 처자를 데리고 나와 바울 일행을 성문 밖까지 전송하고 바닷가에서 무릎을 꿇고 기도한 후 작별했습니다. 밀레도에서 바울과 에베소 교회의 장로들이 헤어지던 때의 모습(20:36-38)을 생각나게 하는 장면입니다.

바울과 두로의 제자들이 이별할 때 그들은 마지막으로 함께 기도하였습니다. 기도는 성도만의 특권입니다. 그렇기 때문에 형제를 위하여 기도해 주는 것은 가장 고귀한 일입니다.

6절 서로 작별한 후 우리는 배에 오르고 그들은 집으로 돌아가니라

그들은 바울과 일주일 동안 함께 거하면서 서로에게 깊은 동질성을 느꼈습니다. 즉, 그들은 그리스도의 사랑의 띠로 서로 굳게 연결되어 있는

형제 의식을 갖게 된 것입니다. 그러나 이제 그들은 작별을 고해야 했습니다.

2. 주 예수의 이름을 위하여 죽을 것도 각오하였노라(21:7-14)

7. 두로를 떠나 항해를 다 마치고 돌레마이에 이르러 형제들에게 안부를 묻고 그들과 함께 하루를 있다가 8. 이튿날 떠나 가이사랴에 이르러 일곱 집사 중 하나인 전도자 빌립의 집에 들어가서 머무르니라 9. 그에게 딸 넷이 있으니 처녀로 예언하는 자라 10. 여러 날 머물러 있더니 아가보라 하는 한 선지자가 유대로부터 내려와 11. 우리에게 와서 바울의 띠를 가져다가 자기 수족을 잡아매고 말하기를 성령이 말씀하시되 예루살렘에서 유대인들이 이같이 이 띠 임자를 결박하여 이방인의 손에 넘겨주리라 하거늘 12. 우리가 그 말을 듣고 그곳 사람들과 더불어 바울에게 예루살렘으로 올라가지 말라 권하니 13. 바울이 대답하되 여러분이 어찌하여 울어 내 마음을 상하게 하느냐 나는 주 예수의 이름을 위하여 결박당할 뿐 아니라 예루살렘에서 죽을 것도 각오하였노라 하니 14. 그가 권함을 받지 아니하므로 우리가 주의 뜻대로 이루어지이다 하고 그쳤노라

7절 두로를 떠나 항해를 다 마치고 돌레마이에 이르러 형제들에게 안부를 묻고 그들과 함께 하루를 있다가

바울은 머무는 곳마다 그곳의 교회를 찾아가서 성도들의 안부를 물었습니다. 두로를 출발한 배가 항해를 마치고 돌레마이에 도착하였을 때에도 바울 일행은 그곳의 성도들을 찾아가 안부를 물었습니다. 이는 성도들이 예수 그리스도 안에서 올바른 신앙을 가지고 성령의 은혜 가운데 살아가고 있는지 알아보기 위해서였습니다.

우리는 그리스도의 몸의 지체로 부르심을 받은 한 형제입니다. 그러므로 '형제 중에 시험에 든 자가 없는가? 혹시 환난을 당한 자가 없는가? 병든 자가 없는가? 문제를 갖고 있는 자가 없는가?' 하고 서로를 돌보며 지속적인 관심을 갖고 위로해 주어야 합니다.

8절 이튿날 떠나 가이사랴에 이르러 일곱 집사 중 하나인 전도자 빌립의 집에 들어가서 머무르니라

돌레마이의 성도들과 하루를 지낸 후 바울 일행은 가이사랴로 출발하였습니다. 그들이 가이사랴에 도착하여 유숙한 집은 초대 교회 일곱 집사 중의 한 사람인 전도자 빌립의 집이었습니다. 그는 스데반 집사의 순교 사건을 기점으로 예루살렘 교회에 대한 박해가 극심해지자 사마리아로 가서 하나님의 능력으로 복음을 전파했습니다. 또한 빌립은 에디오피아 여왕 간다게의 내시에게 전도해서 에디오피아 백성들을 주님께로 인도하는 데 큰 역할을 했습니다. 그 후 빌립은 가이사랴에 있는 자신의 집으로 돌아갔는데(8:40) 바로 그 집에 바울 일행이 유숙하게 된 것입니다.

9절 그에게 딸 넷이 있으니 처녀로 예언하는 자라

빌립에게는 예언을 하는 처녀 네 딸이 있었습니다.

하나님께서는 자녀인 성도들에게 각각의 은사를 주십니다. 어떤 이에게는 지혜와 지식의 말씀의 은사를, 어떤 이에게는 신유의 은사를, 또 어떤 이에게는 영 분별함의 은사를 주셔서 하나님의 일을 이루게 하십니다. 그런데 빌립의 네 딸에게는 예언하는 은사를 주셔서 주님의 뜻을 이루어 가고 계셨던 것입니다.

10절 여러 날 머물러 있더니 아가보라 하는 한 선지자가 유대로부터 내려와

며칠 후 아가보가 유대로부터 내려와 빌립의 집에 머물고 있는 바울 일행을 찾아왔습니다. 아가보는 예루살렘에서 온 선지자로서 "천하에 큰 흉년이 들리라"(11:28)고 예언하였던 사람입니다.

11절 우리에게 와서 바울의 띠를 가져다가 자기 수족을 잡아매고 말하기를 성령이 말씀하시되 예루살렘에서 유대인들이 이같이 이 띠 임자를 결박하여 이방인의 손에 넘겨주리라 하거늘

아가보는 말뿐만 아니라 행동으로 예언을 했습니다. 아가보는 바울의 띠로 자기의 손과 발을 묶고 "예루살렘에서 유대인들이 이같이 이 띠 임자를 결박하여 이방인의 손에 넘겨주리라"고 예언하였습니다. 이와 같이 선지자의 상징적인 행동을 통하여 장차 일어날 일이 예언된 것은 구약에서도 찾아볼 수 있습니다. 솔로몬 왕국이 분열될 것을 미리 예언하기 위해 선지자 아히야가 자신이 입고 있던 새 옷을 찢은 일과(왕상 11:30) 이사야 선지자가 애굽과 구스의 포로 생활을 예언하기 위해 3년 동안 벗은

몸과 발로 다녔던 일은(사 20:2-3) 그 좋은 예가 됩니다.

성령께서 선지자를 통하여 장차 바울에게 닥쳐올 환난을 예고하신 목적은 환난이 임할 때에 하나님께서 동행하신다는 사실을 바울로 하여금 알게 하기 위해서였습니다.

12절 우리가 그 말을 듣고 그곳 사람들과 더불어 바울에게 예루살렘으로 올라가지 말라 권하니

바울의 일행은 물론 빌립의 식구들과 그곳에 있던 모든 성도들도 아가보의 예언을 통해 바울이 예루살렘에서 당할 위험을 미리 알 수 있었습니다. 그래서 그들은 바울에게 예루살렘으로 올라가지 말라고 눈물로써 간절히 호소하였습니다.

13절 바울이 대답하되 여러분이 어찌하여 울어 내 마음을 상하게 하느냐 나는 주 예수의 이름을 위하여 결박당할 뿐 아니라 예루살렘에서 죽을 것도 각오하였노라 하니

바울은 자신이 장차 예루살렘에서 당할 일을 누구보다도 잘 알고 있었습니다. 그러나 주님을 위해서 목숨도 아끼지 않겠다는 바울의 신앙 자세는 단호하였습니다. 바울은 주님으로 인하여 죽게 되더라도 오직 성령의 인도하심에 자신을 맡기고 순종하기로 결심하였고 예루살렘으로 가는 것을 포기하지 않았습니다.

이러한 바울의 결심은 예루살렘 성도들 가운데 가난한 자들을 위해 마게도냐와 아가야 사람들이 모금한 성금을 전하겠다는 일념과(롬 15:25-26) 복음 전파를 열망하는 마음에서 나온 것입니다. 또한 예루살렘으로

가는 것이 하나님의 뜻임을 성령의 인도하심으로 확신했기 때문에 포기하지 않은 것입니다.

사람들은 자신이 하고 있는 일이 순조롭지 않으면 하나님의 뜻이 아닌 줄로 생각합니다. 그러나 하나님의 뜻이라고 해서 그 성취의 과정이 언제나 평탄한 것만은 아닙니다. 하나님께서는 모든 것을 합력하여 선을 이루시는 분이심을 알아야 합니다(롬 8:28).

14절 그가 권함을 받지 아니하므로 우리가 주의 뜻대로 이루어지이다 하고 그쳤노라

바울의 비장한 각오를 들은 사람들은 그 결심이 단순히 인간적인 것이 아니라 성령의 인도하심에서 나온 것임을 알게 되었습니다. 그리고 죽음마저 불사한 바울의 확고한 결심이 자신들의 설득으로 흔들리지 않으리라는 것을 깨닫게 되었습니다. 그래서 그들은 하나님의 뜻에 바울을 맡기기로 했습니다.

이때 그들이 "주의 뜻대로 이루어지이다"라고 했는데, 이것은 주기도문의 "뜻이 하늘에서 이루어진 것같이 땅에서도 이루어지이다"(마 6:10)라는 구절을 인용한 것입니다.

3. 예루살렘 도착(21:15-26)

15. 이 여러 날 후에 여장을 꾸려 예루살렘으로 올라갈새 16. 가이사
랴의 몇 제자가 함께 가며 한 오랜 제자 구브로 사람 나손을 데리고
가니 이는 우리가 그의 집에 머물려 함이라 17. 예루살렘에 이르니
형제들이 우리를 기꺼이 영접하거늘 18. 그 이튿날 바울이 우리와
함께 야고보에게로 들어가니 장로들도 다 있더라 19. 바울이 문안하
고 하나님이 자기의 사역으로 말미암아 이방 가운데서 하신 일을 낱
낱이 말하니 20. 그들이 듣고 하나님께 영광을 돌리고 바울더러 이
르되 형제여 그대도 보는바에 유대인 중에 믿는 자 수만 명이 있으니
다 율법에 열성을 가진 자라 21. 네가 이방에 있는 모든 유대인을 가
르치되 모세를 배반하고 아들들에게 할례를 행하지 말고 또 관습을
지키지 말라 한다 함을 그들이 들었도다 22. 그러면 어찌할고 그들
이 필연 그대가 온 것을 들으리니 23. 우리가 말하는 이대로 하라 서
원한 네 사람이 우리에게 있으니 24. 그들을 데리고 함께 결례를 행
하고 그들을 위하여 비용을 내어 머리를 깎게 하라 그러면 모든 사람
이 그대에 대하여 들은 것이 사실이 아니고 그대도 율법을 지켜 행하
는 줄로 알 것이라 25. 주를 믿는 이방인에게는 우리가 우상의 제물
과 피와 목매어 죽인 것과 음행을 피할 것을 결의하고 편지하였느니
라 하니 26. 바울이 이 사람들을 데리고 이튿날 그들과 함께 결례를
행하고 성전에 들어가서 각 사람을 위하여 제사 드릴 때까지의 결례
기간이 만기된 것을 신고하니라

15-16절 이 여러 날 후에 여장을 꾸려 예루살렘으로 올라갈새 가이

사랴의 몇 제자가 함께 가며 한 오랜 제자 구브로 사람 나손을 데리고 가니 이는 우리가 그의 집에 머물려 함이라

바울과 그 일행은 가이사랴에서 며칠 지낸 후 다시 그들의 목적지인 예루살렘을 향해 출발했습니다. 일행 중에는 예루살렘에 집이 있는 구브로 출신의 '나손' 이라는 사람이 있었습니다. 나손은 장차 바울이 어떤 위험에 처하게 될지, 그리고 바울을 영접함으로 자신에게 어떠한 일이 일어나게 될지를 이미 알고 있었습니다. 그러나 나손은 그러한 일에 조금도 개의치 않았습니다. 오히려 그는 사도 바울과의 교제를 갈망하였습니다. 일찍이 그리스도인이 되어 '오랜 제자' 로 알려진 나손은 오랜 세월 제자로서의 삶을 살며 '제자의 도' 를 익혀 왔을 것입니다. 따라서 그는 기꺼이 그의 집에 바울의 일행을 영접할 수 있었던 것입니다.

17절 예루살렘에 이르니 형제들이 우리를 기꺼이 영접하거늘

변화된 바울을 한 번도 만나 보지 못한 예루살렘의 성도들은 바울에 대한 여러 가지 좋지 않은 소문(21절)에도 불구하고 바울 일행을 반갑게 맞이하였습니다. 이를 통해 우리는 믿는 형제들 사이에서 사랑과 믿음으로 일치된 모습을 볼 수 있습니다. 사탄은 믿는 자들 사이에서 일어나는 시기, 질투, 불화가 하나님 나라의 확장을 방해하는 가장 좋은 수단임을 누구보다도 잘 알고 있습니다. 그러므로 그리스도인들은 믿음과 사랑의 일치된 모습을 보임으로써 사탄의 계교를 물리쳐야 하는 것입니다.

18절 그 이튿날 바울이 우리와 함께 야고보에게로 들어가니 장로들도 다 있더라

'야고보' 는 예수님의 형제로서 당시 예루살렘 교회의 영향력 있는 지도자 중 한 사람이었습니다. 그러므로 바울 일행은 예루살렘에 도착한 후 제일 먼저 야고보를 방문하였습니다. 바울의 일행이 찾아갔을 때 야고보는 장로들과 함께 있었습니다. 이들은 바울과 함께 교회 운영에 참여했던 자들로 바울과 그의 동료를 만나기 위해 예루살렘에 머무르고 있었습니다.

19절 바울이 문안하고 하나님이 자기의 사역으로 말미암아 이방 가운데서 하신 일을 낱낱이 말하니

바울은 제3차 전도 여행 시에 일어났던 일들을 보고하였습니다. 그런데 본문을 보면 그 일들이 '하나님이 자기의 사역으로 말미암아 이방 가운데서 하신 일' 이라고 표현되어 있습니다. 바울은 자신이 어떤 일을 했다고 보고한 것이 아니라 하나님께서 자신을 통하여 어떤 일을 행하셨는가를 보고한 것입니다. 여기서 우리는 어디까지나 자신은 하나님의 도구에 불과하며 그 모든 일을 실제적으로 행하신 분은 하나님이라고 고백하는 바울의 겸손한 신앙을 발견할 수 있습니다. 오늘날 우리 그리스도인들도 바울처럼 모든 일에 자신의 공력을 내세우지 말고 오직 하나님께만 영광을 돌려드려야 할 것입니다.

20절 그들이 듣고 하나님께 영광을 돌리고 바울더러 이르되 형제여 그대도 보는바에 유대인 중에 믿는 자 수만 명이 있으니 다 율법에 열성을 가진 자라

그들은 이방에서 행한 바울의 복음 사역을 듣고 하나님께 영광을 돌렸

습니다. 당시 수만 명의 유대인들이 예수님을 믿었지만 이들은 여전히 율법 의식에 얽매여 있었습니다. 율법을 지킴으로 경건한 삶을 살 수는 있지만 구원을 받을 수는 없습니다. 구원은 오직 예수 그리스도를 믿을 때 얻는 것입니다.

21절 네가 이방에 있는 모든 유대인을 가르치되 모세를 배반하고 아들들에게 할례를 행하지 말고 또 관습을 지키지 말라 한다 함을 그들이 들었도다

유대인들 사이에서는 헛소문이 떠돌고 있었습니다. 그것은 바울이 유대인들로 하여금 율법을 버리도록 가르치고 있다는 것이었습니다. 사실 이 소문은 바울에게 반감을 갖고 있었던 자들이 만들어낸 소문에 불과했습니다.

바울이 율법을 행함으로 구원받지 못한다고 외친 것은 사실이지만 바울 자신이 무율법주의자는 아니었습니다. 바울은 모세의 율법을 반대하는 것이 아니라 그 속에 담긴 율법의 정신을 망각하고 단지 그 형식만을 추구하는 유대인들의 삶의 태도를 지적한 것이었습니다(롬 2:17-24). 그는 할례 자체를 반대한 것이 아니라 할례를 행함이 구원의 목적이 아닌데 그 본질적인 의미를 잊어버리고 할례 의식만을 중시하는 태도에 대해서 경고하였던 것입니다(롬 2:25-29).

22절 그러면 어찌할꼬 그들이 필연 그대가 온 것을 들으리니

유대인 개종자들은 바울에 대한 잘못된 소문을 듣고 반발과 적개심으로 가득 차 있었습니다. 그러므로 바울이 예루살렘에 도착했다는 소식이

알려지기만 하면 흥분한 군중들이 집회를 열고 바울에게로 달려올 것은 너무나 자명한 사실이었습니다.

23-24절 우리가 말하는 이대로 하라 서원한 네 사람이 우리에게 있으니 그들을 데리고 함께 결례를 행하고 그들을 위하여 비용을 내어 머리를 깎게 하라 그러면 모든 사람이 그대에 대하여 들은 것이 사실이 아니고 그대도 율법을 지켜 행하는 줄로 알 것이라

야고보와 예루살렘 교회의 지도자들은 바울의 예루살렘 방문으로 인하여 생길 불행한 결과에 대해서 말하기보다는 이에 대처할 만한 적극적인 방안을 바울에게 제시하였습니다. 마침 그들에게 바울이 받고 있는 오해를 풀 수 있는 좋은 해결책이 떠오른 것입니다.

하나님께서 명하신 규례에 따르면 한때 서원하여 나실인이 된 자들은 서원 기간이 끝나면 결례의 기간이 지난 후 머리를 밀고 예물을 드리도록 되어 있습니다(민 6:13-21). 이때 드리는 예물로는 번제물로 일 년 된 수양 한 마리, 속죄제물로 어린 암양 한 마리, 화목제물로 수양 한 마리, 그리고 그에 따르는 소제물과 전제물이 필요했는데(민 6:13-15) 가난한 자들에게는 이것이 경제적으로 부담이 되었습니다. 그래서 때로는 가난한 서원자를 대신하여 부자들이 이 비용을 부담하는 경우가 있었습니다.

야고보와 장로들이 바울에게 제안한 것이 바로 이와 같은 결례에 참석하여 서원한 네 사람의 예물을 대신 부담하라는 것이었습니다. 그렇게 하면 바울 자신에게는 오해의 소지가 없어지고 유대인 신자들에게는 복음을 받아들이는 데 불필요한 장애물이 제거되기 때문입니다.

사도 바울은 죄가 되지 않는 한 전도에 필요하다면 무엇이나 할 수 있다는 '진리 안에서의 자유' 를 누린 사람입니다(고전 9:20). 그렇기에 그는 이 제안을 흔쾌히 받아들였습니다. 이러한 바울의 태도는 마지막 때가 가까운 이때에 하나님 나라의 확장을 위해서 우리 그리스도인들이 본받아야 할 것입니다.

25절 주를 믿는 이방인에게는 우리가 우상의 제물과 피와 목매어 죽인 것과 음행을 피할 것을 결의하고 편지하였느니라 하니

예루살렘 교회의 지도자들은 예루살렘 공의회에서 이방인들에 대해 결의했던 사항(15:20)을 바울에게 다시 상기시키고 있습니다. 이 사항은 앞서 예루살렘 성도들과 이방인 성도들 사이의 교제를 위하여 초기 교인들의 동의 아래 결정되었던 것이었습니다.

예루살렘 교회의 지도자들이 바울에게 이 사항을 상기시키고 있는 목적은 이방인 성도들이 예루살렘 공의회에서 결정한 사항만 지키면 된다는 것을 알리고, 그럼으로써 유대인 성도들이 바울에게 요구하는 제안들을 받아들이도록 촉구하려는 것이었습니다.

26절 바울이 이 사람들을 데리고 이튿날 그들과 함께 결례를 행하고 성전에 들어가서 각 사람을 위하여 제사 드릴 때까지의 결례 기간이 만기된 것을 신고하니라

바울은 야고보와 예루살렘 교회의 지도자들이 제시한 해결책에 동의하고 그 이튿날 곧바로 실행에 옮겼습니다. 바울은 서원한 네 사람과 함께 결례를 행하고 성전에 들어가서 각 사람을 위하여 제사 드릴 때까지의

결례 기간이 만기된 것을 신고하였습니다. 이로써 바울은 자신으로 인해 복음에서 멀어질 수도 있는 연약한 유대인 성도들의 약점을 담당하는 모습과(롬 15:1) 복음의 확장을 위한 적극적인 전도 자세를 보여 주었습니다.

4. 유대인들에게 붙잡힘(21:27-36)

27. 그 이레가 거의 차매 아시아로부터 온 유대인들이 성전에서 바
울을 보고 모든 무리를 충동하여 그를 붙들고 28. 외치되 이스라엘
사람들아 도우라 이 사람은 각처에서 우리 백성과 율법과 이곳을 비
방하여 모든 사람을 가르치는 그자인데 또 헬라인을 데리고 성전에
들어가서 이 거룩한 곳을 더럽혔다 하니 29. 이는 그들이 전에 에베
소 사람 드로비모가 바울과 함께 시내에 있음을 보고 바울이 그를 성
전에 데리고 들어간 줄로 생각함이러라 30. 온 성이 소동하여 백성
이 달려와 모여 바울을 잡아 성전 밖으로 끌고 나가니 문들이 곧 닫
히더라 31. 그들이 그를 죽이려 할 때에 온 예루살렘이 요란하다는
소문이 군대의 천부장에게 들리매 32. 그가 급히 군인들과 백부장
들을 거느리고 달려 내려가니 그들이 천부장과 군인들을 보고 바울
치기를 그치는지라 33. 이에 천부장이 가까이 가서 바울을 잡아 두
쇠사슬로 결박하라 명하고 그가 누구이며 그가 무슨 일을 하였느냐
물으니 34. 무리 가운데서 어떤 이는 이런 말로, 어떤 이는 저런 말

로 소리치거늘 천부장이 소동으로 말미암아 진상을 알 수 없어 그를 영내로 데려가라 명하니라 35. 바울이 층대에 이를 때에 무리의 폭행으로 말미암아 군사들에게 들려가니 36. 이는 백성의 무리가 그를 없이하자고 외치며 따라감이러라

27절 그 이레가 거의 차매 아시아로부터 온 유대인들이 성전에서 바울을 보고 모든 무리를 충동하여 그를 붙들고

바울은 야고보와 예루살렘 교회의 지도자들의 제안을 따르기로 하였습니다. 그렇게 함으로 자신이 율법과 의식을 존중한다는 것을 유대인들이 알고 오해를 풀기를 원했습니다. 그런데 결례의 7일째 되는 날에 오순절을 지키기 위해 아시아로부터 온 유대인들이 성전에서 바울을 발견하고 모든 무리를 충동하여 그를 붙들었습니다.

28절 외치되 이스라엘 사람들아 도우라 이 사람은 각처에서 우리 백성과 율법과 이곳을 비방하여 모든 사람을 가르치는 그자인데 또 헬라인을 데리고 성전에 들어가서 이 거룩한 곳을 더럽혔다 하니

아시아로부터 온 유대인들은 바울을 붙들고 "이 사람은 각처에서 우리 백성과 율법과 이곳을 비방하여 모든 사람을 가르치는 그자인데 또 헬라인을 데리고 성전에 들어가서 이 거룩한 곳을 더럽혔다"고 외쳤습니다.

유대인들은 바울이 모세의 율법을 배반하고 조상들의 관습을 어긴다는 소문을 들어 바울에 대하여 좋지 않은 감정을 가지고 있었습니다. 그런데 이제는 바울이 이방인을 성전에까지 데리고 들어온 줄로 알고 소동

하게 된 것입니다. 당시 유대법은 할례받지 못한 이방인이 성전, 즉 이스라엘의 뜰에 들어가는 것을 금하고 있었습니다. 그렇기 때문에 이를 위반하는 자들을 사형에 해당되는 중죄로 다스렸습니다. 유대인들은 바울을 성전 모독죄로 고소함으로써 죽이려고 한 것입니다. 그러나 바울에 대한 이들의 비난은 전혀 근거가 없는 것이었습니다.

29절 이는 그들이 전에 에베소 사람 드로비모가 바울과 함께 시내에 있음을 보고 바울이 그를 성전에 데리고 들어간 줄로 생각함이러라

유대인들은 전에 바울이 이방인 에베소 사람 드로비모와 함께 시내에 있는 것을 본 적이 있었습니다. 그들은 이러한 사실만 가지고 바울이 드로비모를 성전에 데리고 들어갔을 것으로 추측한 것입니다. 이로써 아시아에서 온 유대인들은 바울에게 에베소에서 가했던 것보다(20:19) 더 큰 박해와 올무를 씌울 구실을 만들어낸 것입니다.

30절 온 성이 소동하여 백성이 달려와 모여 바울을 잡아 성전 밖으로 끌고 나가니 문들이 곧 닫히더라

바울은 아시아와 수리아 그리고 안디옥에서 들었던 예언대로 유대인들에게 붙잡혔습니다. 일찍이 메시아 되신 예수 그리스도를 죽이는 일에 하나가 되었던 예루살렘의 백성들이 이제는 그리스도의 신실한 종 바울을 죽이는 일에 몰두하였습니다.

흥분한 유대인들은 바울을 사정없이 성전 밖으로 끌고 나갔습니다.

31절 그들이 그를 죽이려 할 때에 온 예루살렘이 요란하다는 소문이 군대의 천부장에게 들리매

유대인들의 충동질로 인하여 바울은 죽을 수밖에 없는 처지가 되고 말았습니다. 그러나 아직은 바울이 죽을 때가 아니었습니다.

하나님의 역사는 하나님의 뜻과 하나님의 때가 일치될 때 이루어집니다. 하나님의 때가 되면 먼저 마음속에서 소원이 불 일듯 일어나기 시작합니다. 그럴 때 하나님의 일을 수행해야 하는 것입니다.

예루살렘의 유대인들이 흥분하여 바울을 잡아서 죽이려고 하였지만 인간의 뜻과 계획은 하나님의 때를 앞당기거나 뒤로 연기할 수 없는 것입니다. 바울이 죽을 위기에 처해 있을 때 천부장이 그 소식을 듣게 되었습니다.

32절 그가 급히 군인들과 백부장들을 거느리고 달려 내려가니 그들이 천부장과 군인들을 보고 바울 치기를 그치는지라

천부장은 예루살렘의 평화를 지키기 위해 주둔하고 있는 로마 군대의 장교로, 로마의 편익을 도모하기 위해서 유대인들의 일에 간섭할 수 있는 권한을 위임받고 있었습니다. 그러므로 천부장은 유대인들이 소란을 일으켰다는 소식을 듣고 군대를 출동시켜 직접 그 일에 관여하였던 것입니다. 천부장이 군인들과 백부장들을 거느리고 급히 성전 밖으로 달려가자 유대인들은 바울을 치던 것을 중지하였습니다.

33절 이에 천부장이 가까이 가서 바울을 잡아 두 쇠사슬로 결박하라 명하고 그가 누구이며 그가 무슨 일을 하였느냐 물으니

가이사랴의 빌립의 집에서 아가보가 했던 예언이(11절) 성취되었습니다. 하나님께서 미리 보여 주신 대로 바울은 결박당하여 이방인의 손에 넘겨져 진상을 조사받게 되었습니다. 천부장은 바울이 유대인들로 하여금 소란을 일으키게 할 만한 죄를 범하였다고 할지라도 그 죄는 폭도들에 의해서가 아니라 합법적으로 다루어져야 한다고 생각하였습니다.

우리는 이 일련의 상황을 통해 바울의 생명을 유대인들의 손에서 건져내시는 하나님의 손길을 볼 수 있습니다.

34절 무리 가운데서 어떤 이는 이런 말로, 어떤 이는 저런 말로 소리치거늘 천부장이 소동으로 말미암아 진상을 알 수 없어 그를 영내로 데려가라 명하니라

바울이 무슨 일을 저질렀으며 어떤 사람인지 알아보려 했던 천부장은 무리의 소동으로 인하여 확실한 답을 얻어 낼 수 없었습니다. 그래서 천부장은 자신의 군사들에게 바울을 영내, 즉 요새로 데려가라고 명하였습니다.

35절 바울이 층대에 이를 때에 무리의 폭행으로 말미암아 군사들에게 들려가니

바울에 대하여 와전된 말을 듣고 이성을 잃어버린 군중들은 군사들의 뒤를 따르면서 바울을 죽이려고 아우성이었습니다. 군사들은 성난 군중들의 폭행을 피해 바울을 들고 가야만 했습니다. 하나님께서는 이처럼 로마 군사들을 통해서 구원의 은총을 허락하셨던 것입니다.

36절 이는 백성의 무리가 그를 없이하자고 외치며 따라감이러라

유대인들은 바울을 죽이는 일을 끝까지 포기하지 않았습니다. 군사들이 바울을 데려가자, 그들은 군사들을 따라가며 바울을 죽이라고 외쳤습니다. 이 사건이 발생하기 전에 같은 장소에서 예수님을 십자가에 못 박으라고 외쳐 대던 무리의 모습이 재현되고 있는 듯합니다. 유대인들은 집요하게 바울을 죽이고자 했지만 아직 하나님의 때가 오지 않았기 때문에 그들은 뜻을 이룰 수 없었습니다.

5. 심문당하는 바울(21:37-40)

37. 바울을 데리고 영내로 들어가려 할 그때에 바울이 천부장에게 이르되 내가 당신에게 말할 수 있느냐 이르되 네가 헬라 말을 아느냐 38. 그러면 네가 이전에 소요를 일으켜 자객 사천 명을 거느리고 광야로 가던 애굽인이 아니냐 39. 바울이 이르되 나는 유대인이라 소읍이 아닌 길리기아 다소 시의 시민이니 청컨대 백성에게 말하기를 허락하라 하니 40. 천부장이 허락하거늘 바울이 층대 위에 서서 백성에게 손짓하여 매우 조용히 한 후에 히브리 말로 말하니라

37절 바울을 데리고 영내로 들어가려 할 그때에 바울이 천부장에게 이르되 내가 당신에게 말할 수 있느냐 이르되 네가 헬라 말을 아

느냐

바울은 영내로 들어가기 전에 천부장에게 자신의 입장을 밝힐 필요가 있다고 생각했습니다. 그래서 급히 천부장에게 말을 건네었습니다. 바울이 당시 로마 제국의 통용어인 헬라어로 말을 하자 천부장은 뜻밖이라고 생각했습니다.

38절 그러면 네가 이전에 소요를 일으켜 자객 사천 명을 거느리고 광야로 가던 애굽인이 아니냐

천부장은 유창한 헬라어로 질문하는 바울을 '이전에 소요를 일으켜 자객 사천 명을 거느리고 광야로 가던 애굽인'으로 오인하였습니다. 3년 전에 한 애굽인 거짓 선지자가 예루살렘에 나타나 그의 추종자들을 이끌고 메시아적인 종말을 대비한다면서 감람산으로 간 적이 있었습니다. 그 거짓 선지자는 예루살렘을 공격하여 빼앗아 통치하려고 했습니다. 그러나 그 일당은 벨릭스 총독이 보낸 군대에 의하여 4백 명은 죽고 2백 명이 사로잡히자 뿔뿔이 흩어졌습니다. 그리고 이 일로 인하여 애굽인 거짓 선지자도 자취를 감추었습니다.

그 애굽인 거짓 선지자에게 속았던 이들은 그에게 좋은 감정을 가질 수 없었습니다. 그런데 천부장은 사람들에게 매를 맞고 있는 바울을 그 사라진 애굽인 거짓 선지자로 오해하였던 것입니다.

39절 바울이 이르되 나는 유대인이라 소읍이 아닌 길리기아 다소 시의 시민이니 청컨대 백성에게 말하기를 허락하라 하니

복음을 위하여 고난과 죽음을 각오한 바울은 자기를 죽이려는 폭도들

에게 복음 전하기를 소원하였습니다. 그래서 바울은 자신이 애굽인이 아니라 '유대인'이며 '길리기아 다소 시의 시민'이라고 밝혀 천부장의 오해를 풀고 복음 전할 기회를 얻으려고 하였습니다.

40절 천부장이 허락하거늘 바울이 층대 위에 서서 백성에게 손짓하여 매우 조용히 한 후에 히브리 말로 말하니라

천부장은 백성들에게 말하기를 허락하라는 바울의 요청을 받아들였습니다. 이에 바울은 호위 군인들에게 둘러싸인 채 계단 위에 서서 백성에게 손짓하여 조용하게 한 뒤에 히브리 말로 말하기 시작했습니다. 비록 쇠사슬에 결박당하여 자유롭지 못한 몸이었고 생명의 위협을 받고 있었지만 바울은 이처럼 당당하고 담대한 태도를 보였습니다. 이는 능력 있는 복음 전도자의 전형적인 모습이며, 본보기라고 할 수 있습니다. 바울은 때를 얻든지 못 얻든지 항상 전도하였습니다. 바울은 묶여 있을 때에든지 자유로울 때에든지 자신이 처해 있는 형편과 환경에 구애됨이 없이 늘 예수 그리스도를 전하였던 것입니다.

제 22 장

바울의 간증

바울의 회심에 대한 간증	22:1-11
이방인의 사도가 된 바울	22:12-29
공회 앞에 선 바울	22:30

A COMMENTARY ON THE ACTS OF THE APOSTLES Ⅱ

사도행전에는 복음에 대한 바울의 변증이 세 번 기록되어 있습니다(22:1-21; 24:10-21; 26:2-23). 그중 본 장에서는 바울의 첫 번째 변증을 다루고 있습니다. 예루살렘 사람들 앞에 선 바울은 자신이 율법을 준수하고 교회를 박해하던 자였지만 예수 그리스도를 만나 이방인의 사도로 세움을 받았다고 말하였습니다. 그러나 이러한 사도 바울의 변론은 오히려 예루살렘 사람들을 더욱 흥분시키는 결과를 초래하여 고문을 당하기도 했습니다. 이러한 상황 속에서 바울은 자신이 로마 시민임을 밝혀 심문을 면하고 산헤드린 공회 앞에 서게 되었습니다.

1. 바울의 회심에 대한 간증(22:1-11)

1. 부형들아 내가 지금 여러분 앞에서 변명하는 말을 들으라 2. 그들
이 그가 히브리 말로 말함을 듣고 더욱 조용한지라 이어 이르되 3.
나는 유대인으로 길리기아 다소에서 났고 이 성에서 자라 가말리엘
의 문하에서 우리 조상들의 율법의 엄한 교훈을 받았고 오늘 너희 모
든 사람처럼 하나님께 대하여 열심이 있는 자라 4. 내가 이 도를 박
해하여 사람을 죽이기까지 하고 남녀를 결박하여 옥에 넘겼노니 5.
이에 대제사장과 모든 장로들이 내 증인이라 또 내가 그들에게서 다
메섹 형제들에게 가는 공문을 받아 가지고 거기 있는 자들도 결박하
여 예루살렘으로 끌어다가 형벌 받게 하려고 가더니 6. 가는 중 다
메섹에 가까이 갔을 때에 오정쯤 되어 홀연히 하늘로부터 큰 빛이 나
를 둘러 비치매 7. 내가 땅에 엎드러져 들으니 소리 있어 이르되 사
울아 사울아 네가 왜 나를 박해하느냐 하시거늘 8. 내가 대답하되
주님 누구시니이까 하니 이르시되 나는 네가 박해하는 나사렛 예수
라 하시더라 9. 나와 함께 있는 사람들이 빛은 보면서도 나에게 말
씀하시는 이의 소리는 듣지 못하더라 10. 내가 이르되 주님 무엇을

하리이까 주께서 이르시되 일어나 다메섹으로 들어가라 네가 해야 할 모든 것을 거기서 누가 이르리라 하시거늘 11. 나는 그 빛의 광채로 말미암아 볼 수 없게 되었으므로 나와 함께 있는 사람들의 손에 끌려 다메섹에 들어갔노라

1절 부형들아 내가 지금 여러분 앞에서 변명하는 말을 들으라

바울은 자신을 죽이려고 하는 예루살렘 사람들 앞에서 침착한 모습으로 말하기 시작하였습니다. 바울은 예루살렘 사람들을 향하여 담대히 자신의 신분을 밝히려 하였습니다. 더 나아가 바울은 자신에게 닥친 위험을 오히려 복음 전파의 기회로 삼으려 하였습니다. 이처럼 바울은 자기 자신보다는 먼저 예수 그리스도를 생각하는 복음 증거자로서의 자세를 갖추고 있었습니다.

2절 그들이 그가 히브리 말로 말함을 듣고 더욱 조용한지라 이어 이르되

바울이 히브리 말을 사용한 것은 자신이 유대인임을 밝힘으로써 공감대를 얻고자 했던 것입니다. 왜냐하면 무리들의 대다수가 유대인들이었기 때문입니다. 일반적으로 디아스포라 유대인들은 히브리어나 아람어보다는 헬라어에 익숙해 있었습니다. 따라서 바울이 히브리 말을 사용한 것 자체만으로 유대인들의 호기심을 유발하기에 충분했던 것입니다.

유대인들은 바울이 히브리 말로 말을 하자 조용히 귀 기울이기 시작하였습니다.

3절 나는 유대인으로 길리기아 다소에서 났고 이 성에서 자라 가말리엘의 문하에서 우리 조상들의 율법의 엄한 교훈을 받았고 오늘 너희 모든 사람처럼 하나님께 대하여 열심이 있는 자라

바울은 먼저 자신이 유대인임을 강조하였습니다. 바울이 태어난 길리기아 지방의 다소 시는 소아시아의 남동쪽 해안에 자리 잡고 있는 도시로서 당시에는 교육의 중심 도시로 명망이 높았습니다. 뿐만 아니라 다소 시는 아마포 직물과 천막 제조로 유명했습니다. 이는 바울의 직업이 천막 제조업이라는 것과 깊은 관련이 있습니다.

또한 바울은 비록 자신이 디아스포라 유대인이지만 유대의 전통적인 율법과 밀접한 관계를 맺고 있음을 밝혔습니다. 바울은 그 당시 예루살렘에서 최고로 덕망 있고 존경받는 율법 학자인 가말리엘에게서 교육을 받았다고 말했습니다. 그는 자신이 가말리엘의 제자라는 사실을 내세움으로써 자기를 죽이려고 하는 사람들과 똑같이 자신도 '하나님께 대하여 열심이 있는 자' 라는 공통점이 있음을 주장했습니다.

4절 내가 이 도를 박해하여 사람을 죽이기까지 하고 남녀를 결박하여 옥에 넘겼노니

바울은 회심하기 전에는 기독교를 박해하여 사람을 죽이고 남녀를 결박하여 옥에 넘겼다고 말했습니다. 사실 바울은 스데반을 죽이는 데 동의하였을 뿐만 아니라 예루살렘 교회를 진멸하려고 남녀 성도들을 끌어다가 옥에 넘겼습니다(7:58-8:3). 바울은 그의 서신에서 "죄인 중에 내가 괴수니라" (딤전 1:15)고 고백할 정도로 중생 이전의 일을 생각할 때마다 괴로워했습니다.

우리가 은혜를 받았다고 해서 이전의 쓰디쓴 체험들을 모두 잊어버리게 되는 것은 아닙니다. 그것은 오히려 우리를 더욱 겸손하게 하고 하나님의 구원의 은혜에 더 깊이 감사하게 하는 요인으로 우리의 마음에 남아있게 됩니다. 바울은 자신의 과거를 돌아보며 다시금 감격했습니다. 교회를 박해하던 자신이 이제는 교회와 예수 그리스도를 위해 복음을 전하고 있는 것이 얼마나 기쁘고 감사한지, 그는 현재 자신이 처한 위험조차도 잊은 채 복음을 전하였습니다.

5절 이에 대제사장과 모든 장로들이 내 증인이라 또 내가 그들에게서 다메섹 형제들에게 가는 공문을 받아 가지고 거기 있는 자들도 결박하여 예루살렘으로 끌어다가 형벌 받게 하려고 가더니

바울은 기독교를 박해하던 이전의 행동에 대해서 대제사장과 모든 장로들이 증인이라고 말했습니다. 비록 대제사장은 당시의 가야바에서 현재의 아나니아로 바뀌었지만 가야바가 아직 생존해 있었고 그곳에 모인 사람들 역시 과거의 일을 쉽게 기억할 수 있었습니다.

과거에 바울은 기독교를 박해하는 일에 얼마나 열심이었던지 유대에 있는 성도들은 물론이고 박해를 피해 이웃 나라 수리아의 다메섹으로 간 성도들까지 잡아가기 위해 장로들과 대제사장의 승낙을 받은 공문을 가지고 다메섹을 향하였습니다.

6절 가는 중 다메섹에 가까이 갔을 때에 오정쯤 되어 홀연히 하늘로부터 큰 빛이 나를 둘러 비치매

수리아의 햇빛은 그 어느 곳보다도 강렬했기 때문에 눈이 부셔서 하늘

을 쳐다볼 수가 없을 정도였습니다. 그런데 갑자기 태양 빛보다도 더 강렬한 빛이 바울을 둘러 비쳤습니다. 그 빛은 바로 예수 그리스도의 광채였습니다.

7절 내가 땅에 엎드러져 들으니 소리 있어 이르되 사울아 사울아 네가 왜 나를 박해하느냐 하시거늘

바울은 찬란한 광채로 인하여 힘을 잃고 땅에 엎드러졌습니다. 이는 주님의 영광 앞에 감히 설 수 없는 죄인의 모습을 보여 줍니다. 바울은 불가항력적인 현상을 바라보며 극심한 두려움을 느꼈습니다. 바로 그때 바울을 부르시는 주님의 음성이 들려왔습니다.

"사울아 사울아" 라고 부르시며 "네가 왜 나를 박해하느냐" 고 말씀하시는 그 음성은 자신을 박해하는 자에 대한 분노에서 나오는 소리가 아니라, 너무나 사랑하시므로 잘못된 길로 가는 바울의 영혼을 위해서 부르시는 간절한 외침이었습니다.

8절 내가 대답하되 주님 누구시니이까 하니 이르시되 나는 네가 박해하는 나사렛 예수라 하시더라

"왜 나를 박해하느냐"(7절)는 주님의 물음에 바울은 간담이 서늘하여 모골이 송연해졌습니다. 이에 "주님 누구시니이까" 라고 묻자, 놀랍게도 "나는 네가 박해하는 나사렛 예수라" 는 대답이 들렸습니다.

여기서 우리는 예수님을 믿는 사람들을 박해하는 것은 곧 교회의 주인되신 예수 그리스도를 박해하는 것임을 알 수 있습니다. 그러므로 그리스도인들은 어려움 가운데 있거나 환난을 당할 때 결코 혼자 고통을 받

는 것이 아닙니다. 모든 사람이 외면할지라도 예수님께서 항상 어려움을 함께 감당해 주시기 때문입니다.

바울은 이제 자기 확신에서 벗어나 음성을 들려주신 이에 대해 간절히 알기를 원했습니다.

9절 나와 함께 있는 사람들이 빛은 보면서도 나에게 말씀하시는 이의 소리는 듣지 못하더라

하나님과 인간의 관계는 일대일의 직접적인 만남의 관계에서 비롯되는 것입니다. 하나님께서는 성령을 통하여 고요하고 잠잠하게 우리의 영혼 속에 말씀하여 주십니다. 많은 사람들이 한곳에 모여 함께 기도하고 예배를 드리지만, 하나님께서는 꼭 필요한 사람에게 말씀을 들려주십니다. 하나님께서 말씀해 주실 때에는 마음속에 평안과 사랑이 꽉 들어차게 됩니다. 그리고 이러한 체험을 통하여 우리는 하나님께서 살아 계심을 확신하게 됩니다.

여러 사람이 바울과 함께 있었지만 주님의 음성은 바울에게만 들렸습니다. 그것은 하나님께서 말씀을 들어야 할 사람의 귀만 열어 주셨기 때문입니다. 바울은 복음 사역을 위하여 하나님께서 택하신 그릇이었습니다.

10절 내가 이르되 주님 무엇을 하리이까 주께서 이르시되 일어나 다메섹으로 들어가라 네가 해야 할 모든 것을 거기서 누가 이르리라 하시거늘

바울은 "주님 무엇을 하리이까"라는 질문을 함으로써 예수님께서 주

님이 되시고 자신은 종이라는 사실을 인정하였습니다.

주님께서 바울에게 내리신 첫 번째 명령은 "일어나 다메섹으로 들어가라"는 것이었습니다. 이미 하나님께서는 바울을 위해 모든 환경을 예비해 놓으셨습니다. 하나님께서는 순종하는 자세가 되어 있는 자에게 분부하시고 그를 위해 앞길을 예비해 놓고 계십니다. 그러므로 성도는 무엇이든지 시행하기 전에 반드시 먼저 주님께 여쭈어 보아야 합니다. 그리할 때 시행착오를 하지 않고 성공의 지름길로 들어서게 됩니다.

바울이 순종하는 태도를 갖추자 주님께서는 그의 앞길을 인도하시고 그가 장차 해야 할 일을 지시해 줄 사람과 만나도록 인도해 주셨습니다.

11절 나는 그 빛의 광채로 말미암아 볼 수 없게 되었으므로 나와 함께 있는 사람들의 손에 끌려 다메섹에 들어갔노라

기세당당하고 살기등등하여 성도들을 박해하기 위해 다메섹으로 가던 바울은 예수 그리스도의 찬란한 광채로 인하여 맹인이 되고 말았습니다. 이는 바울 자신의 영적 어둠을 깨닫게 해 주시기 위한 하나님의 섭리였습니다. 예수 그리스도의 진리의 빛이 비치면 사람은 제일 먼저 자신의 영적 암흑 상태, 즉 영적 무지를 깨닫게 됩니다. 그러므로 예수 그리스도를 만나면 옛사람은 죽고 새사람으로 거듭나게 됩니다.

다메섹 사건은 바울로 하여금 영적으로나 육적으로 완전히 변화되게 하였습니다. 이 사건은 오만하고 방자한 한 인간이 완전히 깨어져 겸손하게 변화되는 과정을 잘 묘사하고 있습니다. 맹인이 되어 버린 바울은 이제 다른 사람들의 도움을 받을 수밖에 없는 신세가 되었습니다.

2. 이방인의 사도가 된 바울(22:12-29)

12. 율법에 따라 경건한 사람으로 거기 사는 모든 유대인들에게 칭찬
을 듣는 아나니아라 하는 이가 13. 내게 와 곁에 서서 말하되 형제 사
울아 다시 보라 하거늘 즉시 그를 쳐다보았노라 14. 그가 또 이르되
우리 조상들의 하나님이 너를 택하여 너로 하여금 자기 뜻을 알게 하
시며 그 의인을 보게 하시고 그 입에서 나오는 음성을 듣게 하셨으니
15. 네가 그를 위하여 모든 사람 앞에서 네가 보고 들은 것에 증인이
되리라 16. 이제는 왜 주저하느냐 일어나 주의 이름을 불러 침례를
받고 너의 죄를 씻으라 하더라 17. 후에 내가 예루살렘으로 돌아와
서 성전에서 기도할 때에 황홀한 중에 18. 보매 주께서 내게 말씀하
시되 속히 예루살렘에서 나가라 그들은 네가 내게 대하여 증언하는
말을 듣지 아니하리라 하시거늘 19. 내가 말하기를 주님 내가 주를
믿는 사람들을 가두고 또 각 회당에서 때리고 20. 또 주의 증인 스데
반이 피를 흘릴 때에 내가 곁에 서서 찬성하고 그 죽이는 사람들의 옷
을 지킨 줄 그들도 아나이다 21 나더러 또 이르시되 떠나가라 내가
너를 멀리 이방인에게로 보내리라 하셨느니라 22. 이 말하는 것까지
그들이 듣다가 소리 질러 이르되 이러한 자는 세상에서 없애 버리자
살려 둘 자가 아니라 하여 23. 떠들며 옷을 벗어 던지고 티끌을 공중
에 날리니 24. 천부장이 바울을 영내로 데려가라 명하고 그들이 무
슨 일로 그에 대하여 떠드는지 알고자 하여 채찍질하며 심문하라 한
대 25. 가죽 줄로 바울을 매니 바울이 곁에 서 있는 백부장더러 이르
되 너희가 로마 시민 된 자를 죄도 정하지 아니하고 채찍질할 수 있느
냐 하니 26. 백부장이 듣고 가서 천부장에게 전하여 이르되 어찌하

려 하느냐 이는 로마 시민이라 하니 27. 천부장이 와서 바울에게 말하되 네가 로마 시민이냐 내게 말하라 이르되 그러하다 28. 천부장이 대답하되 나는 돈을 많이 들여 이 시민권을 얻었노라 바울이 이르되 나는 나면서부터라 하니 29. 심문하려던 사람들이 곧 그에게서 물러가고 천부장도 그가 로마 시민인 줄 알고 또 그 결박한 것 때문에 두려워하니라

12-13절 율법에 따라 경건한 사람으로 거기 사는 모든 유대인들에게 칭찬을 듣는 아나니아라 하는 이가 내게 와 곁에 서서 말하되 형제 사울아 다시 보라 하거늘 즉시 그를 쳐다보았노라

바울의 소명을 설명함에 있어서 다메섹 도상에서의 예수님의 현현과 명령에 뒤이어 아나니아가 등장합니다.

아나니아는 그리스도인이었음에도 불구하고 율법을 철저히 준수하여 다메섹의 모든 유대인들로부터 칭찬을 받는 경건한 사람이었습니다. 흠이 없고 순전한 신앙생활을 하는 아나니아는 유대인들의 인정을 받을 만하였습니다. 그런데 이와 같은 아나니아를 주님께서는 바울과 연결시켜 주셨습니다.

아나니아는 바울이 그리스도인들을 박해하는 일에 선봉이 되는 인물임을 알고 있었습니다. 그러나 바울에 대한 주님의 뜻을 알게 된 아나니아는 자신의 선입관을 과감히 떨쳐 버렸습니다. 그리고 바울에게 안수하여 시력을 회복시켜 주었습니다. 바울이 시력을 회복한 것은 아나니아가 하나님께로부터 보내심을 받았다는 것과 그가 전한 메시지가 하나님의 말씀이라는 것을 확실하게 입증하는 증거입니다.

불과 사흘 전까지만 해도 아나니아는 바울에게 있어서 체포의 대상이었습니다. 그러나 이제는 주님의 은혜로 바울과 '형제' 가 되었습니다.

14절 그가 또 이르되 우리 조상들의 하나님이 너를 택하여 너로 하여금 자기 뜻을 알게 하시며 그 의인을 보게 하시고 그 입에서 나오는 음성을 듣게 하셨으니

바울은 아나니아에게서 들은 말을 전함에 있어서 유대인들에게 친숙한 용어를 사용함으로써 그들과의 공감대를 형성했습니다.

바울은 먼저 유대인들이 섬기는 '우리 조상들의 하나님' 께서 자신을 택하여 주셨다고 증언하였습니다. 여기서 '택하였다' 는 말에는 '계획하다', '목적하다', '결정하다' 라는 의미가 있습니다. 즉, 하나님께서 그의 예정 가운데 바울을 구별하여 세우셨다는 말입니다.

더 나아가 바울은 자신을 택하신 하나님의 뜻을 밝히고 있습니다. 그것은 바울로 하여금 '하나님의 뜻을 알게 하고, 메시아를 보게 하고, 그분의 말씀을 듣게 하는 것' 이었습니다. 이러한 하나님의 뜻은 하나님께서 모든 일을 미리 아시고 계획하사 역사하시므로 일어나는 것입니다. 바울이 갑작스레 겪은 모든 일도 하나님께서 바울을 사용하시기 위해 미리 세우신 계획대로 일어난 것입니다.

15절 네가 그를 위하여 모든 사람 앞에서 네가 보고 들은 것에 증인이 되리라

'증인' 은 법정에서 사용하는 용어로서, 자신이 목격한 것을 거짓 없이 말하는 사람을 의미합니다. 하나님께서 바울로 하여금 하나님의 뜻을 알

게 하시고 메시아를 보게 하시고 그 음성을 듣게 하신 것은 바울을 모든 사람 앞에서 주님의 증인으로 삼으시기 위한 것이었습니다. 그러므로 바울이 현재 고난을 겪는 것은 성전을 더럽혔다거나 유대교를 공격했기 때문이 아닙니다. 바울은 예수 그리스도의 증인이기 때문에 어려움을 겪고 있는 것입니다.

16절 이제는 왜 주저하느냐 일어나 주의 이름을 불러 침례를 받고 너의 죄를 씻으라 하더라

아나니아는 바울에게 침례를 받음으로써 그리스도인으로서의 신앙의 결단을 내릴 것을 촉구하였습니다.

우리가 즉각적으로 죄를 회개하고 예수 이름으로 침례를 받으면 모든 죄를 사함받게 됩니다. 그런데 죄 사함을 받고 난 후에는 성숙한 그리스도인의 인도가 필요합니다. 성령의 역사는 하나님의 일이지만, 구원받은 새 신자가 그리스도와 올바른 관계가 되도록 이끌어 주는 데에는 성숙한 그리스도인의 안내가 필요한 것입니다.

17절 후에 내가 예루살렘으로 돌아와서 성전에서 기도할 때에 황홀한 중에

바울이 예루살렘에서 겪은 이 신비한 체험은 다메섹 도상에서의 회심이 있은 지 3년 후의 일입니다.

당시 예루살렘의 헬라파 유대인들은 기독교로 개종한 바울을 반역자로 여기고 죽이려고 하였습니다. 그러므로 바울에게는 무엇보다도 하나님의 인도하심과 도우심이 가장 필요하였습니다. 이때 바울은 성전에

들어가 하나님 앞에 간절히 기도하였습니다. 이처럼 자신의 문제를 하나님 앞에 진정으로 내려놓고 간구하는 바울에게 주님의 계시가 임했습니다. 하나님께서는 기도하는 자에게 하나님의 비밀스러운 것들을 열어서 보여 주십니다.

18절 보매 주께서 내게 말씀하시되 속히 예루살렘에서 나가라 그들은 네가 내게 대하여 증언하는 말을 듣지 아니하리라 하시거늘

바울은 예루살렘에 머물기를 원했지만, 주님께서는 바울의 증언이 예루살렘 사람들에게 받아들여지지 않을 것이므로 예루살렘을 떠나 이방 민족에 복음을 전하라고 명령하셨습니다. 주님께서는 바울의 뜻과 상관없이 그를 이방인의 사도로 세우신 것입니다.

우리의 삶에 있어서도 하나님께서는 때때로 우리가 가장 좋아하고 머무르고 싶어 하는 곳에서 떠나라고 명하실 때가 있습니다. 이럴 때에 우리는 과감히 떨치고 일어나 하나님의 명령에 순종해야 합니다. 왜냐하면 하나님의 계획은 우리의 생각과는 비교할 수 없을 정도로 심오하고 완전하기 때문입니다(사 55:8-9).

19절 내가 말하기를 주님 내가 주를 믿는 사람들을 가두고 또 각 회당에서 때리고

사울은 예수 그리스도를 만나 바울로 변화되기 전에는 어느 누구보다 잔인하게 교회를 박해하였습니다. 그래서 어떤 주석가는 "사울 같은 사람은 마치 포도원에 들어간 산돼지처럼 모든 신자의 가정을 파멸시켰다."라고 표현하기도 하였습니다. 또한 성경도 "사울이 교회를 잔멸할새

각 집에 들어가 남녀를 끌어다가 옥에 넘기니라"(8:3)고 그의 잔인한 박해를 표현하고 있습니다. 그런데 바로 이와 같은 자신의 어두운 과거를 바울은 스스로 밝히고 있습니다.

바울이 자신의 좋지 않은 과거를 들추어내는 데에는 이유가 있습니다. 그가 지금은 교회와 예수 그리스도를 옹호하고 있지만 자신도 과거에는 유대인들과 똑같은 생각과 행동을 하고 있었다는 사실을 일깨워 주고자 한 것입니다.

20절 또 주의 증인 스데반이 피를 흘릴 때에 내가 곁에 서서 찬성하고 그 죽이는 사람들의 옷을 지킨 줄 그들도 아나이다

바울은 과거에 지은 죄 가운데 가장 기억에 남는 사건인 스데반의 순교에 대하여 회상하였습니다. 스데반의 죽음은 아직 예루살렘 사람들의 뇌리에 생생하게 남아 있는 사건이었습니다. 그런데 바울이 그리스도인들을 박해했던 자신의 부끄러운 과거를 이처럼 자세하게 말하는 것은 자신의 변화가 오직 하늘로부터 주어진 계시 때문이라는 점을 밝히고자 함이었습니다.

바울은 자신이 과거에 철저하게 그리스도인들을 박해하였던 장본인이기 때문에 자신이 복음을 증언하면 예루살렘 사람들이 쉽게 복음을 받아들일 것이라고 생각하였습니다. 그래서 자신의 생각을 예수님께 말씀드렸습니다.

그러나 유대인들은 바울이 예루살렘을 출입하면서 '주 예수의 이름'으로 담대히 증언하는 것을 받아들이지 않았습니다. 도리어 그들은 바울을 죽이기 위해 음모를 꾸미기 시작했습니다. 사람의 마음을 변화시

키는 것은 논리적인 설명이나 설득으로 되지 않습니다. 오직 하나님께로부터 오는 계시와 살아 계신 주님과의 만남만이 사람을 변화시키는 것입니다.

21절 나더러 또 이르시되 떠나가라 내가 너를 멀리 이방인에게로 보내리라 하셨느니라

바울은 주님의 계시를 통해 이방인의 사도로서의 소명을 확인받았습니다. 우리가 하나님의 뜻을 알았으면 이에 대하여 이의를 제기해서는 안 됩니다. 왜냐하면 하나님의 뜻은 인간의 뜻과 다르며 우리는 오직 하나님의 뜻을 따르는 삶을 살아야 하기 때문입니다.

22절 이 말하는 것까지 그들이 듣다가 소리 질러 이르되 이러한 자는 세상에서 없애 버리자 살려 둘 자가 아니라 하여

바울의 말을 조용히 듣고 있던 유대인들은 이방 선교에 대한 이야기가 나오자 흥분하여 아우성치기 시작하였습니다. 유대인들은 바울이 율법을 지키지 않는 이방인들을 자신들과 동등하게 대했기 때문에 분노를 금하지 못했던 것입니다. 분노한 유대인들은 바울을 죽이려고 했습니다.

23절 떠들며 옷을 벗어 던지고 티끌을 공중에 날리니

하나님의 뜻은 온 세계 만민을 구원하는 데 있습니다. 그러나 선민의식에 사로잡혀 하나님의 진정한 뜻을 깨닫지 못한 유대인들은 모든 인류를 동등하게 여기는 복음을 이해하지 못하였습니다. 그리하여 순식간에 분위기는 험악하여졌습니다. 흥분하고 분노한 유대인들은 옷을 벗어 던

지고 티끌을 공중에 날렸습니다. 이는 극단적인 분노를 표현하는 행동이며 사람을 돌로 치기 전 증거로 취하는 행동입니다. 스데반을 돌로 치기 전에도 무리들은 옷을 벗어 사울의 발 앞에 던졌습니다(7:58).

24절 천부장이 바울을 영내로 데려가라 명하고 그들이 무슨 일로 그에 대하여 떠드는지 알고자 하여 채찍질하며 심문하라 한대

히브리 말을 모르는 천부장은 큰 소란이 일어나자 영문도 모르는 채 바울이 큰 죄를 저지른 줄 알고 직접 심문하려고 하였습니다.

당시 로마법에 의하면 신분에 따라 가해지는 매의 종류에 차별이 있었습니다. 자유민이 범죄하면 느릅나무나 자작나무 막대기로 때렸습니다. 그리고 범죄자가 로마 사람이 아니거나 노예일 경우에는 채찍을 가하며 심문을 하였습니다. 이때 사용하는 채찍 끝에는 뼛조각이나 끝이 뾰족한 쇠붙이가 달려 있었습니다. 그래서 채찍을 많이 맞은 사람은 불구자가 되거나 심지어 죽기까지 하였습니다.

천부장은 바울이 로마 시민권자라는 것을 알지 못했기 때문에 그를 채찍질하며 심문하라고 명령을 내렸습니다.

25절 가죽 줄로 바울을 매니 바울이 곁에 서 있는 백부장더러 이르되 너희가 로마 시민 된 자를 죄도 정하지 아니하고 채찍질할 수 있느냐 하니

당시 로마 시민은 세계 최고의 시민으로서, 정당한 법적 절차를 통해 재판하지 않고는 형벌을 가하지 못하도록 되어 있었습니다. 그러므로 바울은 자신을 채찍질하려는 백부장에게 자신의 신분을 밝힘으로써 부

당한 처벌을 하지 못하도록 한 것입니다.

26절 백부장이 듣고 가서 천부장에게 전하여 이르되 어찌하려 하느냐 이는 로마 시민이라 하니

백부장은 바울이 로마 시민이라는 사실을 알고 몹시 당황했습니다. 백부장은 형(刑)이 확정되지 않은 로마 사람을 함부로 채찍질할 경우 어떠한 처벌을 받게 될지 잘 알고 있었습니다. 따라서 바울의 신분을 알고 당황한 것은 지극히 당연한 일이었습니다. 두려움에 사로잡힌 백부장은 어찌할 바를 모르고 자신의 상관인 천부장에게 달려가서 보고하였습니다.

27절 천부장이 와서 바울에게 말하되 네가 로마 시민이냐 내게 말하라 이르되 그러하다

백부장으로부터 중대한 보고를 들은 천부장은 바울을 자기에게 데려오라고 지시할 경황조차 없었습니다. 그는 너무나 당황하여 즉시 바울에게로 가서 "네가 로마 사람이냐"라고 다급히 물었습니다. 그리고 "그러하다"라고 대답하는 바울을 의심하지 않았습니다. 그 당시에는 거짓으로 로마 시민임을 자처했다가는 죽음을 면치 못하기 때문에 바울이 거짓말을 하리라고는 생각지 않았던 것입니다.

28절 천부장이 대답하되 나는 돈을 많이 들여 이 시민권을 얻었노라 바울이 이르되 나는 나면서부터라 하니

글라우디오 황제(주후 41-54년) 시대에는 돈으로 로마 시민권을 살 수 있었습니다. 부패한 관리들에게 뇌물을 주면 누구나 시민권을 얻을 수

있었습니다. 그리고 이렇게 시민권을 갖게 된 자에게는 많은 특권이 주어졌습니다. 그중의 하나가 함부로 처벌을 받지 않는다는 것이었습니다. 그러므로 돈이 많은 사람들은 앞 다투어 로마 시민권을 샀습니다. 그러나 이와 같이 특권을 누릴 수 있는 로마 시민권을 바울은 나면서부터 가지고 있었습니다.

29절 심문하려던 사람들이 곧 그에게서 물러가고 천부장도 그가 로마 시민인 줄 알고 또 그 결박한 것 때문에 두려워하니라

바울을 심문하려던 자들은 바울이 로마 시민이라는 사실에 놀라 그에게서 물러섰습니다. 천부장은 자신이 로마 시민을 결박하여 심문했다는 사실을 깨닫고 크게 걱정하였습니다. 그러나 바울은 자신이 다소 시민(21:39)이라는 데에 자부심을 가지고 있었을 뿐 로마 시민권에 대해서는 별다른 관심을 두지 않았습니다. 다만 부당한 처벌을 면하고 당시 예루살렘에서 기독교가 어려운 처지에 놓이는 것을 방지하기 위해 자신의 신분을 적절히 사용했던 것입니다.

3. 공회 앞에 선 바울(22:30)

30. 이튿날 천부장은 유대인들이 무슨 일로 그를 고발하는지 진상을

알고자 하여 그 결박을 풀고 명하여 제사장들과 온 공회를 모으고 바울을 데리고 내려가서 그들 앞에 세우니라

30절 이튿날 천부장은 유대인들이 무슨 일로 그를 고발하는지 진상을 알고자 하여 그 결박을 풀고 명하여 제사장들과 온 공회를 모으고 바울을 데리고 내려가서 그들 앞에 세우니라

이튿날 천부장은 유대인들이 바울을 고소한 이유를 알아보기로 생각하였습니다. 그래서 그는 바울의 결박을 풀어 주고 제사장들과 산헤드린 공회를 소집하여 그들 앞에 바울을 세웠습니다.

천부장은 로마 관원으로서 예루살렘의 평화 유지에 책임을 지고 있었습니다. 그렇기 때문에 그는 이 사건을 종교적인 문제로 판단하고 유대교의 최고 사법 기관 앞에서 그 문제의 진상을 밝히려고 산헤드린 공회를 소집한 것입니다.

제 23 장

주님의 위로와 새로운 사명

A COMMENTARY ON
THE ACTS OF THE
APOSTLES Ⅱ

산헤드린 공회 앞에 서게 된 바울은 지혜롭게 변론하였습니다. 여기서 바울은 자신이 바리새인임을 밝히고 죽은 자의 부활과 장래 심판에 대한 입장을 밝혔습니다. 그러자 바울과 같이 죽은 자의 부활을 믿는 바리새인과 믿지 않는 사두개인 사이에 큰 다툼이 일어났습니다.

바울을 죽이기로 맹세한 유대인들은 당을 지어 바울을 죽이는 일에 더욱 열심을 냈습니다. 그러나 바울은 하나님의 도우심으로 로마 군사들의 호위를 받으며 무사히 벨릭스 총독에게 이송되었습니다.

이와 같이 본 장의 내용은 모든 일을 합력하여 선을 이루시는 하나님의 섭리를 깨닫게 해 주고 있습니다.

1. 산헤드린 내에서의 다툼(23:1-10)

1. 바울이 공회를 주목하여 이르되 여러분 형제들아 오늘까지 나는
범사에 양심을 따라 하나님을 섬겼노라 하거늘 2. 대제사장 아나니
아가 바울 곁에 서 있는 사람들에게 그 입을 치라 명하니 3. 바울이
이르되 회칠한 담이여 하나님이 너를 치시리로다 네가 나를 율법대
로 심판한다고 앉아서 율법을 어기고 나를 치라 하느냐 하니 4. 곁
에 선 사람들이 말하되 하나님의 대제사장을 네가 욕하느냐 5. 바울
이 이르되 형제들아 나는 그가 대제사장인 줄 알지 못하였노라 기록
하였으되 너의 백성의 관리를 비방하지 말라 하였느니라 하더라 6.
바울이 그중 일부는 사두개인이요 다른 일부는 바리새인인 줄 알고
공회에서 외쳐 이르되 여러분 형제들아 나는 바리새인이요 또 바리
새인의 아들이라 죽은 자의 소망 곧 부활로 말미암아 내가 심문을 받
노라 7. 그 말을 한즉 바리새인과 사두개인 사이에 다툼이 생겨 무
리가 나누어지니 8. 이는 사두개인은 부활도 없고 천사도 없고 영도
없다 하고 바리새인은 다 있다 함이라 9. 크게 떠들새 바리새인 편
에서 몇 서기관이 일어나 다투어 이르되 우리가 이 사람을 보니 악한

것이 없도다 혹 영이나 혹 천사가 그에게 말하였으면 어찌 하겠느냐 하여 10. 큰 분쟁이 생기니 천부장은 바울이 그들에게 찢겨질까 하여 군인을 명하여 내려가 무리 가운데서 빼앗아 가지고 영내로 들어가라 하니라

1절 바울이 공회를 주목하여 이르되 여러분 형제들아 오늘까지 나는 범사에 양심을 따라 하나님을 섬겼노라 하거늘

산헤드린 공회 앞에 서게 된 바울은 담대하게 자신에 대하여 변론하기 시작했습니다. 이때 바울이 공회를 주목하였다는 것은 그가 온 정신을 집중하여 공회원들을 진지하게 대하고 있음을 나타냅니다.

바울은 산헤드린 공회원들을 가리켜 '여러분 형제들' 이라고 호칭하였습니다. 이 호칭은 유대인들 사이에서 통상적으로 사용되던 것인데, 바울은 공회원들에게 형제들이라고 부름으로써 자신이 그들과 동등함을 나타냈습니다.

바울은 변론을 하기에 앞서 "오늘까지 나는 범사에 양심을 따라 하나님을 섬겼노라" 고 당당하게 말했습니다. 성령께서는 우리를 인도하실 때 꿈이나 환상이나 음성 외에 양심의 소리를 따라서 인도하십니다. 그러므로 우리가 어떠한 일을 결정할 때에는 하나님께서 우리의 마음에 소원을 일으켜 주시는가를 먼저 살펴보고, 우리의 양심에 거리낌이 없는가를 점검해 보아야 합니다. 그런 다음 하나님의 말씀에 일치하는가를 잘 살펴보고 결정해야 합니다.

2절 대제사장 아나니아가 바울 곁에 서 있는 사람들에게 그 입을 치

라 명하니

바울의 의연한 모습은 대제사장 아나니아를 격분시켰습니다. 흥분한 아나니아는 주위에 서 있는 사람들에게 바울의 입을 치라고 했습니다.

만일 아나니아가 양심이 있는 사람이라면 바울의 입을 치라는 극언은 하지 못했을 것입니다. 그러나 아나니아는 자신의 명예, 권력, 부귀영화를 위해서라면 어떠한 일도 서슴없이 하는 사악한 자였습니다. 그는 자기 민족을 짓밟은 로마 정부에 아부하여 장기간 높은 지위를 차지하고 권세를 누린 인물입니다. 따라서 아나니아는 유대인들의 존경을 받아야 할 대제사장이라는 직분에 어울리지 않게 당시 유대 사회에서 악명을 떨쳤을 뿐만 아니라 조국의 독립을 원하는 많은 유대인 민족주의자들에게 증오의 대상이 되었습니다.

3절 바울이 이르되 회칠한 담이여 하나님이 너를 치시리로다 네가 나를 율법대로 심판한다고 앉아서 율법을 어기고 나를 치라 하느냐 하니

하나님께서는 재판을 하여 정죄하고 그 죄에 따라 형벌을 가하도록 율법에 규정해 놓으셨습니다(신 25:1-3). 이때 바울은 아직 죄가 발견되지도 않았으며 또한 죄를 지었다는 명목으로 고소되지도 않은 상태였습니다. 그러므로 아나니아가 바울의 입을 치라고 한 것은 분명히 율법에 어긋나는 행위였습니다. 율법을 가장 잘 알고 잘 지켜야 할 대제사장이 자신의 감정에 치우쳐 율법에 어긋난 명령을 내린 것입니다.

당시 유대인들은 율법을 어긴 자는 누구나 하나님의 심판을 받게 된다고 믿었습니다. 그러므로 바울은 율법을 무시하고 방자한 행위를 서슴

없이 저지른 아나니아를 향하여 하나님의 심판이 그에게 임할 것이라고 담대히 선언했습니다. 또한 바울은 아나니아에게 '회칠한 담' 이라고 꾸짖었습니다. '회칠한 담' 은 흰 회를 발라 균열된 것을 감추고 마치 새로 지은 견고한 담처럼 꾸며 놓은 것을 말합니다. 이것은 겉으로는 깨끗하고 산뜻해 보였지만 그 속은 형편없이 썩어 힘없이 무너져 내리는 담에 비유하여 아나니아의 위선된 모습을 지적한 것입니다.

바울은 이처럼 공회원들 앞에서 의연하고 당당했습니다. 비록 아나니아가 대제사장으로서 종교적으로는 가장 큰 권세를 가지고 있었지만, 그렇다고 해서 바울이 두려워할 상대는 아니었습니다. 바울은 믿는 자가 두려워해야 할 분은 하나님 한 분뿐임을 잘 알고 있었습니다. "하나님이 너를 치시리로다" 라는 바울의 예언은 적중하여 아나니아는 주후 66년에 동족의 손에 의하여 비참한 최후를 맞았습니다.

4절 곁에 선 사람들이 말하되 하나님의 대제사장을 네가 욕하느냐

주위에 서서 지켜보던 사람들은 바울이 거리낌 없이 대제사장을 질책하자 충격을 받았습니다. 그들은 대제사장이 율법을 어기는 점에 대해서는 방관하면서도 대제사장을 질책하는 바울의 말에는 크게 경악하였습니다. 악한 일에 열중하면 올바른 판단력을 잃어버리고 마는 인간들의 한계를 볼 수 있습니다.

그들은 바울에게 아나니아가 하나님의 대제사장이라는 점을 지적하였습니다. 이것은 죄인의 입장에 서 있는 바울이 감히 대제사장을 모욕할 수 없음을 분명히 주지시키기 위함이었습니다.

5절 바울이 이르되 형제들아 나는 그가 대제사장인 줄 알지 못하였노라 기록하였으되 너의 백성의 관리를 비방하지 말라 하였느니라 하더라

바울은 사람들의 비난을 받고 즉각 사죄하였습니다. 자신의 잘못을 알았을 때 즉시 그것을 사죄하는 바울에게서 그의 곧은 양심을 볼 수 있습니다. 여기에서 바울은 "백성의 지도자를 저주하지 말지니라"(출 22:28)는 말씀을 인용하여 자신의 잘못을 시인했습니다. 그리고 자신이 아나니아를 비방한 것은 그가 대제사장인 줄 몰랐기 때문이라고 했습니다. 이러한 변명을 보면 율법에 대한 바울의 태도가 잘 나타나 있습니다. 그런데 바울이 대제사장을 몰라보았다는 말에 대하여 어떤 학자는 역설적인 표현이라고 주장하기도 합니다. 그러나 바울이 대제사장을 알아보았다면 결코 그를 비난하지 않았을 것입니다.

6절 바울이 그중 일부는 사두개인이요 다른 일부는 바리새인인 줄 알고 공회에서 외쳐 이르되 여러분 형제들아 나는 바리새인이요 또 바리새인의 아들이라 죽은 자의 소망 곧 부활로 말미암아 내가 심문을 받노라

산헤드린 공회원은 바리새인과 사두개인으로 구성되어 있었습니다. 바울은 이러한 공회의 조직상의 특성을 잘 알고 있었습니다. 따라서 바울은 바리새인과 사두개인들이 서로 대립될 수밖에 없는 문제점을 제기하였습니다. 그것은 바로 '부활'에 관한 것이었습니다. 바울은 부활에 관하여 바리새인과 사두개인의 견해가 서로 다르다는 것을 익히 알고 있었던 것입니다.

바울은 자신이 바리새인임을 먼저 밝혔습니다. 그리고 자신이 어려움에 처하게 된 원인이 부활의 소망을 전했기 때문이라고 했습니다. 로마의 천부장 앞에서 자신이 로마 시민임을 밝혔듯이 이번에는 유대인의 공회 앞에서 자신이 바리새인임을 밝힘으로 위기 상황을 이끌어 가는 바울의 지혜를 볼 수 있습니다.

7-8절 그 말을 한즉 바리새인과 사두개인 사이에 다툼이 생겨 무리가 나누어지니 이는 사두개인은 부활도 없고 천사도 없고 영도 없다 하고 바리새인은 다 있다 함이라

바울의 말은 효력이 있었습니다. 지금까지 바울을 죽이는 일에 한마음이 되었던 바리새인들과 사두개인들 사이에 의견 대립으로 인하여 다툼이 벌어졌습니다.

평소에 바리새인과 사두개인은 사이가 좋지 않았습니다. 사두개인들은 세속적인 권력에 아부하여 세상의 부귀영화를 누리는 상류 계층이고 바리새인들은 대부분 평민 출신이므로 그들 사이에는 신분의 차이로 인한 계층 간의 갈등이 있었습니다. 뿐만 아니라 바리새인들과 사두개인들은 서로 상이한 입장을 취하고 있었습니다. 바리새인들은 인간의 사후의 생명을 인정했으며, 천사의 존재도 인정하였고, 육신의 부활이 있음도 믿었습니다. 그런데 사두개인들은 바리새인들이 주장하는 이러한 것들을 모두 부인했습니다.

이와 같이 바리새인들과 사두개인들은 서로 신분과 주장하는 것이 달랐지만 그리스도인들을 박해할 때는 하나가 되었습니다. 그러나 바울이 제시한 부활에 대한 교리 문제로 그들은 충돌하고 말았습니다.

9절 크게 떠들새 바리새인 편에서 몇 서기관이 일어나 다투어 이르되 우리가 이 사람을 보니 악한 것이 없도다 혹 영이나 혹 천사가 그에게 말하였으면 어찌 하겠느냐 하여

산헤드린 공의회가 열렸던 원래의 목적은 바울을 심문하기 위해서였지만 바울의 말 한 마디로 공회원인 바리새인과 사두개인 사이에 큰 논쟁이 일어났습니다. 그들은 공의회가 소집된 원래의 목적을 잊고 서로 자신들의 교리를 주장하기에 급급했습니다.

바울이 지금 심문을 받는 이유가 인간의 사후 문제, 즉 육신의 부활 문제 때문이라는 것은 바리새인들에게 충격을 주었습니다. 그것은 바울의 말이 자기들의 주장과 일치하였기 때문입니다. 이제 바리새인들의 적은 바울이 아니라 그들의 교리를 비방하는 사두개인들이 되었습니다. 심지어 바리새인들 중 몇몇 서기관들은 바울에게서 아무런 잘못을 찾을 수 없다고까지 하였습니다. 뿐만 아니라 바울의 말이 그 배후에 있는 영이나 천사의 역사일 수도 있다고 논박하였습니다.

바리새인들이 영의 존재를 부인하는 사두개인들을 노골적으로 공격한 것은 자신들이 주장하는 교리를 옹호하기 위한 것이었지만, 결과적으로는 바울에게 유리한 증언이 되었습니다.

여기서 우리는 바울을 심문하기 위하여 모인 바리새인들을 통하여 바울을 돕는 하나님의 놀라운 역사를 볼 수 있습니다. 하나님의 백성들은 언제, 어디서, 어떠한 문제에 봉착하더라도 하나님의 말씀 안에 거하기만 하면 하나님의 보호의 손길이 어떤 방법을 통해서라도 다가온다는 것을 알 수 있습니다.

사두개인과 바리새인 사이에 오랜 세월 동안 쌓여 있었던 감정이 다시

무섭게 폭발하기 시작했습니다. 그리고 이로 인하여 그들이 힘을 합하여 바울을 올무에 넣으려던 본래의 계획은 물거품처럼 사라질 수밖에 없게 되었습니다.

10절 큰 분쟁이 생기니 천부장은 바울이 그들에게 찢겨질까 하여 군인을 명하여 내려가 무리 가운데서 빼앗아 가지고 영내로 들어가라 하니라

사두개인들은 바리새인들과 격렬하게 논쟁하였습니다. 그리고 바울에게 달려들어 폭력을 휘두르려고 했습니다. 이것을 본 천부장은 급히 군사들에게 위급한 상태에 빠진 바울을 구해 오라는 명령을 내렸습니다.

원래 바울을 심문하기 위하여 데려오게 했던 장본인은 다름 아닌 천부장이었습니다. 그런데 하나님께서는 이런 천부장의 마음을 움직이셔서 바울이 자신의 사명을 다하기까지 철저히 그 생명을 보호해 주셨습니다. 하나님께서 허락하신 때가 이르지 아니하면 아무도 그 생명을 해칠 수 없는 것입니다.

2. 주님의 위로와 새로운 사명(23:11)

11. 그날 밤에 주께서 바울 곁에 서서 이르시되 담대하라 네가 예루살

렘에서 나의 일을 증언한 것같이 로마에서도 증언하여야 하리라 하시니라

11절 그날 밤에 주께서 바울 곁에 서서 이르시되 담대하라 네가 예루살렘에서 나의 일을 증언한 것같이 로마에서도 증언하여야 하리라 하시니라

바울은 예루살렘을 방문한 후 심한 박해로 인하여 '로마에 가서 전도하지 못하고 예루살렘에서 죽게 될지도 모른다!' 는 두려움에 사로잡혀 있었습니다.

그런데 이 극한 상황 중에 주님께서 바울에게 친히 나타나셨습니다. 주님께서는 바울에게 담대하라고 말씀하시고 예루살렘에서 복음 전파를 한 것같이 앞으로 로마에서도 복음을 전하여야 한다는 중차대한 사명을 인식시키셨습니다. 이 말씀은 바울에게는 앞으로 감당해야 할 중요한 사역들이 많이 남아 있으며 바울이 그 일들을 이루도록 하나님께서 그의 신변을 지켜 주시겠다는 뜻을 보여 주신 것입니다.

3. 바울을 죽이려는 유대인들의 음모(23:12-22)

12. 날이 새매 유대인들이 당을 지어 맹세하되 바울을 죽이기 전에는
먹지도 아니하고 마시지도 아니하겠다 하고 13. 이같이 동맹한 자가
사십여 명이더라 14. 대제사장들과 장로들에게 가서 말하되 우리가
바울을 죽이기 전에는 아무것도 먹지 않기로 굳게 맹세하였으니 15.
이제 너희는 그의 사실을 더 자세히 물어보려는 척하면서 공회와 함
께 천부장에게 청하여 바울을 너희에게로 데리고 내려오게 하라 우
리는 그가 가까이 오기 전에 죽이기로 준비하였노라 하더니 16. 바
울의 생질이 그들이 매복하여 있다 함을 듣고 와서 영내에 들어가 바
울에게 알린지라 17. 바울이 한 백부장을 청하여 이르되 이 청년을
천부장에게로 인도하라 그에게 무슨 할 말이 있다 하니 18. 천부장
에게로 데리고 가서 이르되 죄수 바울이 나를 불러 이 청년이 당신께
할 말이 있다 하여 데리고 가기를 청하더이다 하매 19. 천부장이 그
의 손을 잡고 물러가서 조용히 묻되 내게 할 말이 무엇이냐 20. 대답
하되 유대인들이 공모하기를 그들이 바울에 대하여 더 자세한 것을
묻기 위함이라 하고 내일 그를 데리고 공회로 내려오기를 당신께 청
하자 하였으니 21. 당신은 그들의 청함을 따르지 마옵소서 그들 중
에서 바울을 죽이기 전에는 먹지도 않고 마시지도 않기로 맹세한 자
사십여 명이 그를 죽이려고 숨어서 지금 다 준비하고 당신의 허락만
기다리나이다 하니 22. 이에 천부장이 청년을 보내며 경계하되 이
일을 내게 알렸다고 아무에게도 이르지 말라 하고

12-15절 날이 새매 유대인들이 당을 지어 맹세하되 바울을 죽이기 전에는 먹지도 아니하고 마시지도 아니하겠다 하고 이같이 동맹한 자가 사십여 명이더라 대제사장들과 장로들에게 가서 말하되 우리가 바울을 죽이기 전에는 아무것도 먹지 않기로 굳게 맹세하였으니 이제 너희는 그의 사실을 더 자세히 물어보려는 척하면서 공회와 함께 천부장에게 청하여 바울을 너희에게로 데리고 내려오게 하라 우리는 그가 가까이 오기 전에 죽이기로 준비하였노라 하더니

유대인들은 산헤드린 공회에서 바리새인들과 사두개인들이 심하게 다툼으로 인하여 바울에 대한 재판이 자신들의 뜻대로 진행되지 못하자 다시금 바울을 해칠 계획을 세웠습니다. 그리고 그들은 당을 지어 바울을 죽이기 전에는 아무것도 먹지 않기로 맹세하였습니다.

유대인들은 예루살렘의 거리에 숨어 있다가 바울을 죽이기로 음모를 꾸몄습니다. 그들은 우선 바울을 요새 밖으로 끌어내기 위하여 천부장에게 바울을 다시 산헤드린 공회로 데려올 수 있도록 승낙을 받기로 했습니다. 그들은 바울을 성전의 북쪽에 있는 안토니아 요새에서 성전의 남서쪽에 있는 산헤드린 공회로 데리고 가는 도중에 죽이려는 음모를 꾸민 것입니다.

16절 바울의 생질이 그들이 매복하여 있다 함을 듣고 와서 영내에 들어가 바울에게 알린지라

유대인들은 바울을 죽이기 위하여 철저하게 계획을 세웠지만 하나님의 계획을 능가할 수는 없었습니다. 하나님께서는 위기에 처한 바울에

게 피할 길을 예비해 주셨습니다. 유대인들이 비밀을 지키며 은밀하게 계획한 암살 음모가 바로 바울의 생질에게 알려진 것입니다.

그때 바울은 안토니아 요새에서 보호 감금 상태에 있었기 때문에 자신을 찾아오는 방문객들을 아무 제재 없이 만날 수 있었습니다. 바울의 생질은 생명을 걸고 영내에 들어가 바울에게 유대인들이 세운 암살 계획을 전했습니다. 우리는 바울의 생질에 대해서 또 그가 어떻게 바울의 살해 음모를 알게 되었는가에 대해서 알 수 없습니다. 다만 한 가지 분명한 것은 하나님께서 그를 통하여 그 일을 이루셨다는 사실입니다.

17절 바울이 한 백부장을 청하여 이르되 이 청년을 천부장에게로 인도하라 그에게 무슨 할 말이 있다 하니

바울은 생질의 말을 듣고 사태의 시급함을 절감하였습니다. 그리고 자신의 목숨을 노리는 자들의 계략을 천부장에게 알려야 한다고 판단하였습니다. 그래서 바울은 황급히 백부장을 불러서 자신의 생질을 천부장에게 데리고 가도록 부탁했습니다. 당시 바울은 여러 명의 백부장들 가운데 한 사람으로부터 감시를 받고 있었습니다. 그러므로 바울의 생질이 바울의 부탁대로 백부장의 인도를 받아 천부장을 만나는 것은 어려운 일이 아니었습니다.

18절 천부장에게로 데리고 가서 이르되 죄수 바울이 나를 불러 이 청년이 당신께 할 말이 있다 하여 데리고 가기를 청하더이다 하매

바울의 부탁을 받은 백부장이 바울의 생질을 천부장에게로 데리고 갔습니다. 그리고 백부장은 바울의 요구 사항을 천부장에게 정확하게 전하

였습니다.

19절 천부장이 그의 손을 잡고 물러가서 조용히 묻되 내게 할 말이 무엇이냐

천부장은 청년의 태도로 보아 심상치 않은 일이 있는 것으로 생각하여 그를 안심시키기 위해 친절하게 손을 잡고 은밀한 곳으로 데리고 갔습니다. 주위에 아무도 없음을 확인한 천부장은 그 청년에게 "내게 할 말이 무엇이냐" 고 물었습니다.

20절 대답하되 유대인들이 공모하기를 그들이 바울에 대하여 더 자세한 것을 묻기 위함이라 하고 내일 그를 데리고 공회로 내려오기를 당신께 청하자 하였으니

합리적인 이유를 들어 바울을 데려가려던 유대인들의 음모가 바울의 생질에 의해서 드러났습니다. 여기서 우리가 분명히 알 수 있는 것은 사람이 아무리 빈틈없이 계획을 세우더라도 하나님의 허락 없이는 이룰 수 없다는 것입니다.

오늘날에도 바울처럼 누명을 쓰고 어려움을 당하는 성도들이 있습니다. 그러나 이러한 억울한 사정들이 하나님께서 우리에게 주시는 연단이 아닌 이상 우리는 두려워할 필요가 없습니다. 하나님께서는 분명히 우리의 어려운 사정과 고난을 방치해 두지 않으시고 우리를 악에서 건져 주시기 때문입니다.

21절 당신은 그들의 청함을 따르지 마옵소서 그들 중에서 바울을 죽

이기 전에는 먹지도 않고 마시지도 않기로 맹세한 자 사십여 명이 그를 죽이려고 숨어서 지금 다 준비하고 당신의 허락만 기다리나이다 하니

바울의 생질은 40여 명의 유대인들로 구성된 결사대가 금식까지 하며 바울을 죽이려 한다고 천부장에게 알리고 천부장으로 하여금 그들의 말을 듣지 말도록 종용하였습니다.

사람이 발걸음을 옮길지라도 목적지에 도달하게 하시는 분은 하나님이십니다. 그러므로 성경은 "네 길을 야훼께 맡기라 그를 의지하면 그가 이루시고"(시 37:5)라고 말씀하였습니다. 사람이 아무리 지혜를 써서 완벽한 계획을 세울지라도 하나님께서 허락하지 아니하시면 그 일은 이루어지지 않습니다. 이제 바울이 처한 위기를 면하게 하시는 하나님의 보호하심이 사람을 통하여 나타나는 것을 볼 수 있습니다.

22절 이에 천부장이 청년을 보내며 경계하되 이 일을 내게 알렸다고 아무에게도 이르지 말라 하고

천부장은 청년의 말을 있는 그대로 받아들였습니다. 이는 곧 천부장이 대제사장 아나니아의 악함을 이미 알고 있었음을 시사해 줍니다. 천부장은 단순히 사태의 전모를 아는 것에 그치지 않고 바울의 신변을 염려하여 그 청년에게 조심할 것을 당부했습니다. 천부장이 처음 보는 청년에게 이처럼 신뢰감을 갖는 것은 천부장의 마음을 하나님께서 움직이고 계셨기 때문입니다.

4. 가이사랴로 호송되는 바울(23:23-35)

23. 백부장 둘을 불러 이르되 밤 제삼 시에 가이사랴까지 갈 보병 이백 명과 기병 칠십 명과 창병 이백 명을 준비하라 하고 24. 또 바울을 태워 총독 벨릭스에게로 무사히 보내기 위하여 짐승을 준비하라 명하며 25. 또 이 아래와 같이 편지하니 일렀으되 26. 글라우디오 루시아는 총독 벨릭스 각하께 문안하나이다 27. 이 사람이 유대인들에게 잡혀 죽게 된 것을 내가 로마 사람인 줄 들어 알고 군대를 거느리고 가서 구원하여다가 28. 유대인들이 무슨 일로 그를 고발하는지 알고자 하여 그들의 공회로 데리고 내려갔더니 29. 고발하는 것이 그들의 율법 문제에 관한 것뿐이요 한 가지도 죽이거나 결박할 사유가 없음을 발견하였나이다 30. 그러나 이 사람을 해하려는 간계가 있다고 누가 내게 알려 주기로 곧 당신께로 보내며 또 고발하는 사람들도 당신 앞에서 그에 대하여 말하라 하였나이다 하였더라 31. 보병이 명을 받은 대로 밤에 바울을 데리고 안디바드리에 이르러 32. 이튿날 기병으로 바울을 호송하게 하고 영내로 돌아가니라 33. 그들이 가이사랴에 들어가서 편지를 총독에게 드리고 바울을 그 앞에 세우니 34. 총독이 읽고 바울더러 어느 영지 사람이냐 물어 길리기아 사람인 줄 알고 35. 이르되 너를 고발하는 사람들이 오거든 네 말을 들으리라 하고 헤롯 궁에 그를 지키라 명하니라

23-24절 백부장 둘을 불러 이르되 밤 제삼 시에 가이사랴까지 갈 보병 이백 명과 기병 칠십 명과 창병 이백 명을 준비하라 하고 또

바울을 태워 총독 벨릭스에게로 무사히 보내기 위하여 짐승을 준비하라 명하며

천부장은 위기에 처한 바울을 구하기 위하여 전력을 다했습니다. 로마 시민인 바울을 위험에서 보호하는 것은 천부장의 의무이기도 하였습니다.

천부장은 바울의 안전을 위하여 그를 가이사랴에 있는 유대 지방의 총독 벨릭스에게 보내기로 마음먹고 은밀히 백부장 두 명을 불러 바울을 호송할 군사들을 준비하라고 명령하였습니다. 이때 천부장은 바울을 보호하기 위하여 보병 이백 명과 기병 칠십 명, 창병 이백 명을 동원시켰는데 이 숫자는 그가 보유한 병력의 절반이나 되는 숫자였습니다. 이와 같이 천부장은 바울의 생명을 지키기 위하여 각별한 배려를 하였습니다.

천부장이 두 백부장에게 내린 두 번째 명령은 바울을 안전하게 태우고 갈 짐승을 준비하라는 것이었습니다. 바울을 예루살렘에서 가이사랴까지 신속하게 이송시켜야 했기 때문입니다.

이와 같은 바울에 대한 배려는 하나님의 특별하신 섭리로 이루어진 것입니다. 인간적인 관점에서 볼 때 천부장이 바울을 위해 그러한 도움을 줄 하등의 이유가 없기 때문입니다.

25절 또 이 아래와 같이 편지하니 일렀으되

천부장은 바울의 신변을 보호할 호송 부대와 바울이 탈 짐승을 내주었을 뿐만 아니라 로마 총독에게 전할 편지도 써서 보냈습니다. 당시 로마법에 의하면 사건을 보고할 때에는 상관에게 반드시 진술서를 보내게 되어 있었습니다. 그러므로 천부장도 바울을 총독에게로 보내는 과정 중

필요한 절차에 맞추어 편지를 쓴 것입니다. 그런데 그의 편지는 단순히 사건의 내용을 보고하는 것이 아니라 바울의 신변의 안전에 대해서 배려하고 있는 내용을 담고 있었습니다.

26절 글라우디오 루시아는 총독 벨릭스 각하께 문안하나이다

글라우디오 루시아는 바울에게 호의를 베풀었던 천부장의 이름입니다. 그는 자유민으로 태어나 로마 군대의 제일 밑에서부터 시작하여 천부장의 지위에까지 오른 사람입니다. 그는 편지에서 총독 벨릭스에게 '각하' 라는 존칭어로 호칭하면서 정중하게 문안하였습니다.

27절 이 사람이 유대인들에게 잡혀 죽게 된 것을 내가 로마 사람인 줄 들어 알고 군대를 거느리고 가서 구원하여다가

천부장은 총독 벨릭스에게 바울을 보내는 경위를 간결하게 기록했습니다. 그런데 여기에서 그가 바울을 보호하고 살려 준 이유가 드러나고 있습니다. 천부장이 바울을 보호한 것은 예수 그리스도 때문이 아니라 바울이 로마의 시민이었기 때문이었습니다. 또한 천부장은 자신이 바울을 채찍질하도록 명령했던(22:24) 사실을 편지에 밝히지 않았습니다. 이것으로 보아 바울이 결과적으로는 천부장의 손길을 통하여 보호를 받았지만 그것은 천부장이 자신의 안전을 위하여 의도적으로 행한 것임을 알 수 있습니다.

천부장은 총독 벨릭스에게 보내는 편지에서 자기는 유대인들에게 위협당하는 로마 사람의 신변의 안전을 위하여 최선을 다했음을 자세히 기록하고 있습니다. 여기에는 천부장 자신의 공로를 드러내고자 하는 의도가 다분히 담겨 있습니다.

28절 유대인들이 무슨 일로 그를 고발하는지 알고자 하여 그들의 공회로 데리고 내려갔더니

천부장은 바울이 로마 시민이기 때문에 그를 죽이고자 하는 유대인들로부터 구해 주었다는 점을 강조한 후 사건의 원인을 조사하기 위하여 그와 공회까지 동행한 경위를 설명하고 있습니다.

29절 고발하는 것이 그들의 율법 문제에 관한 것뿐이요 한 가지도 죽이거나 결박할 사유가 없음을 발견하였나이다

천부장은 로마 총독의 의중을 잘 알고 있었습니다. 로마 총독은 유대의 율법에는 전혀 관심이 없고 식민지 백성인 유대인들이 로마에 대하여 정치적인 반기를 들거나 로마 정부의 억압에 반발하여 폭동을 일으키는 일에 대하여만 관심이 있었습니다. 그러므로 천부장은 바울이 고발당한 이유가 로마의 법에 저촉되어서가 아니라 다만 유대인들의 율법에 관한 문제라는 것과 바울에게는 로마에 대하여 아무런 죄가 없다는 사실을 밝혔습니다. 천부장이 총독에게 보낸 편지에서 중요한 점은 바로 여기에 있습니다. 즉, 천부장은 로마법에 의해서 바울을 죽이거나 결박할 만한 아무런 근거가 없음을 로마 총독에게 확인시켜 준 것입니다.

30절 그러나 이 사람을 해하려는 간계가 있다고 누가 내게 알려 주기로 곧 당신께로 보내며 또 고발하는 사람들도 당신 앞에서 그에 대하여 말하라 하였나이다 하였더라

마지막으로 천부장은 바울을 죽이려는 유대인들의 음모에 대하여 말하고 있습니다. 천부장은 로마법에 저촉되는 잘못이 없는 로마 시민을 유대인들이 죽이려 하므로 그를 보호하기 위하여 총독에게로 보낸다고 하였습니다. 이와 같은 천부장의 보고 내용에는 총독의 환심을 사려는 의도가 명백히 드러나 있습니다. 그럼에도 불구하고 천부장의 조처로 인해 결과적으로는 바울의 생명은 안전하게 보호받게 되었습니다.

31-32절 보병이 명을 받은 대로 밤에 바울을 데리고 안디바드리에 이르러 이튿날 기병으로 바울을 호송하게 하고 영내로 돌아가니라

바울을 호송했던 군사들 중 보병은 바울을 보호하여 안디바드리에 이르렀습니다. '안디바드리' 는 예루살렘으로부터 약 56km, 그리고 가이사랴로부터는 약 40km 떨어진 곳에 위치한 도시였습니다. 안디바드리에 이른 호위 군대는 유대인들이 바울을 해칠 수 없는 안전한 곳까지 왔다고 판단하였습니다. 그래서 보병은 그곳에서 예루살렘의 안토니아 요새로 되돌아가고 기병이 남은 거리의 호송을 맡았습니다.

이와 같이 바울을 로마 총독에게로 호송하는 일은 처음부터 끝까지 바울의 신변 안전이 철저히 보장된 가운데 이루어졌습니다.

33-34절 그들이 가이사랴에 들어가서 편지를 총독에게 드리고 바울을 그 앞에 세우니 총독이 읽고 바울더러 어느 영지 사람이냐 물어 길리기아 사람인 줄 알고

가이사랴에 도착한 군사들은 벨릭스 총독에게 천부장의 편지를 전달

하고 바울을 그 앞에 세웠습니다. 이제 바울은 총독에게 직접 재판을 받게 된 것입니다.

천부장의 편지를 읽은 총독은 바울에게 어느 영지 사람이냐고 질문하였습니다. 이것은 죄인이 어느 관할 구역에 속한 사람인가를 확인하여 그 소속된 영지에서 재판을 받게 하기 위한 것이었습니다. 총독의 질문에 바울은 자신이 로마의 영지인 길리기아 사람이라고 대답하였습니다.

35절 이르되 너를 고발하는 사람들이 오거든 네 말을 들으리라 하고 헤롯 궁에 그를 지키라 명하니라

길리기아는 로마의 직접 통치 구역이었으므로 바울의 재판은 벨릭스 총독이 직접 담당하여야 했습니다. 벨릭스는 바울을 송사한 사람들이 도착한 후에 사건을 심리하고자 하였습니다.

한편으로 총독은 천부장 루시아의 편지를 그대로 인정하였습니다. 그는 바울이 로마 당국에 대해서는 잘못이 없다는 것과 로마 시민인 바울이 율법 문제로 인하여 유대인들에게 쫓기고 있다는 사실을 인정했습니다. 그래서 그는 바울을 헤롯 궁에 감금하여 보호하였습니다.

헤롯 궁은 헤롯 대왕이 자신의 세도를 과시하기 위해 가이사랴에 크게 지은 궁전으로 그 당시에는 로마 총독의 관저 및 본영으로 사용되고 있었습니다.

제 24 장

벨릭스 총독 앞에서의 바울

유대인들의 고소	24:1-9
벨릭스 앞에서 자신을 변호하는 바울	24:10-21
심의를 연기하는 벨릭스	24:22-23
벨릭스와의 면담	24:24-27

A COMMENTARY ON
THE ACTS OF THE
APOSTLES Ⅱ

대제사장 아나니아가 장로들과 변호사 더둘로와 함께 바울을 고소하기 위해 가이사랴에 왔습니다.

더둘로는 총독 벨릭스 앞에서 아나니아의 사주를 받아 날조된 사실을 주장하였습니다. 그러나 바울은 그 날조된 발언에 대해 사실을 변호하였습니다. 그리고 자신의 안전을 도모하기보다는 복음을 변증하는 데 여념이 없었습니다.

총독 벨릭스도 바울의 변증과 바울이 전하는 복음이 마음에 와 닿았으나 유대인들의 환심을 사기 위하여 바울을 구류 상태로 방치해 두었습니다.

1. 유대인들의 고소(24:1-9)

1. 닷새 후에 대제사장 아나니아가 어떤 장로들과 한 변호사 더둘로
와 함께 내려와서 총독 앞에서 바울을 고발하니라 2. 바울을 부르매
더둘로가 고발하여 이르되 3. 벨릭스 각하여 우리가 당신을 힘입어
태평을 누리고 또 이 민족이 당신의 선견으로 말미암아 여러 가지로
개선된 것을 우리가 어느 모양으로나 어느 곳에서나 크게 감사하나
이다 4. 당신을 더 괴롭게 아니하려 하여 우리가 대강 여짜옵나니 관
용하여 들으시기를 원하나이다 5. 우리가 보니 이 사람은 전염병 같
은 자라 천하에 흩어진 유대인을 다 소요하게 하는 자요 나사렛 이단
의 우두머리라 6. 그가 또 성전을 더럽게 하려 하므로 우리가 잡았
사오니 (6하반-8상반 없음) 8. 당신이 친히 그를 심문하시면 우리가
고발하는 이 모든 일을 아실 수 있나이다 하니 9. 유대인들도 이에
참가하여 이 말이 옳다 주장하니라

1절 닷새 후에 대제사장 아나니아가 어떤 장로들과 한 변호사 더둘

로와 함께 내려와서 총독 앞에서 바울을 고발하니라

닷새 후에 대제사장 아나니아는 가이사랴로 내려왔습니다. 바울로부터 회칠한 담이라고 공격을 받았던 그는 이번에는 기어코 바울을 고소하여 정죄하겠다고 작정하고 치밀한 준비를 하고서 달려왔습니다. 아나니아는 바울을 미워하는 장로들과 직업적인 변호사 더둘로를 대동하여 총독에게 와서 바울을 고발하였습니다. 그 변호사로 하여금 바울의 증언을 불리한 방향으로 이끌어 바울의 변론을 묵살시키기 위하여 이같이 한 것이었습니다. 이것만 보아도 그들이 바울을 괴롭히기 위해 얼마나 조직적이고 치밀한 계획을 세웠는가를 알 수 있습니다.

대제사장 아나니아와 함께 온 변호사 더둘로는 헬라파 유대인이었습니다. 더둘로는 언변에 탁월한 재능이 있을 뿐만 아니라 유대교에 충성했기 때문에 아나니아의 눈에는 그가 바울을 송사하는 데 적격자로 보였을 것입니다.

2절 바울을 부르매 더둘로가 고발하여 이르되

아나니아가 세운 직업적인 변호사 더둘로는 바울을 송사하기 위해 의기양양하게 바울 앞에 섰습니다. 그는 달변가였으나 성품은 사악하고 간사하였으며 자기의 유익을 위해서는 어떤 거짓말도 꾸며 댈 수 있는 사람이었습니다. 아나니아는 자기의 성품을 닮은 사람 중에서 언변에 능한 더둘로를 세워 자기를 대변하여 바울을 궁지로 몰아넣으려 한 것입니다.

3절 벨릭스 각하여 우리가 당신을 힘입어 태평을 누리고 또 이 민족이 당신의 선견으로 말미암아 여러 가지로 개선된 것을 우리가

어느 모양으로나 어느 곳에서나 크게 감사하나이다

더둘로는 아나니아의 사주를 받아 벨릭스 총독에게 최고의 아첨의 말을 늘어놓았습니다. 간사한 무리는 인간의 욕망을 충족시켜 줄 수 있는 언어를 구사하기 마련입니다. 더둘로는 지금 유대가 누리고 있는 장기간의 평화와 여러 가지 개선된 것들은 모두 다 벨릭스 총독의 선정(善政)으로 이루어진 것이라고 아첨하며 바울의 송사를 시작하였습니다.

식민 치하에서의 유대 민족이 치리자로 인하여 태평을 누린다는 것은 어불성설입니다. 그 당시의 상황은 과중한 세금과 착취가 극에 달하여 민중의 항의의 목소리는 높아만 갔습니다. 벨릭스가 한 일은 단지 그 당시 횡행했던 강도와 폭도들의 소요 사태를 진압한 것뿐이었습니다. 더욱이 그는 이러한 일들을 무력으로 잔인하게 처리함으로써 오히려 유대인들로부터 더 큰 반감을 사기도 했습니다. 그 당시가 태평성대가 아니라는 것은 삼척동자도 다 아는 사실이었습니다. 그런데 누구나 다 알 수 있는 거짓말을 더둘로는 바울을 송사하기 위한 수단으로 사용하였습니다.

4절 당신을 더 괴롭게 아니하려 하여 우리가 대강 여짜옵나니 관용하여 들으시기를 원하나이다

더둘로는 자신이 아첨으로 한 찬사를 듣고 총독의 마음이 자신에게로 쏠렸다고 판단하고는 말의 방향을 바꾸었습니다.

당시의 송사는 관례상 아주 간결하게 해야 했습니다. 그러나 이 관례는 잘 지켜지지 않는 경우도 있었습니다. 더둘로의 송사가 이 경우에 해당되었습니다.

5절 우리가 보니 이 사람은 전염병 같은 자라 천하에 흩어진 유대인을 다 소요하게 하는 자요 나사렛 이단의 우두머리라

도에 지나친 아첨의 말로 총독을 치켜세운 후 더둘로는 이제 바울에 대한 고소와 비난을 하기 시작했습니다.

'나사렛 이단' 이라는 말은 예수님과 예수님을 따르는 무리를 가리키는 것입니다. 더둘로는 바울을 가리켜 '나사렛 이단의 우두머리' 로서 백성을 미혹시키는 이론을 가지고 백성을 선동하여 소요를 일으키는 '전염병 같은 자' 라고 했습니다. 전염병은 삽시간에 퍼져서 사람들의 생명을 빼앗아 가는 치명적인 병입니다. 그런데 더둘로는 바울이 전하는 이단사설의 말로 인하여 온 유대는 마치 전염병이 퍼진 것같이 소요가 일어나게 되었고 폭동을 일으킬 위험으로 가득 차 있다고 했습니다. 이것은 다른 어떤 말보다도 바울을 강력하게 비난하는 말입니다. 그는 바울이 사람들에게 얼마나 나쁜 영향을 끼치는 인물인가에 대하여 결론부터 말한 것입니다. 벨릭스는 유대인들이 아무리 정당한 이유를 가지고 나와도 그들에게 귀를 기울이지 않았습니다. 오히려 정당한 항의나 건설적인 제의를 모두 로마에 반역하는 소요 사건이나 폭동 사건으로 처리하여 그들을 로마에 대항하는 세력으로 몰아붙여 잔인하게 죽였습니다. 더둘로는 이와 같은 벨릭스 총독의 특성을 알고 그것을 이용하였습니다. 더둘로가 바울을 '전염병' 이라고 한 것은 바울이 대중들을 선동하는 힘이 마치 전염병과 같이 퍼져 나갔기 때문입니다. 이러므로 더 퍼지기 전에 바울을 죽여 없애는 것이 로마의 평화를 유지하는 최선의 길이라고 말하고자 했던 것입니다.

6-8절 그가 또 성전을 더럽게 하려 하므로 우리가 잡았사오니 (6하반-8상반 없음) 당신이 친히 그를 심문하시면 우리가 고발하는 이 모든 일을 아실 수 있나이다 하니

더둘로는 이제 성전 모독죄를 적용하여 바울을 고소하였습니다. 성전 모독죄는 유대교 법정에서는 가장 큰 죄목으로 취급될 수 있었으나 지금 이곳은 로마 법정이기 때문에 더둘로는 간략하게 언급하고 있습니다.

성전 모독죄는 앞에서 말한 두 가지 죄목보다는 좀 더 구체적인 것이라 할 수 있습니다. 그러나 바울이 성전을 더럽혔다는 것을 법정에서 증명하기란 사실상 어려운 일이었습니다. 여기에서 더둘로가 말하고자 하는 목적은 바울을 체포하여 그러한 일을 하지 못하게 하는 데에 있었습니다. 더둘로는 날조된 바울의 죄상을 그의 달변을 통해서 논리 정연하게 나열했습니다.

"당신이 친히 그를 심문하시면 우리가 고발하는 이 모든 일을 아실 수 있나이다". 더둘로는 벨릭스 총독이 바울을 친히 심문하면 지금 자기가 하는 말이 사실임이 명백히 드러날 것이라고 말했습니다. 이와 같이 더둘로가 자신의 송사 내용에 바울이 순순히 시인할 것이라 공공연하게 말하는 것을 보아, 더둘로는 궤변을 늘어놓는 데 있어 자신감을 얻고 있다는 것을 알 수 있습니다.

더둘로는 마땅히 예루살렘에서 죽었어야 할 바울이 가이사랴까지 오게 되었지만 이제야말로 자신들의 입장이 반영된 재판을 함으로써 바울에게 죄목을 덮어씌울 수 있을 것이라고 자신만만해했던 것입니다.

9절 유대인들도 이에 참가하여 이 말이 옳다 주장하니라

더둘로의 천부적인 언변과 대중을 움직이는 기술로 인하여 유대인들은 그의 말이 모두 옳다고 동조하기에 이르렀습니다. 그러나 많은 군중들이 동조한다고 해서 그것이 곧 진리가 될 수는 없습니다. 인간의 이성과 감정은 진리와 상관없이 환경과 상황에 따라 언제든지 바뀔 수 있기 때문입니다.

사람들 중에는 진리가 선포되면 이를 수용하고 수긍하는 자들이 있는가 하면, 진리에 대하여 반발하며 포악해지고 난폭해지는 자들이 있습니다. 심지어는 환경이나 상황에 따라 태도를 바꾸는 자들도 있습니다. 그 좋은 실례로 예수님을 따르던 무리들을 들 수 있습니다. 예수님께서는 언제나 진리를 말씀하시고 가르치셨습니다. 그러나 그 가르침을 받았던 무리들은 예수님께 받은 은혜를 망각한 채 결국 폭도로 변해 예수님을 십자가에 못 박는 일에 앞장섰습니다. 본 절에서 언급하고 있는 유대인들은 바로 그러한 무리들과 다를 바가 없습니다.

2. 벨릭스 앞에서 자신을 변호하는 바울 (24:10-21)

10. 총독이 바울에게 머리로 표시하여 말하라 하니 그가 대답하되 당신이 여러 해 전부터 이 민족의 재판장 된 것을 내가 알고 내 사건에

대하여 기꺼이 변명하나이다 11. 당신이 아실 수 있는 바와 같이 내
가 예루살렘에 예배하러 올라간 지 열이틀밖에 안 되었고 12. 그들
은 내가 성전에서 누구와 변론하는 것이나 회당 또는 시중에서 무리
를 소동하게 하는 것을 보지 못하였으니 13. 이제 나를 고발하는 모
든 일에 대하여 그들이 능히 당신 앞에 내세울 것이 없나이다 14. 그
러나 이것을 당신께 고백하리이다 나는 그들이 이단이라 하는 도를
따라 조상의 하나님을 섬기고 율법과 선지자들의 글에 기록된 것을
다 믿으며 15. 그들이 기다리는바 하나님께 향한 소망을 나도 가졌
으니 곧 의인과 악인의 부활이 있으리라 함이니이다 16. 이것으로
말미암아 나도 하나님과 사람에 대하여 항상 양심에 거리낌이 없기
를 힘쓰나이다 17. 여러 해 만에 내가 내 민족을 구제할 것과 제물을
가지고 와서 18. 드리는 중에 내가 결례를 행하였고 모임도 없고 소
동도 없이 성전에 있는 것을 그들이 보았나이다 그러나 아시아로부
터 온 어떤 유대인들이 있었으니 19. 그들이 만일 나를 반대할 사건
이 있으면 마땅히 당신 앞에 와서 고발하였을 것이요 20. 그렇지 않
으면 이 사람들이 내가 공회 앞에 섰을 때에 무슨 옳지 않은 것을 보
았는가 말하라 하소서 21. 오직 내가 그들 가운데 서서 외치기를 내
가 죽은 자의 부활에 대하여 오늘 너희 앞에 심문을 받는다고 한 이
한 소리만 있을 따름이니이다 하니

10절 총독이 바울에게 머리로 표시하여 말하라 하니 그가 대답하되 당신이 여러 해 전부터 이 민족의 재판장 된 것을 내가 알고 내 사건에 대하여 기꺼이 변명하나이다

더둘로의 날조된 발언이 있은 후 벨릭스 총독은 바울에게 변호를 시작하라는 신호를 했습니다. 이에 더둘로가 그러했듯이 바울도 총독을 칭

송하는 말로 변론을 시작했습니다. 그러나 바울은 보다 간단하고 사실적인 진술만을 하였습니다. 바울은 벨릭스 총독이 유대에서 여러 해 동안 임직하였다는 사실에 대해 언급했습니다. 이처럼 바울이 총독의 부임 기간을 언급한 것은 그가 오랫동안 유대에 머물러 있었으므로 자신이 처한 형편을 잘 이해할 수 있을 것이라고 생각하였기 때문입니다. 또한 여기에는 더둘로의 날조된 송사에 휘말려 들어가지 말라는 의미도 내포되어 있습니다. 그리고 바울은 유대의 사정을 잘 아는 총독이 재판관이 되어 진실을 밝힐 수 있게 되었기 때문에 기꺼이 변명한다고 하였습니다.

오직 진실만을 밝혀 달라는 바울의 당당함은 하나님의 일꾼으로서의 의연한 모습을 보여 줍니다. 바울의 이러한 모습은 그리스도인들이 본받아야 할 태도입니다. 이러한 마음의 자세로 임할 때 하나님의 도우심의 손길은 항상 우리의 주위에서 떠나지 않을 것입니다.

11절 당신이 아실 수 있는 바와 같이 내가 예루살렘에 예배하러 올라간 지 열이틀밖에 안 되었고

바울은 총독의 지식과 경험에 호소하기 시작했습니다. 이는 총독이 여러 해 동안 유대에 머물러 있었으므로 그곳의 사정을 잘 알고 있을 것이라고 여겼기 때문입니다. 바울은 오랫동안 예루살렘을 떠나 있다가 절기를 지키기 위하여 예루살렘에 올라온 지 불과 열이틀밖에 되지 않았음을 밝혔습니다. 바울이 이처럼 자신이 예루살렘에 체류한 기간을 강조한 이유는 그 짧은 기간 동안 로마 당국에 대한 반역을 도모하고 군중을 선동한다는 것이 도저히 불가능한 일이라는 사실을 일깨우기 위함이었습니다.

12절 그들은 내가 성전에서 누구와 변론하는 것이나 회당 또는 시중에서 무리를 소동하게 하는 것을 보지 못하였으니

바울은 고소인들 중에 누구도 자신이 성전에서 누군가와 변론하는 것이나 또는 시중에서 사람들을 모아서 선동하는 것을 본 사람이 없다고 하였습니다. 즉, 그들이 자신을 고소한 내용이 모두 날조된 거짓이라고 말한 것입니다.

이와 같이 바울의 논리적인 변론은 간결하면서도 너무 생생하여 아무도 반론을 제기할 수 없었습니다.

13절 이제 나를 고발하는 모든 일에 대하여 그들이 능히 당신 앞에 내세울 것이 없나이다

대제사장 아나니아의 일행이 많은 죄목을 들어 바울을 고소했지만 그것을 증언할 수 있는 증인은 한 사람도 없었습니다. 바울의 논리 정연한 반론은 더둘로의 고소 내용이 모두 거짓임을 밝혀 주는 것이었습니다.

14절 그러나 이것을 당신께 고백하리이다 나는 그들이 이단이라 하는 도를 따라 조상의 하나님을 섬기고 율법과 선지자들의 글에 기록된 것을 다 믿으며

바울은 그를 고소하는 자들의 주장을 모두 반박하면서 이제까지 그가 해 온 것이 무엇인가를 말하기 시작했습니다. 먼저 바울은 고소인들이 나사렛 이단이라고 부르는 교리에 대하여 설명했습니다. 그것은 고소인들의 말과 같이 백성들을 미혹시키는 황당무계한 이론이 아니라 이제껏 유대인들이 믿어 왔던 조상의 하나님을 섬기며 율법과 선지자들의 글에

기록된 말씀을 믿는 것임을 밝혔습니다. 바울은 선지자들의 글에 메시아가 이 땅에 오실 것이라는 예언의 말씀이 기록되어 있는데 그 말씀을 믿는 것이 어찌 이단이 될 수 있느냐고 반박하였습니다.

15절 그들이 기다리는바 하나님께 향한 소망을 나도 가졌으니 곧 의인과 악인의 부활이 있으리라 함이니이다

바울은 성경에 기록된 모든 것을 전심으로 믿으며 부활의 소망도 가지고 있다고 말했습니다.

구약에 예언된 말씀은 메시아이신 예수님께서 이 세상에 오심으로 성취되었습니다. 따라서 그리스도인들은 의인과 악인이 반드시 부활하게 된다는 신앙을 갖게 된 것입니다. 이 부활 신앙은 그리스도인들뿐만 아니라 바리새인들도 가지고 있었습니다. 물론 부활 신앙은 대제사장이나 사두개인들에게는 받아들여질 수 없는 것이었지만 당시의 유대교 정통 교리 가운데 한 부분이었던 것입니다. 그러므로 바울은 더둘로가 그를 이단이라고 정죄한 내용은 이스라엘 조상 대대로 믿어 온 부활 신앙에 대한 잘못된 이해에서 비롯되었음을 증언하였습니다.

이와 같이 바울은 총독에게 이제까지의 경위를 자세히 보고함으로써 총독이 그 사건에 대하여 정확히 알도록 한 것입니다.

16절 이것으로 말미암아 나도 하나님과 사람에 대하여 항상 양심에 거리낌이 없기를 힘쓰나이다

바울은 총독 앞에서 담대하게 변론함으로써 더둘로가 고소한 내용이 처음부터 끝까지 완전히 날조된 것임을 밝혔습니다.

바울은 다만 조상 때부터 믿어 왔던 하나님의 말씀과 그 예언의 성취를 믿으며 장래의 소망인 부활의 신앙을 전하였을 뿐이고 대중을 선동하여 소요를 일으킨 일이나 성전을 모독한 일은 없다고 고백하였습니다. 따라서 양심에 조금도 거리낌이 없을 뿐만 아니라 하나님과 사람들 앞에 한 치의 부끄러움도 없다는 점을 강조했습니다.

17절 여러 해 만에 내가 내 민족을 구제할 것과 제물을 가지고 와서

바울은 예루살렘에서 일어났던 사건에 대하여 상세하게 보고하였습니다. 바울은 자신이 예루살렘에 온 목적이 구제금을 전달하는 데 있었다고 밝혔습니다. 그가 연보를 모아서 예루살렘에 가지고 온 이유는 예루살렘에 사는 가난한 사람들의 생활을 도와주고 성도와의 아름다운 교제를 이루며 구제를 통하여 그의 동족들을 그리스도께로 인도하기 위함이었습니다.

18절 드리는 중에 내가 결례를 행하였고 모임도 없고 소동도 없이 성전에 있는 것을 그들이 보았나이다 그러나 아시아로부터 온 어떤 유대인들이 있었으니

바울은 단지 유대의 전통대로 결례 의식을 행하기 위하여 성전에 들어갔을 뿐이라고 하였습니다. 나아가 그는 사람들과 모임을 갖거나 사람들을 선동하여 소동을 일으킨 일도 없었으며 이 일에는 그들이 증인이라고 하였습니다. 오히려 자신이 성전에서 경건히 결례를 행하고 있을 때 아시아로부터 온 어떤 유대인들이 소란을 피우며 자신을 붙잡았다고 바울은 증언하였습니다.

19절 그들이 만일 나를 반대할 사건이 있으면 마땅히 당신 앞에 와서 고발하였을 것이요

아시아에서 온 유대인들은 바울을 미워하여 소동을 일으켰지만 바울을 정식으로 고소하지는 않았습니다. 만일 고소했다면 바울을 송사하기 위하여 법정에 나왔어야 했는데 그들은 나타나지도 않았습니다. 이것은 곧 그들이 법적으로 바울을 고소할 만한 어떠한 근거도 가지고 있지 않았다는 것을 의미합니다.

20절 그렇지 않으면 이 사람들이 내가 공회 앞에 섰을 때에 무슨 옳지 않은 것을 보았는가 말하라 하소서

바울은 다시 산헤드린 공회 앞에서 자신이 심문을 받을 때에 있었던 사람들에게 범죄의 증거를 제시하라고 요구했습니다. 그는 거짓을 날조한 고소인들이 자신을 정죄할 증거를 가지고 있지 않음을 알고 있었으므로 그들로 하여금 증거를 보이게 하라고 총독에게 당당하게 부탁했습니다.

21절 오직 내가 그들 가운데 서서 외치기를 내가 죽은 자의 부활에 대하여 오늘 너희 앞에 심문을 받는다고 한 이 한 소리만 있을 따름이니이다 하니

고소인들이 바울에게서 얻을 수 있는 유일한 죄목은 죽은 자의 부활에 대한 것이었습니다. 그런데 이것은 도저히 범죄로 인정될 수 없는 것이었습니다.

바울은 자신이 산헤드린 공회에서 했던 연설이 대중을 선동하거나 군중의 소요를 일으키는 내용이 아니었다고 밝혔습니다. 바울은 죽은 자에

대한 부활의 교리가 유대인들의 정통 교리일 뿐 이단의 말이나 식민지 백성을 격동시켜 통치 국가인 로마에 대한 반발을 일으키게 하는 말이 아님을 강조하였습니다.

이처럼 바울이 당당할 수 있었던 것은 그의 마음에 사심이 없었기 때문이며, 고소인들의 날조된 송사가 너무나 터무니없는 거짓이었기 때문입니다.

3. 심의를 연기하는 벨릭스(24:22-23)

22. 벨릭스가 이 도에 관한 것을 더 자세히 아는 고로 연기하여 이르되 천부장 루시아가 내려오거든 너희 일을 처결하리라 하고 23. 백부장에게 명하여 바울을 지키되 자유를 주고 그의 친구들이 그를 돌보아 주는 것을 금하지 말라 하니라

22절 벨릭스가 이 도에 관한 것을 더 자세히 아는 고로 연기하여 이르되 천부장 루시아가 내려오거든 너희 일을 처결하리라 하고

벨릭스 총독은 바울의 변론을 받아들였습니다. 총독은 수년 동안 유대를 통치했기 때문에 유대교에 대하여 잘 알고 있었습니다. 그는 산헤드린 공회의 구성원인 바리새인과 사두개인 사이의 갈등을 잘 알고 있었

습니다. 또한 그들이 주장하는 교리가 영원한 평행선과 같이 절대로 일치될 수 없다는 것도 알고 있었습니다.

벨릭스 총독은 양측의 말을 다 듣자 이 송사의 전말을 이해할 수 있었습니다. 그는 정치적인 소요라는 더둘로의 주장이 거짓이라는 것을 알아차렸고, 바울의 변론으로 미루어 볼 때 이 사건은 유대의 종교적인 문제라는 것을 알았습니다. 벨릭스 총독은 유대인의 종교적인 갈등 때문에 시끄러워지는 것을 원하지 않았습니다. 또한 바울을 송사한 사람들의 의도는 알았지만 그 일에 깊이 관여할 가치가 없다고 판단하였습니다. 벨릭스 총독은 오히려 천부장 루시아가 그의 편지에서 간략하게 설명한 것이 더 가치 있다고 판단하였으며, 따라서 루시아의 증언이 필요하다고 생각하였습니다. 결국 벨릭스 총독은 유대인들 사이에서 발생한 종교적 문제인 이 사건의 판결을 천부장 루시아가 올 때까지 미루었습니다.

23절 백부장에게 명하여 바울을 지키되 자유를 주고 그의 친구들이 그를 돌보아 주는 것을 금하지 말라 하니라

고소인들은 무조건 바울을 정죄하려고 했습니다. 그러나 벨릭스 총독은 이 사건의 내용을 알고 있었기 때문에 사건의 진상을 더욱 철저하게 조사하기 전까지는 함부로 유죄로 판정할 수 없다고 했습니다. 그런데 이것은 벨릭스 총독의 핑계일 뿐 그는 이미 바울에게는 죄가 없다는 점을 확실히 알고 있었습니다. 그럼에도 불구하고 바울을 구류한 채로 재판을 연기한 것은 만일 바울에게 무죄를 선언할 경우에 바울을 미워하는 유대인들로부터 인심을 잃게 될 것이 두려웠기 때문입니다.

벨릭스 총독은 얼마 남지 않은 그의 임기를 아무런 소요 사태 없이 조용하게 마치기를 원했습니다. 그래서 그는 로마 시민인 바울을 구류하되 얼마간의 자유를 허용했습니다.

4. 벨릭스와의 면담(24:24-27)

> 24. 수일 후에 벨릭스가 그 아내 유대 여자 드루실라와 함께 와서 바
> 울을 불러 그리스도 예수 믿는 도를 듣거늘 25. 바울이 의와 절제와
> 장차 오는 심판을 강론하니 벨릭스가 두려워하여 대답하되 지금은
> 가라 내가 틈이 있으면 너를 부르리라 하고 26. 동시에 또 바울에게
> 서 돈을 받을까 바라는 고로 더 자주 불러 같이 이야기하더라 27. 이
> 태가 지난 후 보르기오 베스도가 벨릭스의 소임을 이어받으니 벨릭
> 스가 유대인의 마음을 얻고자 하여 바울을 구류하여 두니라

24절 수일 후에 벨릭스가 그 아내 유대 여자 드루실라와 함께 와서 바울을 불러 그리스도 예수 믿는 도를 듣거늘

벨릭스 총독의 아내 드루실라는 유대 헤롯 왕가의 딸이었습니다. 그녀의 증조부는 베들레헴의 유아들을 살해한 헤롯 대왕이고, 그녀의 아버지는 야고보를 살해한 헤롯 아그립바 1세입니다. 드루실라는 이와 같이 죄악된 가문에서 성장하였으며 평탄하지 못한 결혼 생활을 하였습니

다. 드루실라는 결혼 1년 만에 남편과 이혼하고 벨릭스의 세 번째 아내가 되었습니다.

드루실라는 바울이 전하는 복음에 관심을 가졌습니다. 그래서 남편 벨릭스와 더불어 바울을 불러 그가 전하는 복음의 말씀에 귀를 기울였습니다. 이때 벨릭스 총독이 바울을 불러들여 복음을 들은 것은 바울과 같은 확실한 그리스도인으로부터 예수 그리스도에 관한 많은 지식을 얻고자 했기 때문이었습니다. 온갖 비리와 음모로 가득 찬 헤롯 궁 깊은 곳에까지 예수 그리스도의 복음이 전해지는 광경을 볼 수 있습니다.

25절 바울이 의와 절제와 장차 오는 심판을 강론하니 벨릭스가 두려워하여 대답하되 지금은 가라 내가 틈이 있으면 너를 부르리라 하고

벨릭스는 출세 지향적인 사람이었습니다. 그는 일신의 영달을 위해서는 수단과 방법을 가리지 않았습니다. 벨릭스는 해방 노예 출신으로 보잘것없는 신분이었는데 로마 황실과 줄이 닿아 총독의 자리에까지 올라간 인물이었습니다. 그는 로마 황실의 환심을 사기 위해서 유대인들을 혹독하고 잔인하게 다스렸습니다. 그리고 이러한 그의 정책으로 인하여 그는 역대 총독들 가운데서 가장 잔인한 총독으로 악명을 떨쳤습니다.

한편 벨릭스는 사생활에 있어서도 사악함을 드러냈습니다. 그의 세 번째 아내인 드루실라와의 결혼은 불법적인 결혼이었습니다. 드루실라의 빼어난 미모에 매혹된 벨릭스는 이미 남편이 있는 드루실라를 유혹하여 자신의 아내로 삼은 것입니다.

이처럼 철저하게 악한 생활을 하고 있는 벨릭스는 하나님의 '의와 절

제와 심판' 을 전하는 바울의 강론을 들으면서 양심이 비수에 찔리는 것 같았을 것입니다. 벨릭스는 내면에서 울리는 양심의 소리를 거역할 수 없었습니다. 그러나 그는 회개하기보다는 바울의 강론을 중단시킴으로써 양심이 외치는 소리를 외면했습니다.

26절 동시에 또 바울에게서 돈을 받을까 바라는 고로 더 자주 불러 같이 이야기하더라

벨릭스는 바울을 자주 불러 같이 이야기하기를 즐겼습니다. 혹시 바울로부터 돈을 받아 낼 수 있을지도 모른다고 생각했기 때문입니다. 벨릭스는 사치하고 방탕한 생활을 즐겼으므로 많은 돈이 필요했습니다. 그 때문에 벨릭스는 바울에게 재력이 있음을 알고 그의 강론을 듣는다는 이유로 그를 자주 만났던 것입니다.

벨릭스는 바울의 설교를 듣고 그리스도의 말씀에 많은 관심을 가졌으나 탐욕을 떨쳐 버리지 못하고 결국 말씀을 외면했습니다.

27절 이태가 지난 후 보르기오 베스도가 벨릭스의 소임을 이어받으니 벨릭스가 유대인의 마음을 얻고자 하여 바울을 구류하여 두니라

벨릭스 총독은 바울에게 죄가 없다는 것을 분명히 알면서도 2년이 지나도록 바울을 석방하지 않았습니다. 그 이유는 바울에 대한 유대인들의 감정을 잘 알고 있었기 때문입니다. 즉, 그는 바울을 가두어 둠으로써 유대인들의 환심을 사려고 했던 것입니다. 이로 인해 바울은 헤롯 궁에 억류되어 있을 수밖에 없었습니다.

그런데 자신의 권세와 부귀영화를 위해서라면 다른 사람의 인권을 짓밟는 일도 마다하지 않던 벨릭스가 총독의 자리에서 물러나게 되었습니다. 그리고 보르기오 베스도가 그 뒤를 이어 총독이 되었습니다. 따라서 이제 바울의 재판 문제도 신임 총독인 보르기오 베스도에게로 넘어가게 된 것입니다.

제 25 장

베스도 총독 앞에서의 바울

A COMMENTARY ON
THE ACTS OF THE
APOSTLES Ⅱ

바울은 가이사랴의 감옥에 갇혀있는 동안 모두 세 번에 걸쳐 재판을 받았습니다. 첫 번째 재판은 벨릭스에게, 두 번째 재판은 베스도에게, 그리고 세 번째 재판은 아그립바 왕에게 받았습니다. 그중 본 장에는 바울이 베스도 총독 앞에서 받는 두 번째 재판 과정이 기록되어 있습니다.

특히 본 장은 바울이 로마에 복음을 전하고자 하는 동기가 기록되어 있다는 점에서 중요합니다. 복음이 유대 지역에만 국한되지 않고 전 세계로 확산되어 가는 과정은 실로 하나님의 역사하심의 산 증거가 됩니다. 또한 본 장에는 신임 총독 베스도가 바울을 인수하는 과정과 재판 자리에서 바울이 가이사에게 상소하는 장면 그리고 아그립바 왕과 베스도 총독 간의 대책 협의 등이 상세히 기록되어 있습니다.

1. 신임 총독 베스도에게 인계된 바울
(25:1-5)

1. 베스도가 부임한 지 삼 일 후에 가이사랴에서 예루살렘으로 올라
가니 2. 대제사장들과 유대인 중 높은 사람들이 바울을 고소할새 3.
베스도의 호의로 바울을 예루살렘으로 옮기기를 청하니 이는 길에
매복하였다가 그를 죽이고자 함이더라 4. 베스도가 대답하여 바울
이 가이사랴에 구류된 것과 자기도 멀지 않아 떠나갈 것을 말하고
5. 또 이르되 너희 중 유력한 자들은 나와 함께 내려가서 그 사람에
게 만일 옳지 아니한 일이 있거든 고발하라 하니라

1절 베스도가 부임한 지 삼 일 후에 가이사랴에서 예루살렘으로 올라가니

베스도가 벨릭스의 뒤를 이어 새 총독으로 부임해 왔습니다. 그는 부

임한 지 사흘밖에 안 되었지만 서둘러 가이사랴에서 예루살렘으로 올라갔습니다. 그 이유는 유대의 지도자들을 만나 인사를 나누고 전임 총독인 벨릭스로부터 인계받은 문제들을 해결하기 위해서였습니다.

본 절을 통해 우리는 성경이 역사적 인물이나 사건과 서로 부합하는 것을 알 수 있습니다. 이와 같이 역사적 실제 상황 가운데 하나님의 종 바울은 베스도와 만나게 되고, 그의 사역의 여정과 방향은 하나님의 섭리 안에서 결정됩니다.

2절 대제사장들과 유대인 중 높은 사람들이 바울을 고소할새

예수님을 십자가에 못 박아 죽게 한 것은 메시아에 대한 예언의 말씀을 누구보다도 잘 알고 있었던 대제사장과 율법사들이었습니다. 대제사장들과 유대인 중 높은 사람들은 바울을 죽이기 위하여 베스도에게 고소했습니다. 그들은 이때가 바울을 죽일 수 있는 좋은 기회라고 생각했던 것입니다.

이와 같이 종교 지도자들이라도 말씀의 순수성에서 떠나게 되면 오히려 더 악해질 수 있습니다. 뿐만 아니라 거짓에 미혹되어 그 거짓이 진리인 줄 알고 그것을 사수하기 위해 온 정열을 다 쏟으며 죄악을 행하게 됩니다. 그래서 그들은 2년여의 세월이 흘렀음에도 불구하고 바울에 대한 시기심이 더하여 바울을 죽이려고까지 하게 된 것입니다.

3절 베스도의 호의로 바울을 예루살렘으로 옮기기를 청하니 이는 길에 매복하였다가 그를 죽이고자 함이더라

유대인들은 정당한 방법으로는 바울을 죽일 수 없다고 판단하자 베스

도의 호의를 이용하여 불의한 방법으로 죽이려 하였습니다. 교활한 유대인들은 새로 부임한 베스도에게 아무 요구도 하지 않고 단지 가이사랴에 잡혀 있는 바울을 예루살렘으로 옮길 것을 요청하였습니다. 그들의 요청이 받아들여질 경우 신임 총독 베스도는 그동안 유대인들이 바울을 죽이려고 계획했던 음모에 관해 모르고 있었기 때문에 소수의 로마 군인들에게 바울의 호송을 맡길 것이 확실합니다. 그때 유대인들은 길에 매복해 있다가 호송되는 바울을 죽이려고 계획했던 것입니다.

유대교의 최고 지도자들이요, 의와 율법의 수호자가 되어야 하는 그들이 가장 악한 죄를 꾀하고 있는 이중적인 모습을 볼 수 있습니다.

4절 베스도가 대답하여 바울이 가이사랴에 구류된 것과 자기도 멀지 않아 떠나갈 것을 말하고

베스도는 유대인들의 요구에 대해 적절한 대답으로 거절하였습니다. 베스도는 바울이 가이사랴에 있는 감옥에 안전히 있으며 자신도 수일 내에 가이사랴로 떠나갈 것이라고 말했습니다. 이러한 베스도의 발언은 유대인들의 계획을 알지 못하는 중에 그들의 음모를 좌절시키는 결과를 가져왔습니다. 베스도는 부지중에 바울을 보호하는 방향으로 일을 처리한 것입니다. 이것은 선하신 하나님의 섭리 가운데 이루어진 일입니다. 성경은 "사람이 마음으로 자기의 길을 계획할지라도 그의 걸음을 인도하시는 이는 야훼시니라"(잠 16:9)고 말씀하고 있습니다.

5절 또 이르되 너희 중 유력한 자들은 나와 함께 내려가서 그 사람에게 만일 옳지 아니한 일이 있거든 고발하라 하니라

베스도는 유대인들에게 가이사랴로 함께 가자고 제의하였습니다. 그는 바울의 소송 문제를 가이사랴에 직접 가서 처리하기를 원했습니다. 그래서 유대인들 중의 유력한 자들, 즉 산헤드린의 권한을 대표할 수 있는 자들을 자신의 수행원으로 합류시키겠다고 제안한 것입니다. 그리고 만일 바울에게 어떤 잘못이 있다면 고발하라고 하였습니다.

판단을 하는 자는 송사를 들을 때 한쪽으로 치우쳐서는 안 됩니다. 왜냐하면 양쪽의 말을 다 들어 보아야 옳고 그름을 판단할 수 있기 때문입니다. 그래서 베스도는 유대인들에게 호의를 베풀며 함께 가이사랴로 가자고 했던 것입니다.

2. 가이사에게 상소하는 바울(25:6-12)

6. 베스도가 그들 가운데서 팔 일 혹은 십 일을 지낸 후 가이사랴로 내려가서 이튿날 재판 자리에 앉고 바울을 데려오라 명하니 7. 그가 나오매 예루살렘에서 내려온 유대인들이 둘러서서 여러 가지 중대한 사건으로 고발하되 능히 증거를 대지 못한지라 8. 바울이 변명하여 이르되 유대인의 율법이나 성전이나 가이사에게나 내가 도무지 죄를 범하지 아니하였노라 하니 9. 베스도가 유대인의 마음을 얻고자 하여 바울더러 묻되 네가 예루살렘에 올라가서 이 사건에 대하여 내 앞에서 심문을 받으려느냐 10. 바울이 이르되 내가 가이사의 재판 자

리 앞에 섰으니 마땅히 거기서 심문을 받을 것이라 당신도 잘 아시는 바와 같이 내가 유대인들에게 불의를 행한 일이 없나이다 11. 만일 내가 불의를 행하여 무슨 죽을죄를 지었으면 죽기를 사양하지 아니할 것이나 만일 이 사람들이 나를 고발하는 것이 다 사실이 아니면 아무도 나를 그들에게 내줄 수 없나이다 내가 가이사께 상소하노라 한대 12. 베스도가 배석자들과 상의하고 이르되 네가 가이사에게 상소하였으니 가이사에게 갈 것이라 하니라

6절 베스도가 그들 가운데서 팔 일 혹은 십 일을 지낸 후 가이사랴로 내려가서 이튿날 재판 자리에 앉고 바울을 데려오라 명하니

베스도는 예루살렘에서 열흘 정도 지낸 후 가이사랴로 왔습니다. 그리고 그 이튿날 바울에 대한 재판을 속개하였습니다. 전임 총독 벨릭스는 부당한 재판을 받는 바울을 동정하지 않았을 뿐 아니라 마땅히 처리해야 할 직무도 처리하지 않고 지연시켰습니다. 이에 반해 신임 총독 베스도는 가이사랴에 온 후 지체하지 않고 재판을 엶으로써 자신의 직무에 대한 성실성을 보여 주었습니다.

베스도는 재판장이 앉는 높은 자리에 앉았고 소송한 자들도 참석하였습니다.

7절 그가 나오매 예루살렘에서 내려온 유대인들이 둘러서서 여러 가지 중대한 사건으로 고발하되 능히 증거를 대지 못한지라

베스도의 명을 받고 바울이 출석하자 재판이 시작되었습니다. 소송한 자들은 바울의 주위에 둘러서서 바울을 고발하기 시작했습니다. 그들은

바울을 중죄인으로 송사하기 위해 가능한 한 바울의 죄상을 더 무겁게 하려고 했습니다. 그러나 그들은 바울의 죄에 대하여 능히 증명하지 못했습니다.

8절 바울이 변명하여 이르되 유대인의 율법이나 성전이나 가이사에게나 내가 도무지 죄를 범하지 아니하였노라 하니

바울은 유대인의 율법이나 성전이나 로마 법률에 대해서 자신은 죄가 없다고 피력하였습니다. 바울은 유대인들로부터 모함을 받는 자리에 설 때면 언제나 복음만을 위하여 자신의 입장을 변호하였습니다.

자신의 무죄를 주장하는 바울에 대해서 유대인들은 자신들의 호소의 정당성을 입증할 수 있는 증거를 마련하지 못했습니다.

9절 베스도가 유대인의 마음을 얻고자 하여 바울더러 묻되 네가 예루살렘에 올라가서 이 사건에 대하여 내 앞에서 심문을 받으려느냐

유대인들과 바울의 상반되는 주장이 계속되는 가운데 베스도는 어찌할 바를 몰랐습니다. 그러나 그는 유대에 부임해 온 지 얼마 되지 않았기 때문에 유대 지도자들의 지지를 얻어야 할 필요가 있다고 생각했습니다. 그래서 그는 바울에게 산헤드린 공회원들이 요청했던 대로(3절) 예루살렘에서 재판을 받겠느냐고 물었습니다.

10절 바울이 이르되 내가 가이사의 재판 자리 앞에 섰으니 마땅히 거기서 심문을 받을 것이라 당신도 잘 아시는 바와 같이 내가 유대

인들에게 불의를 행한 일이 없나이다

바울은 자신이 예루살렘으로 가게 되면 어떤 위험이 있을지 잘 알고 있었습니다. 그래서 바울은 자신이 로마 시민으로서 마땅히 황제에게 상소할 권리가 있다는 점을 주장하면서 베스도의 제의를 단호히 거부하였습니다. 그는 어디까지나 법질서에 호소하여 정당하게 자기의 권리를 주장하고자 했던 것입니다.

11절 만일 내가 불의를 행하여 무슨 죽을죄를 지었으면 죽기를 사양하지 아니할 것이나 만일 이 사람들이 나를 고발하는 것이 다 사실이 아니면 아무도 나를 그들에게 내줄 수 없나이다 내가 가이사께 상소하노라 한대

베스도가 예루살렘으로 재판정을 옮길 것을 요구하였을 때 바울은 그 요구가 유대인에게서 나온 것임을 알아차렸습니다. 그래서 바울은 아무도 자신을 그들에게 내줄 수 없다고 주장하였습니다. 그런 다음 바울은 가이사에게 상소를 하였습니다. 바울은 로마 시민으로서 누릴 수 있는 특권을 십분 활용한 것입니다.

그러나 바울의 마음속에는 더 큰 목적이 있었습니다. 그것은 로마에 가서 복음을 전하라는 주님의 명령을 행하는 것이었습니다. 따라서 바울은 언제 죽을지 모르는 상황에서 자신에게 주어진 복음 전파의 기회를 놓칠 수 없었던 것입니다. 우리는 여기서 바울의 마음속에 로마로 가서 복음을 전하고자 하는 소원과 열심을 주시고 로마에 갈 수밖에 없도록 환경을 통해서 인도하시는 하나님의 섭리를 볼 수 있습니다.

12절 베스도가 배석자들과 상의하고 이르되 네가 가이사에게 상소하였으니 가이사에게 갈 것이라 하니라

가이사에게 상소할 수 있는 것은 로마 시민의 특권입니다. 베스도는 바울의 요청에 따라 바울을 가이사에게 보내기로 했습니다. 그리하여 결국 예루살렘으로 재판정을 옮기자는 구실 하에 바울을 죽이려 했던 유대인들의 음모는 물거품이 되어 버렸고, 이에 반하여 로마에서 복음을 전하고자 하는 바울의 소망은 현실로 이루어지게 되었습니다.

3. 아그립바 왕에게 넘겨짐(25:13-22)

13. 수일 후에 아그립바 왕과 버니게가 베스도에게 문안하러 가이사
랴에 와서 14. 여러 날을 있더니 베스도가 바울의 일로 왕에게 고하
여 이르되 벨릭스가 한 사람을 구류하여 두었는데 15. 내가 예루살
렘에 있을 때에 유대인의 대제사장들과 장로들이 그를 고소하여 정
죄하기를 청하기에 16. 내가 대답하되 무릇 피고가 원고들 앞에서
고소 사건에 대하여 변명할 기회가 있기 전에 내주는 것은 로마 사람
의 법이 아니라 하였노라 17. 그러므로 그들이 나와 함께 여기 오매
내가 지체하지 아니하고 이튿날 재판 자리에 앉아 명하여 그 사람을
데려왔으나 18. 원고들이 서서 내가 짐작하던 것 같은 악행의 혐의
는 하나도 제시하지 아니하고 19. 오직 자기들의 종교와 또는 예수
라 하는 이가 죽은 것을 살아 있다고 바울이 주장하는 그 일에 관한

문제로 고발하는 것뿐이라 20. 내가 이 일에 대하여 어떻게 심리할
는지 몰라서 바울에게 묻되 예루살렘에 올라가서 이 일에 심문을 받
으려느냐 한즉 21. 바울은 황제의 판결을 받도록 자기를 지켜 주기
를 호소하므로 내가 그를 가이사에게 보내기까지 지켜 두라 명하였
노라 하니 22. 아그립바가 베스도에게 이르되 나도 이 사람의 말을
듣고자 하노라 베스도가 이르되 내일 들으시리이다 하더라

13-14절 수일 후에 아그립바 왕과 버니게가 베스도에게 문안하러 가이사랴에 와서 여러 날을 있더니 베스도가 바울의 일로 왕에게 고하여 이르되 벨릭스가 한 사람을 구류하여 두었는데

베스도는 바울의 호소 때문에 난처한 입장이 되고 말았습니다. 그가 재판을 예루살렘까지 끌고 가려 한 것은 잘못된 처사였습니다. 베스도는 바울이 유대인들에게 잘못한 일이 없다는 것을 알고 있으면서도 그렇게 처리했던 것입니다. 베스도는 바울의 사건 처리를 놓고 로마의 황제에게 어떻게 보고해야 할지 몰라 고민하고 있었습니다.

그런데 수일 후에 아그립바 왕과 그의 누이인 버니게가 새로 부임해 온 베스도 총독을 문안하러 왔습니다. 베스도 총독은 아그립바 왕과 버니게가 여러 날을 가이사랴에서 보내는 동안 어느 정도 친밀해지자 아그립바 왕에게 바울에 관한 이야기를 털어놓았습니다. 아그립바 왕은 당시 로마 황제로부터 성전의 후견인으로 임명받았으므로 성전과 관련된 많은 권한을 가지고 있었습니다. 그렇기 때문에 베스도 총독이 바울의 소송 문제를 아그립바 왕과 의논하는 것은 매우 자연스러운 일이었습니다.

15절 내가 예루살렘에 있을 때에 유대인의 대제사장들과 장로들이 그를 고소하여 정죄하기를 청하기에

베스도는 아그립바 왕에게 바울과 관련된 사건의 전모를 말하였습니다. 그는 신임 총독으로 부임하면서부터 유대 종교 지도자들이 고소한 바울의 문제로 적지 않게 신경을 써야 했습니다. 대제사장들과 장로들은 만사를 제쳐 놓고 바울을 고소하는 데에 열중하였습니다. 그들은 베스도에게 바울을 죄수로 정죄하여 유죄 판결을 내려야 한다고 간청하였던 것입니다. 베스도는 이러한 사실을 아그립바 왕에게 털어놓았습니다.

16절 내가 대답하되 무릇 피고가 원고들 앞에서 고소 사건에 대하여 변명할 기회가 있기 전에 내주는 것은 로마 사람의 법이 아니라 하였노라

베스도는 유대의 대제사장들과 장로들에게 로마의 법에 대해 인식시킬 필요가 있다고 생각했습니다. 당시 로마의 법은 아무리 죄를 많이 지은 사람이라 할지라도 반드시 피고가 자신의 입장을 표명할 수 있는 기회를 주었습니다. 그래서 베스도는 로마의 법 절차에 따라 피고인 바울이 변명하기 전에는 내줄 수 없다고 한 것입니다. 베스도는 이와 같은 사실을 말함으로써 자신이 합법적으로 바울의 사건을 처리하였다는 점을 강조하고 있습니다.

17절 그러므로 그들이 나와 함께 여기 오매 내가 지체하지 아니하고 이튿날 재판 자리에 앉아 명하여 그 사람을 데려왔으나

베스도는 유대의 대제사장들과 장로들과 함께 가이사랴로 내려와서

그들과의 약속을 이행하기 위하여 지체하지 않고 이튿날 재판을 열었으며 재판 자리에 앉아서 법정을 정리한 다음 유대인들이 고소한 바울을 출두시켜 법정에 세웠다고 말하였습니다. 이와 같이 베스도는 자신의 직무에 충실하여 신속 공정하게 재판하였다는 사실을 아그립바 왕에게 은근히 강조하였습니다.

18-19절 원고들이 서서 내가 짐작하던 것 같은 악행의 혐의는 하나도 제시하지 아니하고 오직 자기들의 종교와 또는 예수라 하는 이가 죽은 것을 살아 있다고 바울이 주장하는 그 일에 관한 문제로 고발하는 것뿐이라

베스도는 바울이 가이사와 로마 정권에 대하여 큰 반역 행위라도 한 줄로 생각하였으나 유대의 대제사장들과 장로들이 제출한 소송의 내용은 자신이 짐작했던 것과는 달리 유대의 종교적인 문제였다고 말하였습니다.

유대인들은 그들의 종교인 유대교에만 정당성을 부여하면서 바울의 기독교 신앙에 대해 반론을 제기하였습니다. 그들은 바울이 유대교 신자로 충성하다가 기독교로 개종하자 이에 분개하여 그를 심하게 박해하였던 것이었습니다. 또한 유대인들은 바울이 예수님의 죽음과 부활에 대하여 전하는 것을 문제 삼아 바울을 고소하였습니다.

본문을 보면 베스도가 '예수라 하는 이'라고 표현을 하였는데, 이는 베스도가 예수님을 업신여기는 의도로 사용한 말투입니다. 그러나 그는 재판관으로서 공정한 재판을 하였습니다. 그는 종교와 정치를 분리시켜 바울이 정치범이 아님을 밝혔습니다. 그러나 아직 그의 마음에는 예수

님을 받아들일 준비가 되어 있지 않았습니다.

20-21절 내가 이 일에 대하여 어떻게 심리할는지 몰라서 바울에게 묻되 예루살렘에 올라가서 이 일에 심문을 받으려느냐 한즉 바울은 황제의 판결을 받도록 자기를 지켜 주기를 호소하므로 내가 그를 가이사에게 보내기까지 지켜 두라 명하였노라 하니

바울은 정치적으로 죄를 범한 것이 아니라 종교적인 문제로 유대인들과 마찰을 일으켰습니다. 베스도는 이를 알고 어떻게 해결할까를 고민하다가 바울을 예루살렘으로 이송시켜서 사건을 처리하고자 하였습니다. 그런데 바울이 이를 거부하고 가이사에게 호소하였으므로 가이사에게 보내기까지 그의 신변을 보호하고 있었습니다.

이와 같이 베스도는 아그립바 왕에게 바울에 관한 소송 사건의 전모를 말하였습니다.

22절 아그립바가 베스도에게 이르되 나도 이 사람의 말을 듣고자 하노라 베스도가 이르되 내일 들으시리이다 하더라

베스도의 말을 듣고 난 후 아그립바 왕은 바울을 직접 만나 보고 싶었습니다. 그래서 "나도 이 사람의 말을 듣고자 하노라" 고 요청했던 것입니다. 이에 베스도는 한편으로는 손님에 대한 예의도 있지만 다른 한편으로는 아그립바 왕이 자신의 난처한 입장을 도와줄 수 있으리라고 생각했기 때문에 그 이튿날 바울과 만나게 해 주겠다고 약속하였습니다.

4. 죄를 찾지 못한 베스도의 고백(25:23-27)

23. 이튿날 아그립바와 버니게가 크게 위엄을 갖추고 와서 천부장들
과 시중의 높은 사람들과 함께 접견 장소에 들어오고 베스도의 명으
로 바울을 데려오니 24. 베스도가 말하되 아그립바 왕과 여기 같이
있는 여러분이여 당신들이 보는 이 사람은 유대의 모든 무리가 크게
외치되 살려 두지 못할 사람이라고 하여 예루살렘에서와 여기서도
내게 청원하였으나 25. 내가 살피건대 죽일 죄를 범한 일이 없더이
다 그러나 그가 황제에게 상소한 고로 보내기로 결정하였나이다
26. 그에 대하여 황제께 확실한 사실을 아뢸 것이 없으므로 심문한
후 상소할 자료가 있을까 하여 당신들 앞 특히 아그립바 왕 당신 앞
에 그를 내세웠나이다 27. 그 죄목도 밝히지 아니하고 죄수를 보내
는 것이 무리한 일인 줄 아나이다 하였더라

23절 이튿날 아그립바와 버니게가 크게 위엄을 갖추고 와서 천부장들과 시중의 높은 사람들과 함께 접견 장소에 들어오고 베스도의 명으로 바울을 데려오니

이튿날 아그립바 왕은 위엄 있는 복장으로 위신을 세우고 천부장들과 시중의 높은 사람들을 청하여 그들 앞에서 바울을 심문하고자 했습니다. 이렇게 아그립바 왕이 겉모습에 신경을 쓰고 위엄을 세우는 것은 자신의 권위를 과시함으로써 바울의 무력함을 상대적으로 드러내고자 했

던 것입니다. 아그립바 왕은 그의 부친 헤롯이 허식으로 위엄을 나타내며 자신이 신이라도 되는 것처럼 스스로를 높이다가 천벌을 받아 죽게 되었던(12:20-23) 사건을 잊고 자신도 같은 죄를 범하고 있었습니다.

사람들이 접견 장소에 모두 들어와 자리를 잡은 후 베스도가 명령하자 바울이 들어왔습니다.

24절 베스도가 말하되 아그립바 왕과 여기 같이 있는 여러분이여 당신들이 보는 이 사람은 유대의 모든 무리가 크게 외치되 살려 두지 못할 사람이라고 하여 예루살렘에서와 여기서도 내게 청원하였으나

베스도는 이끌려 나온 바울을 아그립바 왕에게 소개했습니다. 유대인들이 바울을 향하여 소리쳤던 말과 소송에 대해 설명하는 베스도의 말은 단순하고도 직접적이었습니다. 그의 말은 그가 이 사건을 주의 깊게 생각하고 있다는 점을 말해 줍니다.

베스도가 유대인들의 주장과 대립되는 주장을 펼칠 수 있었던 것은 이처럼 사건을 깊이 생각함으로써 얻은 자기만의 확신과 담력이 있었기에 가능했던 것입니다.

25절 내가 살피건대 죽일 죄를 범한 일이 없더이다 그러나 그가 황제에게 상소한 고로 보내기로 결정하였나이다

베스도는 바울을 살려 두지 못할 사람이라고 외치는 유대인들의 주장에 대하여 "내가 살피건대 죽일 죄를 범한 일이 없더이다"라고 반박하였습니다. 베스도는 로마의 재판장으로서 죄 없는 바울을 놓아줄 수도 있

었습니다. 그러나 베스도는 자신의 앞날을 생각하여 바울의 무죄를 선고하지 않았습니다. 이에 바울은 로마 황제 가이사에게 상소했고, 베스도는 그것을 받아들여 바울을 가이사에게 호송하기로 결정했습니다.

26절 그에 대하여 황제께 확실한 사실을 아뢸 것이 없으므로 심문한 후 상소할 자료가 있을까 하여 당신들 앞 특히 아그립바 왕 당신 앞에 그를 내세웠나이다

황제에게 상소된 사건은 재판의 성격상 피고의 죄목을 작성해서 함께 보내야 합니다. 그런데 베스도는 가이사에게 써서 보낼 만한 죄목을 바울에게서 찾을 수 없었습니다. 그래서 혹시 상소할 자료가 있을까 하여 청중들과 아그립바 왕 앞에 바울을 세웠던 것입니다.

베스도는 유대인들의 소송이 범죄 행위에 대한 것이 아니라 종교적인 문제에 대한 것이므로 로마 법정에서 다루어질 성질의 것이 아니라는 것을 잘 알고 있었습니다.

27절 그 죄목도 밝히지 아니하고 죄수를 보내는 것이 무리한 일인 줄 아나이다 하였더라

죄수를 가이사에게 보낼 때 죄목도 없이 보낸다는 것은 있을 수 없는 일이었습니다. 결국 베스도 총독은 접견 장소에서 모든 사람들 앞에 바울을 세워 다시 한 번 변론을 하게 하였습니다. 그런데 이 일은 복음을 알지 못하는 아그립바 왕과 베스도와 많은 고위층 사람들에게 그리스도의 복음을 전하는 기회가 되었습니다.

하나님께서는 이처럼 불신자들을 이용하여 당신의 뜻을 이루시기도

합니다. 따라서 하나님의 백성들은 어떠한 형편이나 환경에 처하든지 불평하지 말고 하나님께서 무슨 일을 이루시는가를 바라보고 그에 대해 기도해야 할 것입니다.

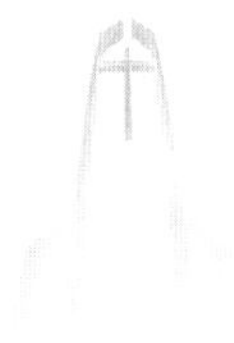

제 26 장

아그립바 왕 앞에서의 바울

아그립바 왕 앞에서 변증하는 바울 26:1-29

아그립바 왕의 판결 26:30-32

A COMMENTARY ON
THE ACTS OF THE
APOSTLES Ⅱ

바울은 베스도에 의해 가이사랴를 방문한 아그립바 왕 앞에 서게 되었습니다. 이에 바울은 아그립바 왕 앞에서 자신의 지나 온 생애와 개종하게 된 동기와 복음 전도자의 사명 등을 증언하였고, 그곳에 모인 모든 사람들에게 예수 그리스도를 전하였습니다. 결국 바울의 무죄는 입증되었지만 그가 가이사에게 상고함으로 인해 석방되지 못하고 가이사에게로 호송되게 되었습니다.

1. 아그립바 왕 앞에서 변증하는 바울(26:1-29)

1. 아그립바가 바울에게 이르되 너를 위하여 말하기를 네게 허락하
노라 하니 이에 바울이 손을 들어 변명하되 2. 아그립바 왕이여 유
대인이 고발하는 모든 일을 오늘 당신 앞에서 변명하게 된 것을 다행
히 여기나이다 3. 특히 당신이 유대인의 모든 풍속과 문제를 아심이
니이다 그러므로 내 말을 너그러이 들으시기를 바라나이다 4. 내가
처음부터 내 민족과 더불어 예루살렘에서 젊었을 때 생활한 상황을
유대인이 다 아는 바라 5. 일찍부터 나를 알았으니 그들이 증언하려
하면 내가 우리 종교의 가장 엄한 파를 따라 바리새인의 생활을 하였
다고 할 것이라 6. 이제도 여기 서서 심문 받는 것은 하나님이 우리
조상에게 약속하신 것을 바라는 까닭이니 7. 이 약속은 우리 열두
지파가 밤낮으로 간절히 하나님을 받들어 섬김으로 얻기를 바라는
바인데 아그립바 왕이여 이 소망으로 말미암아 내가 유대인들에게
고소를 당하는 것이니이다 8. 당신들은 하나님이 죽은 사람을 살리
심을 어찌하여 못 믿을 것으로 여기나이까 9. 나도 나사렛 예수의
이름을 대적하여 많은 일을 행하여야 될 줄 스스로 생각하고 10. 예

루살렘에서 이런 일을 행하여 대제사장들에게서 권한을 받아 가지고
많은 성도를 옥에 가두며 또 죽일 때에 내가 찬성투표를 하였고 11.
또 모든 회당에서 여러 번 형벌하여 강제로 모독하는 말을 하게 하고
그들에 대하여 심히 격분하여 외국 성에까지 가서 박해하였고 12. 그
일로 대제사장들의 권한과 위임을 받고 다메섹으로 갔나이다 13. 왕
이여 정오가 되어 길에서 보니 하늘로부터 해보다 더 밝은 빛이 나와
내 동행들을 둘러 비추는지라 14. 우리가 다 땅에 엎드러지매 내가
소리를 들으니 히브리 말로 이르되 사울아 사울아 네가 어찌하여 나
를 박해하느냐 가시채를 뒷발질하기가 네게 고생이니라 15. 내가 대
답하되 주님 누구시니이까 주께서 이르시되 나는 네가 박해하는 예
수라 16. 일어나 너의 발로 서라 내가 네게 나타난 것은 곧 네가 나를
본 일과 장차 내가 네게 나타날 일에 너로 종과 증인을 삼으려 함이니
17. 이스라엘과 이방인들에게서 내가 너를 구원하여 그들에게 보내
어 18. 그 눈을 뜨게 하여 어둠에서 빛으로, 사탄의 권세에서 하나님
께로 돌아오게 하고 죄 사함과 나를 믿어 거룩하게 된 무리 가운데서
기업을 얻게 하리라 하더이다 19. 아그립바 왕이여 그러므로 하늘에
서 보이신 것을 내가 거스르지 아니하고 20. 먼저 다메섹과 예루살
렘에 있는 사람과 유대 온 땅과 이방인에게까지 회개하고 하나님께
로 돌아와서 회개에 합당한 일을 하라 전하므로 21. 유대인들이 성
전에서 나를 잡아 죽이고자 하였으나 22. 하나님의 도우심을 받아
내가 오늘까지 서서 높고 낮은 사람 앞에서 증언하는 것은 선지자들
과 모세가 반드시 되리라고 말한 것밖에 없으니 23. 곧 그리스도가
고난을 받으실 것과 죽은 자 가운데서 먼저 다시 살아나사 이스라엘
과 이방인들에게 빛을 전하시리라 함이니이다 하니라 24. 바울이 이
같이 변명하매 베스도가 크게 소리 내어 이르되 바울아 네가 미쳤도
다 네 많은 학문이 너를 미치게 한다 하니 25. 바울이 이르되 베스도
각하여 내가 미친 것이 아니요 참되고 온전한 말을 하나이다 26. 왕
께서는 이 일을 아시기로 내가 왕께 담대히 말하노니 이 일에 하나라

도 아시지 못함이 없는 줄 믿나이다 이 일은 한쪽 구석에서 행한 것
이 아니니이다 27. 아그립바 왕이여 선지자를 믿으시나이까 믿으시
는 줄 아나이다 28. 아그립바가 바울에게 이르되 네가 적은 말로 나
를 권하여 그리스도인이 되게 하려 하는도다 29. 바울이 이르되 말
이 적으나 많으나 당신뿐만 아니라 오늘 내 말을 듣는 모든 사람도
다 이렇게 결박된 것 외에는 나와 같이 되기를 하나님께 원하나이다
하니라

1절 아그립바가 바울에게 이르되 너를 위하여 말하기를 네게 허락하노라 하니 이에 바울이 손을 들어 변명하되

베스도로부터 바울의 심문을 의뢰받은 아그립바 왕은 바울에게 변론할 것을 허락하였습니다.

이 자리에서 바울은 아그립바 왕에게 변론을 하지 않겠다고 거부할 수도 있었습니다. 왜냐하면 이곳은 법정이 아니었고 법적 제한을 받지 않았기 때문입니다. 또한 아그립바 왕이 재판권을 갖고 있지 않았을 뿐만 아니라 이미 로마 황제에게 상소하겠다는 바울의 항소가 받아들여진(25:11) 상태였기 때문에 또 다시 변증해야 할 의무가 없었습니다. 이제 바울의 문제는 오직 황제의 법정에서만 다룰 수 있게 된 것입니다. 그러나 바울은 이 모든 사실들을 잘 알고 있으면서도 아그립바 왕의 요구를 거절하지 않고 변론하였습니다. 그것은 접견 장소에 모인 사람들에게 예수 그리스도의 복음을 전하기 위해서였습니다.

2-3절 아그립바 왕이여 유대인이 고발하는 모든 일을 오늘 당신 앞에서 변명하게 된 것을 다행히 여기나이다 특히 당신이 유대인의

모든 풍속과 문제를 아심이니이다 그러므로 내 말을 너그러이 들으시기를 바라나이다

아그립바는 로마 황제로부터 성전 관리뿐 아니라 대제사장 임명권까지 위임받았으므로 자신의 권한을 소신 있게 행사할 수 있었습니다. 또한 그 자신이 유대인이었기 때문에 유대인의 관습과 유대교의 종교적 배경을 잘 이해하고 있었습니다. 특히 유대인들이 바리새파와 사두개파와 헤롯파로 나뉘어 서로 화합하지 못하는 이유도 알고 있었습니다. 그래서 바울은 유대인들이 자신을 정죄하고자 하는 이유를 아그립바 왕 앞에서 진술하게 된 것을 기쁘게 생각한다고 말했던 것입니다.

4-5절 내가 처음부터 내 민족과 더불어 예루살렘에서 젊었을 때 생활한 상황을 유대인이 다 아는 바라 일찍부터 나를 알았으니 그들이 증언하려 하면 내가 우리 종교의 가장 엄한 파를 따라 바리새인의 생활을 하였다고 할 것이라

바울은 바리새인이었으며 그의 성장 배경과 생활 방식은 유대인들에게 이미 다 알려져 있었습니다.

바리새인들은 유대교 신자들 중에서도 가장 열심 있는 자들로서 일주일에 두 번 금식하고 모든 수입에서 십일조를 드리는 생활을 하였습니다. 뿐만 아니라 바리새인들은 율법의 일점일획까지 다 지키려고 애쓰는 엄격한 사람들이었습니다. 그러므로 바울은 자신의 과거를 아는 유대인이라면 결코 함부로 대할 수 없을 것이라고 생각했던 것입니다. 즉, 가장 엄격한 바리새인으로 살았다는 사실 외에 유대인들이 자신에 대해 증언할 것은 없을 것이라고 생각했습니다.

6절 이제도 여기 서서 심문 받는 것은 하나님이 우리 조상에게 약속하신 것을 바라는 까닭이니

바울은 젊은 시절에 그를 아는 모든 유대인들로부터 순수한 바리새인으로 인정받았습니다. 과거 바울이 예루살렘에서 바리새인으로 살았을 때만 해도 그가 종교적인 문제로 법정에서 심판받게 되리라고는 아무도 상상하지 못했을 것입니다. 그는 그만큼 열렬한 유대교 신자였습니다. 그러나 기독교로 개종한 바울은 이제 법정에서 재판을 받고 있으며 그것도 이교도의 재판장인 베스도 앞에 서 있는 처지가 되었습니다.

바울은 순수한 마음으로 하나님께서 조상들에게 약속하신 말씀을 믿고 있었습니다. 곧 그는 조상들에게 장차 메시아가 오실 것이라고 약속하신 하나님의 말씀을 믿었으며, 그것 때문에 심문을 받게 된 것입니다.

7절 이 약속은 우리 열두 지파가 밤낮으로 간절히 하나님을 받들어 섬김으로 얻기를 바라는 바인데 아그립바 왕이여 이 소망으로 말미암아 내가 유대인들에게 고소를 당하는 것이니이다

바울은 자신에 대한 유대인들의 송사가 부당한 것임을 밝혔습니다. 즉, 자신이 조상들의 신앙을 그대로 따르고 있음에도 불구하고 유대인들로부터 박해받고 있는 부당성에 대해서 말하였습니다. 여기서 바울이 말하는 조상들의 신앙, 즉 이스라엘 열두 지파의 신앙은 메시아에 대한 '약속' 과 '소망' 입니다.

약속과 소망은 깊은 관련이 있습니다. 구약 시대의 사람들은 메시아께서 오실 것이라는 하나님의 약속을 받았기 때문에 메시아의 강림을 간

절히 소망하며 기다렸습니다. 그렇게 수천 년의 이스라엘 역사에 면면히 계승되어 온 메시아에 대한 소망은 예수 그리스도의 성육신으로 성취되었습니다. 따라서 유대인들의 오랜 소망과 기독교는 상호 연관되어 있는 것입니다. 그러나 막상 메시아이신 예수님께서 이 세상에 오셨을 때 유대인들은 예수님을 영접하지 않고 오히려 박해하였습니다. 유대인들은 메시아가 이 세상에 영광의 구름을 타고 광명 중에 오실 줄로 알고 있었기 때문입니다. 메시아가 고난의 종으로 오실 것을 전혀 예상하지 못했던 그들은 그만 예수님을 십자가에 못 박고 말았습니다.

바울은 지금 자신이 유대인들에게 고소를 당하는 이유가 바로 이와 같은 메시아에 대한 소망 때문이라고 말하였습니다. 그리고 이스라엘 열두 지파가 밤낮으로 바라고 기다렸던 메시아, 즉 예수 그리스도를 전한다는 이유로 유대인들이 자신을 박해하며 소송하는 것은 부당한 일이라고 주장하였습니다.

8절 당신들은 하나님이 죽은 사람을 살리심을 어찌하여 못 믿을 것으로 여기나이까

바울은 하나님께서 이스라엘 조상들에게 주신 약속과 그로 인한 소망에 대해 설명한 후 계속하여 그 약속과 소망의 본질에 대해서 말하였습니다.

하나님께서는 전능하신 분으로서 인간은 물론 이 세상의 모든 생명체의 생사화복을 주관하십니다. 하나님께서 죽은 사람을 살리신 일은 성경에 기록되어 있습니다. 이처럼 하나님의 능력이 무한하므로 죽은 자의 부활을 믿지 못할 이유가 전혀 없는 것입니다. 더욱이 죽은 자의 부활을

믿는 자들이 예수 그리스도의 부활을 믿지 못한다는 것은 모순입니다. 그래서 바울은 그곳에 함께 있는 자들을 향하여 "어찌하여 못 믿을 것으로 여기나이까" 라고 지혜롭게 반문하였습니다.

9절 나도 나사렛 예수의 이름을 대적하여 많은 일을 행하여야 될 줄 스스로 생각하고

바울은 그리스도인들을 심하게 박해했던 자신의 과거에 대해 말하였습니다. 그는 하나님께서 약속하신 대로 예수 그리스도께서 이 세상에 오셔서 죽으시고 부활하셨다는 사실을 믿지 않던 자였습니다. 뿐만 아니라 그는 예수님의 이름을 대적하고 교회를 박해하였던 대표적인 인물이었습니다.

10절 예루살렘에서 이런 일을 행하여 대제사장들에게서 권한을 받아 가지고 많은 성도를 옥에 가두며 또 죽일 때에 내가 찬성투표를 하였고

과거에 바울은 나사렛 예수의 이름을 대적하기로 결심하고 예루살렘에서부터 교회와 성도들을 박해하였습니다. 그리고 더 나아가 대제사장들에게서 권한을 받아 가지고 여러 지역에 가서 그리스도인들을 옥에 가두고 죽이는 일에 앞장섰습니다. 또한 그는 예루살렘 교회의 일곱 집사 중 하나인 스데반 집사를 죽일 때에도 찬성을 표함으로 그를 죽음으로 몰아넣는 데 한몫을 하였습니다.

그런데 지금 바울은 과거에 자신이 박해하였던 그리스도인들을 '성도' 라고 호칭함으로써 자신의 과거의 행동이 큰 범죄 행위였으며 그 모

든 것이 자신의 책임이라고 고백하고 있습니다.

11절 또 모든 회당에서 여러 번 형벌하여 강제로 모독하는 말을 하게 하고 그들에 대하여 심히 격분하여 외국 성에까지 가서 박해하였고

바울은 예루살렘의 모든 회당을 두루 다니며 성도들로 하여금 예수님을 부인하거나 저주하도록 강요하여 그리스도를 배신하게 하였습니다. 그리고 그들이 이를 거부하고 도망할 때에는 끝까지 추격하였습니다. 여기서 '강제로 모독하는 말을 하게 하였다' 는 말은 성도들이 예수님을 배신하고 부인할 때까지 계속 잔인한 형벌을 가했다는 것입니다.

12절 그 일로 대제사장들의 권한과 위임을 받고 다메섹으로 갔나이다

바울의 인생에 있어서 일대 전환을 하는 계기가 되었던 다메섹 도상에서의 사건에 대한 설명이 시작되고 있습니다.

바울은 그리스도인들을 잡아들이기 위하여 대제사장들로부터 권한과 위임을 받고 다메섹으로 가는 도중 불가항력적인 하나님의 역사를 통하여 기독교로 개종하게 된 일생일대의 사건을 설명하였습니다.

13-14절 왕이여 정오가 되어 길에서 보니 하늘로부터 해보다 더 밝은 빛이 나와 내 동행들을 둘러 비추는지라 우리가 다 땅에 엎드러지매 내가 소리를 들으니 히브리 말로 이르되 사울아 사울아 네가 어찌하여 나를 박해하느냐 가시채를 뒷발질하기가 네게 고생이니라

바울과 그 일행이 다메섹으로 가고 있을 때였습니다. 갑자기 하늘로부터 햇빛보다 더 밝은 빛이 그들을 둘러 비치자 그들은 모두 놀라서 땅에 엎드렸습니다.

사람은 자기가 강하다고 생각하고 자기가 하고 있는 일이 잘 되면 큰소리를 칩니다. 그러나 생각지 못한 문제에 갑자기 부딪치면 허약하기 짝이 없는 존재가 됩니다. 바울도 그러했습니다. 그렇게도 기세등등하여 그리스도인들을 잡으러 가던 바울이 하나님의 빛 앞에 무력해졌습니다.

그런데 바로 그때 창세전에 바울의 구원을 예정하셨던 예수님께서 바울을 부르셨습니다. 예수님께서는 하나님을 믿고 섬기면서도 하나님께서 이 세상에 메시아로 보내신 자신과 교회를 박해하는 바울의 행위가 몹시 안타까우셨습니다. 그래서 "가시채를 뒷발질하기가 네게 고생이니라" 고 말씀하셨습니다. 이것은 곧 예수님을 대적하는 행위가 무모한 것임을 뜻합니다. '가시채' 는 소가 말을 듣지 않을 때 사용하는 것으로 끝에 뾰족한 쇠나 뼈를 달아 만든 채찍입니다. 가시채로 맞은 소가 반항하여 뒷발질하면 가시채에 더욱 심하게 찔려 더 큰 고통을 받게 됩니다.

예수님을 박해하는 것은 곧 가시채를 뒷발질하는 것과 같기 때문에 예수님을 대적하는 데서 돌이키지 않으면 점점 더 고통을 당하게 되는 것입니다. 주님께서는 사람이 잘못된 길로 나가면 그 사람을 가시채로 몰아 반드시 하나님께서 뜻하시고 계획하신 곳으로 인도해 가시는 것입니다.

15절 내가 대답하되 주님 누구시니이까 주께서 이르시되 나는 네가 박해하는 예수라 바울은 자신이 하고 있는 일이 하나님을 섬기는 일인 줄 알고 열심을 다해 교회를 훼파하고 성도들을 잡아 가두고 고문을 가하고 죽이기까지 했습니다. 그러나 다메섹으로 가는 길에 나타나신 주님께서 바울에게 "나는 네가 박해하는 예수라" 고 말씀하셨습니다. 지금껏 바울이 열성을 다해 하나님께 충성하고 있다고 자부하면서 행해온 일들이 전적으로 잘못된 것임이 밝혀진 것입니다. 비로소 바울은 자신이 그토록 대적해 왔던 예수님이 바로 만왕의 왕이요, 만주의 주이시며, 곧 하나님이시라는 사실을 깨닫게 되었습니다.

16절 일어나 너의 발로 서라 내가 네게 나타난 것은 곧 네가 나를 본 일과 장차 내가 네게 나타날 일에 너로 종과 증인을 삼으려 함이니

주님께서는 땅바닥에 엎드려 있는 바울에게 일어서라고 말씀하셨습니다. 이것은 그 상황에서 바울이 할 수 있는 전부였습니다. 왜냐하면 그는 주님의 찬란한 영광의 광채에 눈이 멀어서 누군가가 부축하여 이끌어 주지 않으면 걸을 수 없는 상태가 되었기 때문입니다.

바울이 일어서자 주님께서는 그에게 친히 나타나신 이유가 무엇인지 말씀해 주셨습니다. 주님께서는 바울에게 "네가 나를 본 일과 장차 내가 네게 나타날 일에 너로 종과 증인을 삼으려 함이니" 라고 말씀하셨습니다. 주님께서는 바울을 하나님의 일꾼으로 사용하시기 위해 그에게 나타나셔서 불러 주신 것입니다. 그리하여 이제껏 예수님을 대적하던 바울은 예수 그리스도의 증인으로서 새 삶을 살게 되었습니다.

17-18절 이스라엘과 이방인들에게서 내가 너를 구원하여 그들에게 보내어 그 눈을 뜨게 하여 어둠에서 빛으로, 사탄의 권세에서 하나님께로 돌아오게 하고 죄 사함과 나를 믿어 거룩하게 된 무리 가운데서 기업을 얻게 하리라 하더이다

계속하여 바울은 주님께로부터 받은 자신의 사명에 대해 설명하였습니다. 그것은 다름 아닌 선교 사명이었습니다. 바울은 하나님께서 이스라엘과 이방인들을 구원하시기 위해 쓰실 일꾼이었습니다. 주님께서는 바울을 통해 주님을 알지 못하는 사람들이 흑암의 권세에서 놓여나 하나님께로 돌아와서 죄 사함을 받고 구원받아 하늘나라의 기업을 얻게 하려는 계획을 가지고 계셨습니다.

첫 사람 아담의 범죄 이후 아담의 후손으로 태어난 이 세상의 모든 사람들은 그 누구도 예외 없이 죄의 본성을 가지고 영의 눈이 먼 채 살고 있습니다. 영의 눈이 먼 사람들은 양심마저 점점 무디어져 죄를 깨닫지 못합니다. 그런데 이러한 죄악의 문제는 인간 스스로 해결할 수 없고 오직 성령의 역사하심으로 예수 그리스도의 십자가 앞에 나아갈 때 해결됩니다. 이것은 하나님의 말씀을 전파할 때 성령께서 역사하심으로 이루어지는 것입니다. 그리하여 죄악 가운데 있던 인생들이 영의 눈을 뜨고 주님의 십자가 보혈의 능력을 힘입어 죄 사함을 받고 빛의 자녀가 되어 변화된 새 인생을 살게 되는 것입니다.

19절 아그립바 왕이여 그러므로 하늘에서 보이신 것을 내가 거스르지 아니하고

바울은 다메섹 도상에서 주님을 만난 이후 성령의 강권적인 주도하심

에 따라 살아왔습니다. 그래서 바울은 하늘에서 보이신 것을 거스르지 아니하였다고 자신 있게 말할 수 있었습니다.

그리스도인의 신앙이 그리스도께 대한 순종이라면, 불신앙은 불순종입니다. 그리스도께 순종하는 것은 자신의 노력으로 되는 것이 아니라 하나님 은혜로 이루어질 수 있는 것입니다. 반면에 불순종은 그리스도를 고의적으로 거부하는 것으로 전적으로 인간에게 책임이 있습니다. 그러므로 여기서 바울이 거스르지 않았다는 것은 자기 자신에게 확신을 두고 하는 말이 아닙니다. 그가 주님의 명령에 순종하여 사명을 감당하였다는 것을 설명하는 것입니다.

20절 먼저 다메섹과 예루살렘에 있는 사람과 유대 온 땅과 이방인에게까지 회개하고 하나님께로 돌아와서 회개에 합당한 일을 하라 전하므로

하나님께서 바울에게 주신 사명은 실로 엄청난 것이었습니다. 그래서 바울은 불타는 사명감을 가지고 다메섹과 예루살렘과 유대는 물론 이방인들에게까지 가서 예수 그리스도의 복음을 전파하며 "회개하고 하나님께로 돌아와서 회개에 합당한 일을 하라"고 외친 것입니다.

21-22절 유대인들이 성전에서 나를 잡아 죽이고자 하였으나 하나님의 도우심을 받아 내가 오늘까지 서서 높고 낮은 사람 앞에서 증언하는 것은 선지자들과 모세가 반드시 되리라고 말한 것밖에 없으니

바울은 전능하신 하나님의 특별한 도우심으로 죽음의 위기에서 살 수

있었습니다. 하나님께서는 그의 백성들뿐만 아니라 대적하는 원수들까지도 지배하시는 절대 주권자이십니다. 그렇기 때문에 성도는 자신의 모든 문제를 하나님께 맡기고 하나님의 말씀에 순종하며 살아가야 합니다. 그럴 때 하나님께서는 반드시 도움의 손길을 베풀어 주십니다.

바울은 이와 같은 하나님을 경험하였습니다. 그렇기 때문에 그는 유대인들이 아무리 자신을 박해할지라도 하나님의 능력과 도우심을 믿고 조금도 요동하지 않을 수 있었으며, 오히려 그들을 향하여 선지자들과 모세가 예언한 하나님의 말씀을 전하였습니다.

23절 곧 그리스도가 고난을 받으실 것과 죽은 자 가운데서 먼저 다시 살아나사 이스라엘과 이방인들에게 빛을 전하시리라 함이니이다 하니라

바울은 선지자들과 모세가 말한 바와 같이 '그리스도가 고난을 받으실 것' 에 역점을 두고 증언하였습니다. 바울은 메시아에 관한 구약의 모든 예언이 문자 그대로 예수 그리스도 안에서 성취되었다고 증언했습니다.

유대인들이 생각하고 있는 메시아는 인간의 모든 죄와 저주를 담당하고 결국은 고난을 받아 죽게 되는 메시아가 아니었습니다. 그들은 오직 이 세상을 정복하고 승리하는 왕으로서의 메시아만을 생각하였습니다. 그러나 예수님께서는 이 세상에서 고난을 받으시고 죽으심으로 선지자들의 예언을 성취시키셨습니다. 그리고 죽은 지 사흘 만에 다시 살아나셔서 부활의 첫 열매가 되셨습니다. 예수 그리스도는 영광의 생명으로 부활하신 것입니다. 그리고 이처럼 영광을 받으신 그리스도께서는 세상

모든 민족에게 부활과 생명의 빛을 전하셨습니다.

24절 바울이 이같이 변명하매 베스도가 크게 소리 내어 이르되 바울아 네가 미쳤도다 네 많은 학문이 너를 미치게 한다 하니

로마 사람이며 이교도인 베스도는 구약 성경을 읽어 볼 기회가 없었을 것입니다. 그리고 그는 유대에 총독으로 부임한 지 얼마 되지 않았으므로 유대의 풍습과 종교도 잘 알 수 없었습니다. 그러므로 베스도는 예수님께서 죽었다가 영광의 부활을 하셨다는 것과 그 예수님이 빛 가운데서 바울에게 나타나 그에게 생명의 빛과 회개의 메시지를 전파하도록 위임하셨다는 바울의 말이 기이하게만 들렸습니다. 그래서 베스도는 "바울아 네가 미쳤도다 네 많은 학문이 너를 미치게 한다"라고 소리 질렀습니다.

25절 바울이 이르되 베스도 각하여 내가 미친 것이 아니요 참되고 온전한 말을 하나이다

바울은 베스도가 큰 소리로 자신을 미쳤다고 비난함에도 불구하고 침착한 자세로 베스도의 말에 대답하였습니다. 비록 다른 사람들이 미쳤다고 공격을 할지라도 성경에 입각한 말을 하는 자는 온전한 자입니다. 그러므로 바울은 "내가 미친 것이 아니요 참되고 온전한 말을 하나이다"라고 말하였습니다.

바울처럼 우리 그리스도인들은 때로 세상 사람들로부터 미쳤다는 말을 듣게 됩니다. 그러나 우리는 그러한 오해조차도 달게 받아들일 수 있습니다. 그것은 "우리가 살아도 주를 위하여 살고 죽어도 주를 위하여 죽나니 그러므로 사나 죽으나 우리가 주의 것"(롬 14:8)이기 때문입니다. 그

리고 예수 그리스도를 인하여 능욕을 받는 자들에게는 하나님 나라의 큰 상이 기다리고 있기 때문입니다(마 5:11-12).

26절 왕께서는 이 일을 아시기로 내가 왕께 담대히 말하노니 이 일에 하나라도 아시지 못함이 없는 줄 믿나이다 이 일은 한쪽 구석에서 행한 것이 아니니이다

바울은 베스도가 자신의 변증을 도무지 이해하지 못함을 알고 더 이상 베스도에게 말하지 않고 아그립바 왕을 증인으로 삼아 자신을 변호하였습니다.

바울은 아그립바 왕이 자신의 말을 충분히 이해했으리라 생각하고 모든 것을 다 왕에게 말한다고 했습니다. 왜냐하면 아그립바 왕이 유대교와 구약 성경에 대해 잘 알고 있다는 점을 알았기 때문입니다. 비록 아그립바 왕은 로마에서 자라 그곳에서 교육을 받았지만 유대교에 집착해 있는 사람이었습니다. 또한 그는 대제사장을 지명하는 권한을 가진 성전의 보호자로서 공적으로 유대인의 종교는 물론 유대 사회와 관련된 일들을 모두 알고 있어야 할 의무가 있었습니다.

그럼에도 불구하고 바울은 아그립바 왕에게 "이 일에 하나라도 아시지 못함이 없는 줄 믿나이다"라고 말하면서 세심한 주의를 기울였습니다. 더불어 그가 믿는 확증에 대해 "이 일은 한쪽 구석에서 행한 것이 아니니이다"라고 말하였습니다. 예수 그리스도의 죽음과 부활 사건은 이미 그 증거가 충분하였고 아그립바 왕 또한 그 일을 분명히 알고 있었을 것이기 때문입니다.

27절 아그립바 왕이여 선지자를 믿으시나이까 믿으시는 줄 아나이다

바울은 아그립바 왕에게 질문을 했는데, 그것은 아그립바 왕의 대답을 듣기 위한 것이 아니라 그가 하나님의 말씀을 믿는 자라는 것을 확인하기 위한 것이었습니다.

아그립바 왕은 유대인으로서 선지자들의 예언을 믿는 사람이었습니다. 구약 성경에 기록된 선지자들의 예언대로 메시아께서 이 세상에 오실 것도 믿고 있었습니다. 그러므로 바울은 아그립바 왕에게 선지자의 예언대로 이 세상에 오신 예수 그리스도를 믿어야 되지 않겠느냐고 담대히 복음을 전했습니다.

우리는 여기서 때를 얻든지 못 얻든지 하늘에서 보이신 자신의 사명을 감당하기 위해 열심을 다하고 있는 바울의 모습을 볼 수 있습니다. 이제 바울은 죄인으로서 심문을 받는 입장이라기보다는 오히려 복음 증거자의 입장에 서 있는 것입니다.

28절 아그립바가 바울에게 이르되 네가 적은 말로 나를 권하여 그리스도인이 되게 하려 하는도다

바울은 비록 죄인의 신분으로 섰지만 아그립바 왕을 비롯하여 그곳에 둘러서 있는 사람들의 영혼을 불쌍히 여기는 마음으로 복음을 전하였습니다.

아그립바 왕은 바울의 말에서 잘못을 발견할 수 없었습니다. 오히려 호소력 있는 바울의 말에 동화되어 가는 자신을 발견하게 되었습니다. 그러나 아그립바 왕은 바울을 올바로 이해하지 못하는 주위 사람들 앞에서 바울의 변호를 수긍할 수는 없었습니다. 그래서 "네가 적은 말로 나를 권하

여 그리스도인이 되게 하려 하는도다" 라고 냉담하게 말하였습니다.

29절 바울이 이르되 말이 적으나 많으나 당신뿐만 아니라 오늘 내 말을 듣는 모든 사람도 다 이렇게 결박된 것 외에는 나와 같이 되기를 하나님께 원하나이다 하니라

바울은 마음을 다하여 아그립바 왕과 그 자리에 참석한 모든 사람이 주님께 돌아오기를 간절히 호소함으로써 변론을 마쳤습니다.

"당신뿐만 아니라 오늘 내 말을 듣는 모든 사람도 다 이렇게 결박된 것 외에는 나와 같이 되기를 하나님께 원하나이다". 이와 같이 바울은 접견 장소에 모여서 자신의 말을 듣고 있는 모든 사람이 예수 그리스도를 믿어 구원받기를 원하였습니다. 그러나 어느 한 사람이라도 주님께로 돌아오게 되는 것은 전적으로 하나님의 주권적인 역사에 기초한 것임을 알았기에 모든 사람이 자기와 같은 그리스도인이 되기를 하나님께 원한다고 말한 것입니다.

2. 아그립바 왕의 판결(26:30-32)

30. 왕과 총독과 버니게와 그 함께 앉은 사람들이 다 일어나서 31. 물러가 서로 말하되 이 사람은 사형이나 결박을 당할 만한 행위가 없다

하더라 32. 이에 아그립바가 베스도에게 이르되 이 사람이 만일 가이사에게 상소하지 아니하였더라면 석방될 수 있을 뻔하였다 하니라

30절 왕과 총독과 버니게와 그 함께 앉은 사람들이 다 일어나서

바울의 담대한 진술로 심문은 끝이 났습니다. 이제 이 모임을 연장하거나 단축시키는 것은 아그립바 왕의 재량에 달린 문제였습니다. 왜냐하면 베스도 총독이 바울의 심문을 아그립바 왕에게 의뢰하였기 때문입니다. 그런데 아그립바 왕은 바울의 말에서 조금도 잘못된 점을 발견할 수 없었기 때문에 더 이상 바울을 심문할 필요성을 느끼지 못하였습니다. 아그립바 왕과 그 자리에 함께 있던 모든 사람은 자리에서 일어나 물러갔습니다. 아그립바 왕은 바울이 간절히 호소했던 말을 마음에 간직한 채, 그의 말 속에 담겨 있던 이상하고도 기이한 능력에 대해 생각하면서 물러갔습니다. 아그립바 왕은 바울에게서 복음의 핵심을 전해 들었으며 이제 그는 복음에 순종할 것을 결단해야 했습니다.

31절 물러가 서로 말하되 이 사람은 사형이나 결박을 당할 만한 행위가 없다 하더라

접견 장소에서 나온 아그립바 왕과 버니게와 베스도 총독과 그곳에 함께 있던 사람들은 다른 곳으로 장소를 옮겨 바울의 문제를 논의하였습니다. 그들은 바울이 무죄라는 의견에 일치를 보았습니다. 비록 베스도는 바울을 이해하지 못하여 그를 미쳤다고 말했지만 그것은 바울의 죄와는 무관한 것이었습니다. 따라서 그들은 바울이 죽임을 당하거나 결박당할

만한 죄를 저지르지 않았다고 결론을 내렸습니다.

32절 이에 아그립바가 베스도에게 이르되 이 사람이 만일 가이사에게 상소하지 아니하였더라면 석방될 수 있을 뻔하였다 하니라

아그립바 왕은 바울의 소송 문제를 논의했던 베스도 총독에게 바울의 무죄를 확인시켰습니다. "이 사람이 만일 가이사에게 상소하지 아니하였더라면 석방될 수 있을 뻔하였다"는 아그립바 왕의 말은 곧 바울에게 죄가 없다는 것입니다.

그런데 이러한 아그립바 왕의 말은 베스도에게 있어서 그다지 위로가 되지 않았습니다. 왜냐하면 죄 없는 사람을 죄수로 가이사에게 호송해야 할 일이 남아 있었기 때문입니다.

한편 바울은 이제 법적으로 무죄가 입증되었지만 가이사에게 상소하였기 때문에 로마로 호송되게 되었습니다. 천부장에게, 벨릭스와 베스도에게, 아그립바 왕에게 받은 심문을 통하여 무죄가 입증되었음에도 불구하고 석방되지 못하고 계속 구속되어 있다가 결국 가이사에게까지 호송되어야 하는 바울의 처지는 참으로 억울하다고 할 수밖에 없습니다. 그러나 이것은 바울을 로마에 보내어 복음을 전파하시려는 하나님의 깊은 뜻으로 이루어진 하나님의 섭리였습니다.

제 27 장

로마로 향하는 **바울**

A COMMENTARY ON
THE ACTS OF THE
APOSTLES Ⅱ

본 장에는 바울이 가이사랴를 떠나 로마로 호송되어 가는 여정이 기록되어 있습니다. 배를 타고 가던 바울 일행은 도중에 유라굴로라는 광풍을 만나 죽을 고비를 맞게 되었습니다. 바울은 함께 승선한 불신자들이 광풍으로 인하여 두려워할 때 그들을 복음으로 위로하고 소망을 주며 지혜롭게 대처해 나갔습니다. 바울 일행은 하나님의 보호하심을 받아 무사히 멜리데 섬에 상륙하였습니다.

1. 그레데까지(27:1-8)

1. 우리가 배를 타고 이달리야에 가기로 작정되매 바울과 다른 죄수
몇 사람을 아구스도대의 백부장 율리오란 사람에게 맡기니 2. 아시
아 해변 각처로 가려 하는 아드라뭇데노 배에 우리가 올라 항해할새
마게도냐의 데살로니가 사람 아리스다고도 함께하니라 3. 이튿날
시돈에 대니 율리오가 바울을 친절히 대하여 친구들에게 가서 대접
받기를 허락하더니 4. 또 거기서 우리가 떠나가다가 맞바람을 피하
여 구브로 해안을 의지하고 항해하여 5. 길리기아와 밤빌리아 바다
를 건너 루기아의 무라 시에 이르러 6. 거기서 백부장이 이달리야로
가려 하는 알렉산드리아 배를 만나 우리를 오르게 하니 7. 배가 더
디 가 여러 날 만에 간신히 니도 맞은편에 이르러 풍세가 더 허락하
지 아니하므로 살모네 앞을 지나 그레데 해안을 바람막이로 항해하
여 8. 간신히 그 연안을 지나 미항이라는 곳에 이르니 라새아 시에
서 가깝더라

1절 우리가 배를 타고 이달리야에 가기로 작정되매 바울과 다른 죄수 몇 사람을 아구스도대의 백부장 율리오란 사람에게 맡기니

본 서의 저자 누가는 '우리' 라는 표현을 쓰고 있습니다. 누가는 이 사건의 생생한 목격자로서 로마로 가는 바울의 여정을 정확하게 기록하고 있습니다.

바울은 가이사에게 상소하기 위하여 가이사랴를 떠나 이달리야로 향하였습니다. 바울은 다른 죄수들과 함께 아구스도 호송 부대의 호위를 받으며 길을 떠났습니다. 아구스도대는 황제와 군대 사이에서 통신을 전달해 주며 죄수를 로마로 호송하는 임무를 맡고 있는 부대였습니다. 바울은 다른 죄수 몇 사람과 함께 아구스도대의 백부장 율리오가 이끄는 군사들의 호위를 받으며 로마로 향하는 긴 항해를 시작했습니다.

2절 아시아 해변 각처로 가려 하는 아드라뭇데노 배에 우리가 올라 항해할새 마게도냐의 데살로니가 사람 아리스다고도 함께하니라

바울이 로마로 갈 때 누가뿐만 아니라 아리스다고도 동행하였습니다. 누가는 바울을 돌보는 의사로서, 아리스다고는 시중드는 사람으로서 함께 승선하였던 것 같습니다. 비록 바울이 어려운 처지에 있었을지라도 그들은 고난의 자리를 마다하지 않고 동참하는 참된 우애를 보여 주었습니다.

이와 마찬가지로 우리는 고난 가운데 있을 때 진정한 친구를 가려낼 수 있습니다. 형편이 좋을 때에는 친구가 많이 모여들지만 고난과 시련을 당할 때에는 그 많던 친구들이 다 떠나가 버립니다. 그러나 진정한 친구는 어려움을 당할 때 오히려 함께 있어 줍니다. 참으로 좋은 친구란 어

려움을 함께 나누는 친구요, 내 속에 있는 장점을 발견하여 계발할 수 있도록 도와주는 친구입니다. 그러므로 주님 안에서 한 형제 된 우리는 환경이 좋을 때나 나쁠 때나 함께하는 친구로서 그리스도의 도를 전하다가 함께 천국에 들어가야 할 것입니다.

3절 이튿날 시돈에 대니 율리오가 바울을 친절히 대하여 친구들에게 가서 대접받기를 허락하더니

바울 일행이 승선한 이튿날 배는 시돈에 도착하였습니다. '시돈' 은 가이사랴 북방 약 100㎞ 지점에 위치한 페니키아의 항구입니다. 배가 시돈에 정박하자 백부장 율리오는 바울이 시돈의 그리스도인들을 만나 볼 수 있도록 허락해 주었습니다. 율리오가 이처럼 바울에게 특별한 호의를 베푼 이유는 그에게 호감을 느꼈기 때문인 듯합니다. 율리오의 배려로 바울은 비록 죄수의 몸으로 로마에 호송되어 가는 중이었지만 그리스도인들과 교제하는 시간을 가질 수 있었습니다.

4-6절 또 거기서 우리가 떠나가다가 맞바람을 피하여 구브로 해안을 의지하고 항해하여 길리기아와 밤빌리아 바다를 건너 루기아의 무라 시에 이르러 거기서 백부장이 이달리야로 가려 하는 알렉산드리아 배를 만나 우리를 오르게 하니

바울 일행은 다시 배를 타고 시돈을 떠나 길리기아와 밤빌리아 바다를 건너 루기아의 무라 시에 이르렀습니다. 그리고 그곳에서 바울 일행은 이달리야로 떠나는 알렉산드리아 배로 갈아탔습니다.

루기아의 무라 시에서 바울 일행이 승선한 알렉산드리아 배는 개인 소

유의 곡물 운반선이었으나 필요에 따라서는 여객선으로도 이용되었으므로 승선하는 데에는 무리가 없었습니다.

7-8절 배가 더디 가 여러 날 만에 간신히 니도 맞은편에 이르러 풍세가 더 허락하지 아니하므로 살모네 앞을 지나 그레데 해안을 바람막이로 항해하여 간신히 그 연안을 지나 미항이라는 곳에 이르니 라새아 시에서 가깝더라

로마로 가는 항해는 순조롭지 못했습니다. 무라 시를 떠난 배는 북서쪽에서 강하게 불어오는 바람 때문에 천신만고 끝에 겨우 니도 맞은편에 이르렀습니다. 그러나 바람으로 인해 배는 그곳에서 더 이상 나아갈 수 없게 되었습니다. 이에 바울 일행을 태운 배는 방향을 돌려 그레데 섬 남쪽 연안의 살모네를 지나 미항으로 갔습니다. 미항은 그레데의 남해안에 위치한 작은 만(灣)으로 바람을 잠시 피하기에는 알맞은 곳이었습니다. 그러므로 바울 일행은 거세게 몰아치는 바람을 피해 미항에서 쉬어 가게 되었습니다.

2. 풍랑을 만난 바울 일행(27:9-26)

9. 여러 날이 걸려 금식하는 절기가 이미 지났으므로 항해하기가 위

태한지라 바울이 그들을 권하여 10. 말하되 여러분이여 내가 보니 이번 항해가 하물과 배만 아니라 우리 생명에도 타격과 많은 손해를 끼치리라 하되 11. 백부장이 선장과 선주의 말을 바울의 말보다 더 믿더라 12. 그 항구가 겨울을 지내기에 불편하므로 거기서 떠나 아무쪼록 뵈닉스에 가서 겨울을 지내자 하는 자가 더 많으니 뵈닉스는 그레데 항구라 한쪽은 서남을, 한쪽은 서북을 향하였더라 13. 남풍이 순하게 불매 그들이 뜻을 이룬 줄 알고 닻을 감아 그레데 해변을 끼고 항해하더니 14. 얼마 안 되어 섬 가운데로부터 유라굴로라는 광풍이 크게 일어나니 15. 배가 밀려 바람을 맞추어 갈 수 없어 가는 대로 두고 쫓겨 가다가 16. 가우다라는 작은 섬 아래로 지나 간신히 거루를 잡아 17. 끌어 올리고 줄을 가지고 선체를 둘러 감고 스르디스에 걸릴까 두려워하여 연장을 내리고 그냥 쫓겨 가더니 18. 우리가 풍랑으로 심히 애쓰다가 이튿날 사공들이 짐을 바다에 풀어 버리고 19. 사흘째 되는 날에 배의 기구를 그들의 손으로 내버리니라 20. 여러 날 동안 해도 별도 보이지 아니하고 큰 풍랑이 그대로 있으매 구원의 여망마저 없어졌더라 21. 여러 사람이 오래 먹지 못하였으매 바울이 가운데 서서 말하되 여러분이여 내 말을 듣고 그레데에서 떠나지 아니하여 이 타격과 손상을 면하였더라면 좋을 뻔하였느니라 22. 내가 너희를 권하노니 이제는 안심하라 너희 중 아무도 생명에는 아무런 손상이 없겠고 오직 배뿐이리라 23. 내가 속한바 곧 내가 섬기는 하나님의 사자가 어젯밤에 내 곁에 서서 말하되 24. 바울아 두려워하지 말라 네가 가이사 앞에 서야 하겠고 또 하나님께서 너와 함께 항해하는 자를 다 네게 주셨다 하였으니 25. 그러므로 여러분이여 안심하라 나는 내게 말씀하신 그대로 되리라고 하나님을 믿노라 26. 그런즉 우리가 반드시 한 섬에 걸리리라 하더라

9절 여러 날이 걸려 금식하는 절기가 이미 지났으므로 항해하기가

위태한지라 바울이 그들을 권하여

거센 바람으로 인하여 항해가 계속 지체되는 동안 금식하는 절기가 지났습니다. 여기서 '금식하는 절기' 는 7월(티스리월) 10일에 거행되는 속죄일로서 태양력으로는 9월 24일에 지켜지는 절기입니다. 이날은 모든 유대인들이 하나님께 나아와 속죄제를 드리고 국가적으로 죄를 용서받는 날이었습니다. 그런데 지중해에는 금식하는 절기가 있는 9월 중순부터 겨울을 나기까지 심한 폭풍우가 불기 때문에 항해가 불가능 하였습니다. 오랜 여행의 경험이 있는 바울은 이러한 문제점을 잘 알고 있었습니다. 뿐만 아니라 바울은 하나님께로부터 영감을 받아 항해가 불가능하다는 것을 알았습니다. 그래서 바울은 배에 동승한 사람들에게 계속 항해를 하는 것이 위험하다는 사실을 경고하였습니다.

10절 말하되 여러분이여 내가 보니 이번 항해가 하물과 배만 아니라 우리 생명에도 타격과 많은 손해를 끼치리라 하되

바울은 기도하는 사람이었습니다. 하나님께서는 기도하는 바울에게 만일 항해를 강행할 경우 하물과 배가 큰 피해를 입게 될 것이며 승선한 사람들의 생명도 위험하게 될 것이라는 계시를 주셨습니다. 그래서 바울은 위험과 손실을 피하기 위해 하나님께로부터 받은 계시를 사람들에게 알려 주었습니다.

11절 백부장이 선장과 선주의 말을 바울의 말보다 더 믿더라

항해의 경험이나 기술면에 있어서는 선장이나 선주가 바울보다 더 전문가입니다. 그러므로 백부장 율리오는 바울의 말보다 선장과 선주의 말

을 더 믿었습니다. 그러나 세상에는 인간의 경험이나 기술만 가지고는 예측할 수 없는 일들이 많이 있습니다. 특히 인생을 살다 보면 하나님의 특별하신 섭리로 인하여 예기치 못한 상황이 전개되기도 하는데, 이럴 때 그리스도인과 불신자는 서로 상반된 태도를 보입니다. 그리스도인은 영의 사람이므로 하나님의 뜻을 찾습니다. 그러나 불신자는 육의 사람이므로 인간의 지혜와 지식과 경험을 따릅니다. 백부장이 바로 그러했습니다. 그는 하나님을 알지 못하였기 때문에 하나님께로부터 계시를 받아서 전하는 바울의 말보다 선장과 선주의 말을 따르기로 결정한 것입니다. 결국 이러한 백부장의 선택은 바울이 우려하던 바가 현실로 나타나게 되는 결과를 가져왔습니다.

12절 그 항구가 겨울을 지내기에 불편하므로 거기서 떠나 아무쪼록 뵈닉스에 가서 겨울을 지내자 하는 자가 더 많으니 뵈닉스는 그레데 항구라 한쪽은 서남을, 한쪽은 서북을 향하였더라

선장과 선주의 의견은 미항이 겨울을 나기에 불편하므로 뵈닉스에 가서 겨울을 보내자는 것이었습니다. 뵈닉스는 미항에서 서쪽으로 약 65㎞ 떨어진 곳에 위치한 항구로서 겨울을 나기에는 미항에 비해 좋은 곳이었습니다. 그러므로 선장과 선주는 자신들의 경험에 따라 보다 안전하고 정박하기 좋아 보이는 뵈닉스로 행선하기를 원했던 것입니다. 그러나 이러한 그들의 결정은 바다의 주인이 하나님이심을 깨닫지 못하고 인간적인 생각과 방법에 의존한 것이었습니다.

13절 남풍이 순하게 불매 그들이 뜻을 이룬 줄 알고 닻을 감아 그레

데 해변을 끼고 항해하더니

그들은 뵈닉스를 향해 항해하기 시작하였습니다. 때마침 남풍이 순하게 불어와 항해가 순조로웠습니다. 이에 그들은 안심하고 닻을 감아올리고 그레데 해변을 따라 항해하였습니다. 그러나 잠시 동안 환경이 순탄하다고 해서 모든 일이 다 잘되는 것은 아닙니다. 왜냐하면 일의 계획은 사람에게 있어도 그것을 이루시는 분은 하나님이시기 때문입니다(잠 16:9). 인간은 수단과 방법을 다 동원한다 해도 하나님의 인도하심이 없으면 어떤 일도 이룰 수 없습니다. 이러므로 우리는 무슨 일이든지 하나님께 맡기고 하나님의 결정에 따라야 하는 것입니다.

14절 얼마 안 되어 섬 가운데로부터 유라굴로라는 광풍이 크게 일어나니

순하게 불어오는 남풍에 밀려 순조롭게 진행되던 항해는 얼마 못되어 끝이 났습니다. 그레데 섬 중앙에서 형성된 유라굴로라는 광풍에 휘말려 배는 방향조차 잡을 수 없게 되었습니다. 하나님의 사람 바울의 권고를 무시하고 인간의 경험과 지혜를 따름으로써 모두가 위기에 처하게 된 것입니다.

이와 같이 신본주의적인 지혜를 외면하고 인본주의적인 지혜를 따라가는 사람은 얼마 있지 않아 유라굴로와 같은 인생의 거센 풍랑을 만나게 됩니다. 그러나 하나님을 믿고 의지하는 사람에게는 궁극적인 실패란 있을 수 없습니다. 왜냐하면 모든 것이 합력하여 선을 이루기 때문입니다. 그러므로 주님을 믿는 사람은 언제나 긍정적이고 적극적이며 창조적이고 생산적인 믿음을 가지고 살아야 합니다.

15-17절 배가 밀려 바람을 맞추어 갈 수 없어 가는 대로 두고 쫓겨 가다가 가우다라는 작은 섬 아래로 지나 간신히 거루를 잡아 끌어 올리고 줄을 가지고 선체를 둘러 감고 스르디스에 걸릴까 두려워하여 연장을 내리고 그냥 쫓겨 가더니

그들이 탄 배는 광풍에 휘말려 방향을 잡지 못하고 바람 부는 대로 밀려가다가 가우다라는 작은 섬 아래로 지나갔습니다. 그곳에서 선원들은 간신히 거룻배를 끌어 올리고 배가 부서지지 않도록 줄로 선체를 둘러 감을 수 있었습니다. 그러나 그들은 여전히 배가 스르디스에 걸리지 않도록 조심해야 했습니다. '스르디스'는 바다에 있는 큰 모래톱으로, 여기에 배가 걸리게 되면 파선(破船)하고 맙니다. 광풍과 스르디스의 위험이 도사리고 있는 가운데 바울 일행은 실로 두려움과 고난이 계속되는 항해를 할 수밖에 없었습니다.

이와 같은 두려움과 고난이 계속되기는 우리의 인생 항해도 마찬가지입니다. 오늘날 세상 사람들은 물론 예수 그리스도를 영접한 사람들도 두려움과 고난 속에서 살아가고 있습니다. 그러나 하나님께서는 당신의 백성들을 향하여 "두려워하지 말라 내가 너와 함께함이라 놀라지 말라 나는 네 하나님이 됨이라 내가 너를 굳세게 하리라 참으로 너를 도와주리라 참으로 나의 의로운 오른손으로 너를 붙들리라"(사 41:10)고 말씀하셨습니다. 과거에도 그의 백성들과 함께하여 주신 하나님께서는 오늘날도 성령님을 보내 주셔서 우리와 함께하십니다. 그러므로 우리에게는 두려워할 것이 아무것도 없습니다.

18-19절 우리가 풍랑으로 심히 애쓰다가 이튿날 사공들이 짐을 바

다에 풀어 버리고 사흘째 되는 날에 배의 기구를 그들의 손으로 내버리니라

하루가 지났으나 광풍의 기세는 조금도 수그러들지 않았습니다. 그래서 선원들은 배를 가볍게 하기 위해 짐을 바다에 던져 버려야만 했습니다. 그리고 사흘째 되는 날에는 배의 기구마저 바다에 버렸습니다. 항해를 함에 있어서 없어서는 안 될 기구조차 버릴 수밖에 없었던 상황으로 미루어 보아 그들이 풍전등화와 같은 상황에 처해 있었음을 알 수 있습니다.

20절 여러 날 동안 해도 별도 보이지 아니하고 큰 풍랑이 그대로 있으매 구원의 여망마저 없어졌더라

유라굴로 광풍은 여러 날 동안 계속되었습니다. 사람들은 해와 별도 보이지 않고 캄캄한 바다 한가운데서 큰 풍랑이 밀리며 표류하는 배에 갇혀 구원의 소망마저 잃어버리고 말았습니다. 오직 두려움과 절망만이 그들을 사로잡고 있었습니다.

21절 여러 사람이 오래 먹지 못하였으매 바울이 가운데 서서 말하되 여러분이여 내 말을 듣고 그레데에서 떠나지 아니하여 이 타격과 손상을 면하였더라면 좋을 뻔하였느니라

파선될 위험 앞에서 공포에 사로잡혀 음식도 먹지 못하고 초조해하고 있는 사람들에게 소망의 말을 해 줄 수 있는 사람은 바울뿐이었습니다. 모든 사람이 절망에 빠져 있는 극한 상황에서 바울만은 하나님을 의뢰하고 소망을 잃지 않고 있었습니다.

바울은 사람들에게 소망의 말을 해 주기에 앞서 현재 그들이 당하고

있는 재난에 대하여 자신이 경고했던 사실을 상기시켜 주었습니다. 바울은 인간적인 판단에 따라 행함으로 재난을 겪고 있는 사람들이 이제부터라도 자신의 말을 믿고 따라 주기를 원했던 것입니다.

22절 내가 너희를 권하노니 이제는 안심하라 너희 중 아무도 생명에는 아무런 손상이 없겠고 오직 배뿐이리라

바울은 칠흑 같은 어둠과 풍랑으로 인하여 완전히 소망을 잃어버린 사람들에게 구원의 소식을 전하였습니다.

사람들은 극단적인 환경에 처하면 하나님을 찾습니다. 세상의 지식과 처세술을 의지하던 사람들도 인생의 풍랑을 만나 좌절하게 되면 하나님의 음성에 귀를 기울입니다. 바울과 함께 배에 타고 있던 사람들은 세상에 속한 자들이었습니다. 그들은 인간적인 지식과 경험에 따라 행하는 것이 안전하다고 믿는 사람들이었습니다. 그러나 절체절명의 위기에 처하자 그들은 하나님의 말씀을 전하는 바울의 말에 귀를 기울이기 시작하였습니다.

23절 내가 속한바 곧 내가 섬기는 하나님의 사자가 어젯밤에 내 곁에 서서 말하되

먼저 바울은 자신이 하나님께 속한 자임을 자신 있게 밝혔습니다. 이와 마찬가지로 오늘날 예수 그리스도를 믿는 사람들은 하나님께 속하였습니다. 그러므로 우리 그리스도인들은 바울처럼 영원한 생명의 주가 되시는 하나님께 속해 있다고 담대히 말할 수 있습니다.

또한 바울은 자신의 말이 하나님께로부터 온 것임을 밝혔습니다. 바

울은 전날 밤 하나님의 사자로부터 약속을 받았기에 확신을 가지고 사람들에게 생명의 안전을 장담할 수 있었던 것입니다.

24절 바울아 두려워하지 말라 네가 가이사 앞에 서야 하겠고 또 하나님께서 너와 함께 항해하는 자를 다 네게 주셨다 하였으니

하나님께서는 바울을 통해 로마에 복음을 전파할 계획을 가지고 계셨습니다. 하나님께서는 당신의 뜻을 이루시기 위하여 특별히 세우신 사람이 그 사명을 이룰 때까지 그를 보호하십니다. 그러므로 바울은 거센 풍랑이 몰아치는 위험 속에서도 하나님께로부터 사명이 있었기에 두려워하지 않았습니다.

"하나님께서 너와 함께 항해하는 자를 다 네게 주셨다 하였으니". 이는 하나님께서 바울과 함께 배에 타고 있는 사람들을 모두 바울의 전도의 대상으로 주셨다는 말입니다. 인간을 향한 하나님의 뜻은 한 사람도 멸망하지 않고 구원받는 데 있습니다(딤전 2:4). 그러나 완악한 인간들은 하나님의 사랑의 뜻을 등지고 세상으로만 향합니다. 그럼에도 불구하고 하나님께서는 당신의 방법으로 인간들을 구원의 길로 인도해 주십니다. 이와 같은 하나님의 구원의 뜻은 바울과 함께 있는 자들에게도 동일하게 적용됩니다. 그러므로 바울이 지금 당하는 고통은 결코 무의미한 것이 아닙니다. 그가 겪는 고통은 다른 사람에게 생명의 복음을 전하는 데 따르는 고통이었기 때문에 아름다운 고통이요, 감사할 만한 고통인 것입니다.

25절 그러므로 여러분이여 안심하라 나는 내게 말씀하신 그대로 되리라고 하나님을 믿노라

바울은 배에 탄 모든 사람에게 하나님께서 주신 약속의 말씀이 이루어질 것이라고 확신 있게 전했습니다.

하나님께서는 유일한 신앙의 대상으로서 우리에게 성경 말씀을 주셨습니다. 그러므로 우리가 성경을 읽을 때 하나님의 성령께서 조명해 주셔야 말씀을 깨달을 수 있습니다. 성령의 도우심 없이는 아무리 지식이 많은 사람이라 할지라도 말씀을 깨달을 수 없습니다. 오직 성령을 통해서만이 하나님의 말씀을 깨닫고, 우리에게 향하신 하나님의 뜻이 무엇인지 알고, 그 뜻이 이루어질 것을 믿는다고 고백할 수 있는 것입니다.

26절 그런즉 우리가 반드시 한 섬에 걸리리라 하더라

계속하여 바울은 하나님께로부터 받은 계시의 내용을 사람들에게 구체적으로 전하였습니다. 즉, 그들이 타고 있는 배가 어떤 섬에 도착하게 될 것이라는 것이었습니다. 바울의 구체적인 예언은 듣는 자들에게 믿음을 갖게 하기에 충분하였습니다.

3. 선원들의 비열한 생각과 어리석은 행동 (27:27-38)

27. **열나흘째 되는 날 밤에 우리가 아드리아 바다에서 이리저리 쫓**

겨 가다가 자정쯤 되어 사공들이 어느 육지에 가까워지는 줄을 짐작
하고 28. 물을 재어 보니 스무 길이 되고 조금 가다가 다시 재니 열다
섯 길이라 29. 암초에 걸릴까 하여 고물로 닻 넷을 내리고 날이 새기
를 고대하니라 30. 사공들이 도망하고자 하여 이물에서 닻을 내리는
체하고 거룻배를 바다에 내려놓거늘 31. 바울이 백부장과 군인들에
게 이르되 이 사람들이 배에 있지 아니하면 너희가 구원을 얻지 못하
리라 하니 32. 이에 군인들이 거룻줄을 끊어 떼어 버리니라 33. 날이
새어 가매 바울이 여러 사람에게 음식 먹기를 권하여 이르되 너희가
기다리고 기다리며 먹지 못하고 주린 지가 오늘까지 열나흘인즉 34.
음식 먹기를 권하노니 이것이 너희의 구원을 위하는 것이요 너희 중
머리카락 하나도 잃을 자가 없으리라 하고 35. 떡을 가져다가 모든
사람 앞에서 하나님께 축사하고 떼어 먹기를 시작하매 36. 그들도 다
안심하고 받아먹으니 37. 배에 있는 우리의 수는 전부 이백칠십육 명
이더라 38. 배부르게 먹고 밀을 바다에 버려 배를 가볍게 하였더니

27절 열나흘째 되는 날 밤에 우리가 아드리아 바다에서 이리저리 쫓겨 가다가 자정쯤 되어 사공들이 어느 육지에 가까워지는 줄을 짐작하고

아드리아 바다는 당시 이탈리아와 그리스 사이의 지중해를 가리킵니다. 광풍에 시달리며 생명의 위협과 공포에 시달린 지 열나흘째 되는 날 밤 선원들은 파도 소리가 달라진 것을 알 수 있었습니다. 거품을 품은 파도 소리는 배가 육지로 가까이 가고 있음을 짐작하게 해 주었습니다. 열나흘간이나 폭풍 속에서 방향도 알지 못하고 표류하던 배가 이제 육지에 가까이 가고 있는 것입니다.

28-29절 물을 재어 보니 스무 길이 되고 조금 가다가 다시 재니 열다섯 길이라 암초에 걸릴까 하여 고물로 닻 넷을 내리고 날이 새기를 고대하니라

선원들은 물의 깊이를 측량해 보고 육지가 가깝다는 것을 확실히 알게 되었습니다. 바울에게 말씀하신 대로 하나님께서 바람과 해류를 통해서 배가 육지에 닿도록 이끌어 주신 것입니다.

그러나 아직 풍랑이 거세기 때문에 파선의 위험에서는 조금도 벗어날 수 없었습니다. 오히려 배가 육지에 가까워질수록 암초에 걸려 파선할 위험성은 더욱 커졌습니다. 그래서 선원들은 배가 암초에 부딪치는 것을 방지하기 위하여 고물, 즉 배의 뒷부분에서 닻을 내려 배를 정지시키려고 시도하였습니다. 그리고 날이 새기를 기다렸습니다.

30절 사공들이 도망하고자 하여 이물에서 닻을 내리는 체하고 거룻배를 바다에 내려놓거늘

사공들은 그들의 안전을 위해 할 수 있는 최선의 조처를 다 취하고 난 후 날이 새기를 기다렸습니다. 그러나 마음에 진정한 믿음과 평안이 없었던 사공들은 다시금 불안과 두려움에 휩싸이게 되었습니다. 그래서 그들은 도망가기 위하여 이물, 즉 배의 앞부분에서 닻을 내리는 체하며 거룻배를 바다에 내려놓았습니다. 그들은 자신들만 살겠다는 생각으로 지극히 이기주의적인 행동을 한 것입니다.

31절 바울이 백부장과 군인들에게 이르되 이 사람들이 배에 있지 아니하면 너희가 구원을 얻지 못하리라 하니

성령의 인도함을 받는 사람은 하나님께서 지혜를 주시기 때문에 사람들의 생각을 훤히 알게 될 때가 있습니다. 바울이 바로 그러했습니다. 바울은 사공들이 도망치려는 것을 알아차렸습니다. 그래서 즉각 백부장과 군인들에게 선원들이 도망가려 한다고 알려 주었습니다. 인내하지 못하고 쉽게 포기하는 몇몇 선원들의 이기적인 행동은 그 배를 탄 모든 사람들의 생명을 위태롭게 하는 결과를 가져오게 됩니다. 따라서 바울은 "이 사람들이 배에 있지 아니하면 너희가 구원을 얻지 못하리라" 고 경고하였습니다.

32절 이에 군인들이 거룻줄을 끊어 떼어 버리니라

바울의 경고를 들은 군인들은 즉시 사공들이 내려놓은 거룻배의 줄을 끊어 버렸습니다. 이처럼 과거와는 달리 바울의 말 한 마디에 백부장과 군인들이 주저하지 않고 결단을 내리고 행동에 옮긴 것은 바울의 말이 옳다는 것을 알았기 때문입니다. 즉, 그들은 미항에서 겨울을 나는 것이 안전하다는 바울의 충고를 듣지 않고 선장과 선주의 말을 신뢰하고 따랐다가 지금의 이 위기 상황에 빠졌다는 것을 알았기 때문에 이제는 바울의 말을 전적으로 신뢰하고 있는 것입니다. 결국 바울로 인하여 선원들의 탈출 계획은 실패로 돌아가고 모든 사람은 생명을 보존하게 되었습니다.

33-34절 날이 새어 가매 바울이 여러 사람에게 음식 먹기를 권하여 이르되 너희가 기다리고 기다리며 먹지 못하고 주린 지가 오늘까지 열나흘인즉 음식 먹기를 권하노니 이것이 너희의 구원을 위하는 것이요 너희 중 머리카락 하나도 잃을 자가 없으리라

하고

배에 타고 있던 사람들은 공포와 낙심으로 인하여 열나흘 동안이나 제대로 먹지 못하고 있었습니다. 거센 풍랑에 시달리면서 식사까지 거르자 그들은 탈진 상태에 빠졌습니다. 그래서 바울은 그들에게 음식을 먹으라고 권하였습니다. 바울은 배에 있는 모든 사람이 구원받는다고 확신하였습니다. 따라서 그들이 앞으로 육지까지 안전하게 가기 위해서는 식사를 하여 힘을 얻어야 한다고 생각하였던 것입니다. 바울은 하나님께서 그에게 천사를 통해 말씀하셨던 약속들이 그대로 이루어질 것이라는 믿음이 있었기에 확신을 가지고 이처럼 권고할 수 있었습니다.

35-37절 떡을 가져다가 모든 사람 앞에서 하나님께 축사하고 떼어 먹기를 시작하매 그들도 다 안심하고 받아먹으니 배에 있는 우리의 수는 전부 이백칠십육 명이더라

바울은 떡을 가져다가 모든 사람들 앞에서 하나님께 감사 기도를 드렸습니다. 그리고 떡을 떼어 자신도 먹고 사람들에게도 나누어 주었습니다. 이때 바울을 포함하여 배에 타고 있던 사람들은 모두 276명이었습니다.

여기서 우리는 사람의 많고 적음이 아닌 하나님의 사람이 있고 없음에 따라 상황이 판이하게 달라지는 것을 볼 수 있습니다. 비록 276명이나 되는 사람이 똑같이 위태로운 상황에 있었지만 단 한 명의 하나님의 사람 바울이 있었기 때문에 나머지 275명의 마음속에 평안과 희망이 회복될 수 있었던 것입니다.

이와 같이 하나님의 사람은 절대 절망 앞에서도 좌절하지 않고 믿음으로 희망을 보고 많은 사람을 생명의 길로 인도합니다. 이것이 바로 믿음이 가져오는 위대한 결과입니다.

38절 배부르게 먹고 밀을 바다에 버려 배를 가볍게 하였더니

사람들은 떡을 배불리 먹고 새 힘을 얻어 배에 남아 있는 밀을 버리기 시작하였습니다. 폭풍이 올 것을 예상하고 배를 가볍게 하기 위해 이미 많은 짐과 기구를 버린 상태였지만(18-19절) 배를 육지에 가까이 끌어올리기 위해 더 가볍게 해야만 했습니다.

4. 구원받음(27:39-44)

**39. 날이 새매 어느 땅인지 알지 못하나 경사진 해안으로 된 항만이
눈에 띄거늘 배를 거기에 들여다 댈 수 있는가 의논한 후 40. 닻을 끊
어 바다에 버리는 동시에 키를 풀어 늦추고 돛을 달고 바람에 맞추어
해안을 향하여 들어가다가 41. 두 물이 합하여 흐르는 곳을 만나 배
를 걸매 이물은 부딪쳐 움직일 수 없이 붙고 고물은 큰 물결에 깨어져
가니 42. 군인들은 죄수가 헤엄쳐서 도망할까 하여 그들을 죽이는
것이 좋다 하였으나 43. 백부장이 바울을 구원하려 하여 그들의 뜻
을 막고 헤엄칠 줄 아는 사람들을 명하여 물에 뛰어내려 먼저 육지에
나가게 하고 44. 그 남은 사람들은 널조각 혹은 배 물건에 의지하여**

나가게 하니 마침내 사람들이 다 상륙하여 구조되니라

39절 날이 새매 어느 땅인지 알지 못하나 경사진 해안으로 된 항만이 눈에 띄거늘 배를 거기에 들여다 댈 수 있는가 의논한 후

소망의 새날이 밝자 그들은 육지를 발견하게 되었습니다. 비록 어느 땅인지는 알지 못하였으나 그들은 그 해안에 배를 대기로 하였습니다.

소망은 그들을 활기차고 분주하게 만들었습니다. 오늘날 우리 그리스도인들은 바로 이 같은 소망이 있기 때문에 활기차고 분주하게 살아갑니다. 세상 사람들은 어디에서 와서 왜 살며 어디로 가는지 알지 못하고 소망 없이 살다가 한순간에 허무하게 죽음을 맞이하게 되지만 우리는 그렇지 않습니다. 영원한 안식을 누릴 수 있는 소망의 해안이 우리 앞에 전개되고 있기 때문에 어떤 어려움 속에서도 좌절하지 않고 살아갈 수 있는 것입니다.

40-41절 닻을 끊어 바다에 버리는 동시에 키를 풀어 늦추고 돛을 달고 바람에 맞추어 해안을 향하여 들어가다가 두 물이 합하여 흐르는 곳을 만나 배를 걸매 이물은 부딪쳐 움직일 수 없이 붙고 고물은 큰 물결에 깨어져 가니

그들은 소망의 돛을 달고 해안을 향하여 전진하였습니다. 그러나 그들은 또다시 난관에 부딪치고 말았습니다. 목적지로 향하여 가던 배는 육지에서 흘러오는 물과 바닷물이 만나 흐르는 곳에 이르게 되었습니다. 이곳은 바다 양쪽에서 휩쓸려 들어온 모래가 모여서 항만 앞에 불쑥 솟은 모래 언덕이었습니다. 바로 이 모래 언덕에 배가 박혀 움직일 수 없

게 된 것입니다. 아직도 해안까지는 거리가 먼데 파도가 사정없이 배를 때리며 배의 뒷부분인 고물을 깨뜨리고 있었기 때문에 위험했습니다.

우리도 인생을 살아가면서 한 가지 시련만 당하지 않습니다. 한 가지 어려움이 해결되면 또 다른 어려움이 다가옵니다. 그럴 때 우리는 좌절하여 쓰러지기 쉽습니다. 그러나 그럴 때일수록 우리가 하나님만을 의지하고 나아가면 하나님께서 우리의 문제를 해결해 주십니다.

42절 군인들은 죄수가 헤엄쳐서 도망할까 하여 그들을 죽이는 것이 좋다 하였으나

배가 난파되자 군인들은 죄수들이 헤엄쳐서 도망할 것을 염려하여 그들을 모두 죽이는 것이 좋겠다고 했습니다. 육지가 멀지 않기 때문에 죄수들이 바다에 뛰어들어 도망갈 가능성이 많았던 것입니다. 당시 로마의 군법에 의하면, 죄수가 도망가면 죄수를 지키던 군인이 죄수의 형벌을 대신 받아야 했습니다. 그러므로 군인들은 죄수들이 탈출할 가능성이 많은 상황에서는 차라리 죄수들을 죽이는 것이 낫다고 생각한 것입니다.

43절 백부장이 바울을 구원하려 하여 그들의 뜻을 막고 헤엄칠 줄 아는 사람들을 명하여 물에 뛰어내려 먼저 육지에 나가게 하고

군인들의 주장으로 죄수들은 절체절명의 위기를 맞게 되었습니다. 그러나 백부장은 바울을 살리기 위해서 군인들의 의견을 받아들이지 않았습니다. 바울에게 호감을 느끼고 또한 그의 말과 태도에서 감동을 받은 백부장은 어떻게 해서든지 바울을 살리고 싶었던 것입니다. 그래서 백부장들은 군인들의 뜻을 막고 헤엄칠 줄 아는 사람들을 먼저 육지로 헤엄쳐

가도록 명하였습니다. 이에 헤엄을 칠 줄 아는 사람들은 배에서 뛰어내려 육지로 헤엄쳐 갔습니다.

44절 그 남은 사람들은 널조각 혹은 배 물건에 의지하여 나가게 하니 마침내 사람들이 다 상륙하여 구조되니라

헤엄칠 줄 아는 사람들이 먼저 떠나고 난 후에도 배 안에는 많은 사람들이 남아 있었습니다. 그들은 헤엄을 칠 줄도 모르고 또한 육지까지 타고 갈 거룻배도 없었기 때문에 물에 뜨는 물건에 의지하여 육지로 헤엄쳐 나왔습니다. 그리하여 마침내 배에 있던 276명 전원이 무사히 상륙하였습니다. 하나님께서 말씀하신 대로 배에 타고 있던 모든 사람이 구원을 얻게 된 것입니다.

이와 같이 하나님의 말씀은 신실하며 반드시 이루어집니다. 그러나 항상 순풍에 돛단배가 순조롭게 항해하는 것처럼 쉽게 이루어지는 것은 아닙니다. 말씀이 이루어지기까지는 여러 고비가 있습니다. 이 고비를 잘 넘기기 위해서는 말씀 위에 굳게 서야 합니다. 항상 성령 충만함을 받고 말씀을 간절히 사모하여 말씀이 불타오르면 인생에 거센 풍랑이 불어와도 결코 요동하지 않습니다. 그러므로 우리 그리스도인들은 남들이 볼 때 어리석게 보일지 몰라도 하나님께로부터 받은 말씀이 있기에 어려움 속에서도 확실한 신념을 가지고 궁극적으로 승리하게 되는 것입니다.

제 28 장

로마에서의 활동

멜리데 섬에서 독사에게 물린 바울	28:1-6
바울에게 병 고침 받는 주민들	28:7-10
로마에서의 옥중 선교	28:11-31

A COMMENTARY ON
THE ACTS OF THE
APOSTLES Ⅱ

바울은 멜리데 섬에서 많은 이적을 행하였습니다. 그리고 멜리데 섬 주민들의 도움으로 로마에 갈 수 있었습니다.

최종 목적지인 로마에 도착한 바울은 약 2년 동안 옥중 생활을 하면서 유대인과 로마인에게 하나님의 나라와 예수 그리스도의 복음을 전파하였습니다.

바울의 로마 전도를 마지막으로 '사도행전' 은 막을 내립니다.

1. 멜리데 섬에서 독사에게 물린 바울(28:1-6)

1. 우리가 구조된 후에 안즉 그 섬은 멜리데라 하더라 2. 비가 오고 날이 차매 원주민들이 우리에게 특별한 동정을 하여 불을 피워 우리를 다 영접하더라 3. 바울이 나무 한 묶음을 거두어 불에 넣으니 뜨거움으로 말미암아 독사가 나와 그 손을 물고 있는지라 4. 원주민들이 이 짐승이 그 손에 매달려 있음을 보고 서로 말하되 진실로 이 사람은 살인한 자로다 바다에서는 구조를 받았으나 공의가 그를 살지 못하게 함이로다 하더니 5. 바울이 그 짐승을 불에 떨어 버리매 조금도 상함이 없더라 6. 그들은 그가 붓든지 혹은 갑자기 쓰러져 죽을 줄로 기다렸다가 오래 기다려도 그에게 아무 이상이 없음을 보고 돌이켜 생각하여 말하되 그를 신이라 하더라

1절 우리가 구조된 후에 안즉 그 섬은 멜리데라 하더라

바울 일행은 해안에 도착할 때까지 그곳이 어디인지 몰랐습니다. 모

두 무사히 상륙한 후에야 그들은 그곳이 멜리데 섬이라는 것을 알았습니다. '멜리데' 섬은 시실리에서 약 100㎞ 떨어진 곳에 위치한 작은 섬으로 지금의 '말타' 입니다.

2절 비가 오고 날이 차매 원주민들이 우리에게 특별한 동정을 하여 불을 피워 우리를 다 영접하더라

바울 일행이 멜리데 섬에 도착하였을 때에는 비가 오고 몹시 추웠습니다. 멜리데 섬의 원주민들은 난파된 배에서 겨우 살아 나온 바울 일행을 보고 특별한 동정을 하였습니다. 원주민들은 추위와 피곤에 지친 바울 일행을 불쌍히 여겨 그들을 위해 불을 피워 주고 따뜻하게 환대해 주었습니다. 원주민들의 이러한 환대는 죽음과의 치열한 싸움에서 겨우 헤어난 바울 일행에게 큰 힘이 되었습니다. 그러나 이러한 도움조차도 하나님의 섭리에 기인한 것이었습니다. 이처럼 하나님의 구원의 손길은 멜리데 섬의 원주민들을 통해서도 나타난 것입니다.

3절 바울이 나무 한 묶음을 거두어 불에 넣으니 뜨거움으로 말미암아 독사가 나와 그 손을 물고 있는지라

원주민들이 피워 준 불이 점점 그 기세를 잃어 가자 바울은 나무 한 묶음을 거두어 불에 넣었습니다. 그런데 불이 다시 뜨겁게 타오르기 시작하자 불붙은 나무 묶음 속에 있던 독사가 뜨거움을 참지 못하고 나와서 바울의 손을 물었습니다.

독사에게 물린 사람은 그 독이 순식간에 온몸으로 퍼져 죽게 됩니다. 지금까지 하나님께서는 바울 일행으로 하여금 죽음의 유라굴로 광풍을 통과해 안전하게 멜리데 섬에 상륙하도록 하셨습니다. 이러한 체험을 통해 사람들은 하나님의 구원의 섭리를 느낄 수 있었습니다. 그런데 또 다시 바울이 위험에 처하게 된 것은 하나님께서 다시 한번 당신의 살아 계심을 바울 일행과 멜리데 섬의 원주민들에게 보여 주기를 원하셨기 때문입니다.

4절 **원주민들이 이 짐승이 그 손에 매달려 있음을 보고 서로 말하되 진실로 이 사람은 살인한 자로다 바다에서는 구조를 받았으나 공의가 그를 살지 못하게 함이로다 하더니**

원주민들은 바울이 독사에게 물린 것을 신의 심판이라고 생각했습니다. 마땅히 죽었어야 할 사람이 바다에서 구사일생으로 살아났기 때문에 신이 독사를 시켜 물게 하였다고 생각했던 것입니다. 그러나 사람에게 어떤 환난이 다가온다고 해서 반드시 하나님의 심판이라고 생각해서는 안 됩니다. 마귀는 하나님의 백성을 멸망시키기 위하여 환난이나 박해를 사용합니다. 그러나 하나님께서는 마귀의 환난이나 박해를 능히 이길 수 있는 강한 백성들을 만드시기 위해, 또 그러한 과정을 통해 하나님의 살아 계심을 나타내시기 위해 연단하시기도 합니다.

바울의 경우에 있어서는 독사에게 물린 것이 마귀가 주는 환난이나 박해가 아니라 하나님을 증언하기 위한 수단이 되었습니다. 그러므로 우리는 어려움이 다가올 때 인내하면서 모든 역사를 이루어 가시는 하나님을 바라보아야 합니다.

5절 **바울이 그 짐승을 불에 떨어 버리매 조금도 상함이 없더라**

마귀는 독사가 바울을 물게 함으로써 복음 전하는 일을 방해하려 하였지만 하나님께서는 그 일을 막으셨습니다. 그리하여 바울은 열나흘 동안 무서운 풍랑에 시달려 지친 상태에서 독사에게 물렸지만 조금도 상함이 없이 생명을 보전할 수 있었습니다. 이 일을 통하여 하나님을 의지하는 사람은 어떠한 어려움이 있고 치명적인 일이 발생할지라도 하나님의 보호하심으로 아무런 해도 받지 않는다는 것이 입증된 것입니다(막 16:17-18). 뿐만 아니라 이러한 기적 뒤에는 기적을 통해 인간들로부터 영광 받기를 원하시는 하나님의 뜻이 담겨 있습니다. 하나님께서는 이 일을 보고 많은 사람들이 하나님께로 돌아와 영광 돌리기를 원하셨던 것입니다.

6절 그들은 그가 붓든지 혹은 갑자기 쓰러져 죽을 줄로 기다렸다가 오래 기다려도 그에게 아무 이상이 없음을 보고 돌이켜 생각하여 말하되 그를 신이라 하더라

하나님의 뜻대로 산다고 하여도 환난과 시험은 끊임없이 다가옵니다. 하나님께서는 우리의 믿음을 굳게 하시려고 환난을 통과하게도 하시고 또 어떤 때는 마귀가 하나님의 약속을 못 받게 하려고 방해하는 것을 경험하게도 하십니다. 그러나 우리는 하나님께서 우리를 돌보신다는 것을 믿기 때문에 어떠한 환난도 두렵지 않습니다. 이에 대하여 시편 기자는 "내가 사망의 음침한 골짜기로 다닐지라도 해를 두려워하지 않을 것은 주께서 나와 함께하심이라 주의 지팡이와 막대기가 나를 안위하시나이다"(시 23:4)라고 기록하였습니다.

원주민들은 바울이 독사에게 물렸으므로 곧 죽게 될 것이라고 생각하고 계속 지켜보았습니다. 그러나 아무리 기다려도 바울에게 아무 이상이

없자 그들은 바울을 신이라고 했습니다.

2. 바울에게 병 고침 받는 주민들(28:7-10)

**7. 이 섬에서 가장 높은 사람 보블리오라 하는 이가 그 근처에 토지
가 있는지라 그가 우리를 영접하여 사흘이나 친절히 머물게 하더니
8. 보블리오의 부친이 열병과 이질에 걸려 누워 있거늘 바울이 들어
가서 기도하고 그에게 안수하여 낫게 하매 9. 이러므로 섬 가운데
다른 병든 사람들이 와서 고침을 받고 10. 후한 예로 우리를 대접하
고 떠날 때에 우리 쓸 것을 배에 실었더라**

7절 이 섬에서 가장 높은 사람 보블리오라 하는 이가 그 근처에 토지가 있는지라 그가 우리를 영접하여 사흘이나 친절히 머물게 하더니

그 당시 멜리데 섬에서 제일 높은 사람은 보블리오였습니다. 일부 성경학자들은 보블리오가 멜리데 섬을 관할하고 있던 로마의 행정 관리일 것이라고 주장합니다. 그러나 보블리오가 멜리데 섬에 자신의 토지를 소유하고 부친과 함께 살고 있는 점으로 미루어 볼 때 멜리데 출신의 관리였음을 알 수 있습니다.

보블리오는 바울 일행을 자기 집으로 청해서 사흘 동안이나 유숙하게 하고 극진히 대접해 주었습니다.

8절 보블리오의 부친이 열병과 이질에 걸려 누워 있거늘 바울이 들어가서 기도하고 그에게 안수하여 낫게 하매

그때 보블리오의 부친은 열병과 이질에 걸려 위독한 상태에 있었습니다. 그런데 하나님께서 바울 일행을 극진히 대접하는 보블리오의 행위를 좋게 보시고 그 가정에 특별한 은혜를 베푸셨습니다. 그리하여 바울이 그에게 손을 얹고 기도하자 그를 괴롭히던 병이 깨끗이 나았습니다.

바울이 멜리데 섬에서 지내는 동안 많은 일들이 있었습니다. 그러나 누가는 그중에서 특별히 보블리오의 부친이 병 고침을 받은 일만을 기록하였는데, 이것은 우리에게 중요한 것을 시사해 줍니다. 그것은 예수님을 믿는 그리스도인들은 믿음으로 병을 고칠 수가 있다는 것입니다. 예수님께서 하신 사역의 3분의 2 이상이 병 고치는 것이었습니다. 또한 예수님께서는 열두 제자와 칠십 명의 제자들을 파송하실 때에도 병을 고치라고 명령하셨습니다. 그리고 승천을 앞두고 지상명령을 하실 때에도 믿는 자들에게는 병을 고치는 표적이 나타날 것이라고 말씀하셨습니다. 그러므로 우리는 병든 사람을 위해서 기도하고 안수해 주어야 합니다. 병을 고치는 것은 하나님의 뜻입니다.

9절 이러므로 섬 가운데 다른 병든 사람들이 와서 고침을 받고

보블리오의 부친이 바울의 안수를 받고 나았다는 소문은 삽시간에 멜리데 섬 전역으로 퍼져 나갔습니다. 이에 섬의 수많은 병자들이 병 고침

을 받기 위하여 바울을 찾아왔습니다.

바울은 병 고침의 소문을 듣고 몰려온 사람들에게 말씀을 전하고 병도 고쳐 주었습니다. 바울은 단순히 육체의 질병만을 고쳐 준 것이 아니라 영혼의 질병도 치료해 주었던 것입니다. 이로써 많은 사람들이 예수 그리스도를 영접하게 되었습니다. 그리하여 멜리데 섬에는 기쁨이 충만하였고 하나님의 영광으로 가득 차게 되었습니다.

10절 후한 예로 우리를 대접하고 떠날 때에 우리 쓸 것을 배에 실었더라

바울의 안수로 병 고침을 받고 은혜를 받은 원주민들은 마음속에서부터 우러나오는 감사의 뜻을 표시하고 싶었습니다. 특히 병 고침을 받은 사람들은 자신의 소유를 기꺼이 내놓았습니다. 그들은 한마음이 되어 자신들의 힘이 닿는 대로 바울을 도와주려고 했습니다. 그리하여 바울 일행은 후한 대접을 받고 로마로 다시 항해할 수 있는 물품을 제공받았습니다. 이제 바울 일행은 소진되었던 기력을 되찾고 로마를 향하여 출발할 수 있는 만반의 준비를 하였습니다.

3. 로마에서의 옥중 선교(28:11-31)

11. 석 달 후에 우리가 그 섬에서 겨울을 난 알렉산드리아 배를 타고
떠나니 그 배의 머리 장식은 디오스구로라 12. 수라구사에 대고 사
흘을 있다가 13. 거기서 둘러가서 레기온에 이르러 하루를 지낸 후
남풍이 일어나므로 이튿날 보디올에 이르러 14. 거기서 형제들을 만
나 그들의 청함을 받아 이레를 함께 머무니라 그래서 우리는 이와 같
이 로마로 가니라 15. 그곳 형제들이 우리 소식을 듣고 압비오 광장
과 트레이스 타베르네까지 맞으러 오니 바울이 그들을 보고 하나님
께 감사하고 담대한 마음을 얻으니라 16. 우리가 로마에 들어가니
바울에게는 자기를 지키는 한 군인과 함께 따로 있게 허락하더라
17. 사흘 후에 바울이 유대인 중 높은 사람들을 청하여 그들이 모인
후에 이르되 여러분 형제들아 내가 이스라엘 백성이나 우리 조상의
관습을 배척한 일이 없는데 예루살렘에서 로마인의 손에 죄수로 내
준바 되었으니 18. 로마인은 나를 심문하여 죽일 죄목이 없으므로
석방하려 하였으나 19. 유대인들이 반대하기로 내가 마지못하여 가
이사에게 상소함이요 내 민족을 고발하려는 것이 아니니라 20. 이러
므로 너희를 보고 함께 이야기하려고 청하였으니 이스라엘의 소망으
로 말미암아 내가 이 쇠사슬에 매인바 되었노라 21. 그들이 이르되
우리가 유대에서 네게 대한 편지도 받은 일이 없고 또 형제 중 누가
와서 네게 대하여 좋지 못한 것을 전하든지 이야기한 일도 없느니라
22. 이에 우리가 너의 사상이 어떠한가 듣고자 하니 이 파에 대하여
는 어디서든지 반대를 받는 줄 알기 때문이라 하더라 23. 그들이 날
짜를 정하고 그가 유숙하는 집에 많이 오니 바울이 아침부터 저녁까

지 강론하여 하나님의 나라를 증언하고 모세의 율법과 선지자의 말을 가지고 예수에 대하여 권하더라 24. 그 말을 믿는 사람도 있고 믿지 아니하는 사람도 있어 25. 서로 맞지 아니하여 흩어질 때에 바울이 한 말로 이르되 성령이 선지자 이사야를 통하여 너희 조상들에게 말씀하신 것이 옳도다 26. 일렀으되 이 백성에게 가서 말하기를 너희가 듣기는 들어도 도무지 깨닫지 못하며 보기는 보아도 도무지 알지 못하는도다 27. 이 백성들의 마음이 우둔하여져서 그 귀로는 둔하게 듣고 그 눈은 감았으니 이는 눈으로 보고 귀로 듣고 마음으로 깨달아 돌아오면 내가 고쳐 줄까 함이라 하였으니 28. 그런즉 하나님의 이 구원이 이방인에게로 보내어진 줄 알라 그들은 그것을 들으리라 하더라 29. (없음) 30. 바울이 온 이태를 자기 셋집에 머물면서 자기에게 오는 사람을 다 영접하고 31. 하나님의 나라를 전파하며 주 예수 그리스도에 관한 모든 것을 담대하게 거침없이 가르치더라

11절 석 달 후에 우리가 그 섬에서 겨울을 난 알렉산드리아 배를 타고 떠나니 그 배의 머리 장식은 디오스구로라

바울 일행은 석 달 동안 멜리데 섬에 거하면서 참으로 유익하고 보람 있는 시간을 가졌습니다. 비록 짧은 기간이었지만 그동안 바울 일행은 원주민들과 아름다운 교제의 시간을 가졌고 우정을 나누었습니다.

어느덧 거센 바람이 부는 겨울이 지나 봄이 다가왔습니다. 마침 멜리데 섬에는 겨울을 나기 위해 정박해 있던 배가 있었습니다. 이에 백부장 율리오는 로마로 가기 위해 항해를 서둘렀습니다. 그 배는 바울 일행이 타고 오다가 난파되었던 배와 같은 알렉산드리아 배였습니다. 바울 일행은 '디오스구로' 라는 기호를 달고 있는 이 알렉산드리아 배를 타고 다

시금 로마를 향해 항해를 시작했습니다.

12-13절 수라구사에 대고 사흘을 있다가 거기서 둘러가서 레기온에 이르러 하루를 지낸 후 남풍이 일어나므로 이튿날 보디올에 이르러

'수라구사' 는 시실리 섬의 동편에 있는 항구입니다. 바울 일행은 멜리데 섬을 출발하여 무사히 수라구사에 도착하여 사흘 동안 지낸 후 다시 그곳을 떠나 레기온으로 갔습니다. 그리고 이튿날 남풍이 불기 시작하자 그들은 다시 항해를 시작하여 이틀 만에 메시나 해협을 통과해 나폴리 만에 위치한 항구 도시인 보디올에 상륙하였습니다.

14절 거기서 형제들을 만나 그들의 청함을 받아 이레를 함께 머무니라 그래서 우리는 이와 같이 로마로 가니라

이탈리아의 항구 도시인 보디올에서 바울 일행은 그리스도인들을 만났습니다. 바울은 죄수의 몸이었음에도 불구하고 그들의 청함을 받고 그들과 일주일 동안이나 함께 지내며 교제를 나누었습니다.

그리스도인들은 예수님 안에서 모두 한 형제입니다. 바울과 보디올의 그리스도인들은 초면이었지만 바울은 보디올의 그리스도인들을 형제라고 부르며 반가워하였습니다. 보디올의 형제들도 기쁨으로 바울을 초청하여 일주일 동안 함께 지냈습니다. 바울은 그들과 함께 지내는 동안 그들에게 복음을 전하였으며 성도간의 깊은 사랑의 교제를 나누었습니다. 그리고 그들과 아쉬운 작별을 하고 다시 로마로 향하였습니다.

15절 그곳 형제들이 우리 소식을 듣고 압비오 광장과 트레이스 타베르네까지 맞으러 오니 바울이 그들을 보고 하나님께 감사하고 담대한 마음을 얻으니라

바울의 소식은 로마에 있는 그리스도인들에게도 알려졌습니다. 그들은 바울 일행이 보디올에 머무르고 있는 동안 바울을 영접할 준비를 하였습니다. 그리고 바울이 보디올을 떠나 로마를 향해 오고 있다는 소식을 듣고 압비오 광장과 트레이스 타베르네까지 마중을 나왔습니다.

로마에서 불과 60여㎞ 떨어져 있는 압비오 광장에 당도한 바울 일행은 생각지도 못한 환영을 받고 용기를 얻었습니다. 그리고 압비오 광장으로부터 약 10㎞ 더 가서 트레이스 타베르네에 이르러 또 다른 로마 성도들의 환영을 받았습니다. 바울은 비록 죄수의 몸으로 로마 복음 전파의 사명을 감당하게 되었지만 많은 형제들의 뜨거운 환영과 위로에 하나님께 감사하고 담대한 마음을 얻을 수 있었습니다.

16절 우리가 로마에 들어가니 바울에게는 자기를 지키는 한 군인과 함께 따로 있게 허락하더라

마침내 바울은 로마에 도착하였습니다. 참으로 길고도 험난한 여정이었습니다.

바울에게는 따로 개인적인 거처에서 그를 지키는 군인 한 사람과 함께 지내도 좋다는 특권이 주어졌습니다. 이는 바울을 인계받은 황제의 근위 대장이 바울에 관해서 많은 이야기를 듣고 호감을 갖게 되었기 때문인 것 같습니다. 바다에서 광풍을 만나 배에 있던 모든 사람이 절망 가운데 있을 때 바울이 그들에게 소망을 주고 위로했던 일, 사공들의 탈출 계

획을 미리 알아냄으로써 배에 탄 사람 전원의 생명을 구했던 일, 멜리데 섬에서 병자들을 고쳐 준 일 등은 근위 대장에게 많은 감동을 주었을 것입니다.

17절 사흘 후에 바울이 유대인 중 높은 사람들을 청하여 그들이 모인 후에 이르되 여러분 형제들아 내가 이스라엘 백성이나 우리 조상의 관습을 배척한 일이 없는데 예루살렘에서 로마인의 손에 죄수로 내준바 되었으니

로마에 도착한 지 사흘 후에 바울은 그곳의 유대인 중 높은 사람들을 초청하였습니다. 바울이 로마에 있는 회당과 유대인 공동체의 지도자들을 초청한 목적은 자신을 변호하고 더 나아가 복음을 전파하기 위함이었습니다.

바울은 유대인 지도자들 앞에서 정중한 태도로 자신이 로마에 오게 된 경위를 설명하였습니다. 먼저 바울은 자신이 이스라엘 백성이나 그 조상의 관습을 배척한 일이 없음을 강조했습니다. 그리고 자신은 유대인들로부터 누명을 쓰고 고소당하여 로마인에게 넘겨졌다고 말하였습니다.

18-19절 로마인은 나를 심문하여 죽일 죄목이 없으므로 석방하려 하였으나 유대인들이 반대하기로 내가 마지못하여 가이사에게 상소함이요 내 민족을 고발하려는 것이 아니니라

바울의 소송을 맡았던 로마인 천부장과 총독 벨릭스와 베스도는 바울을 직접 심문해 본 후 바울의 무죄를 인정했습니다. 바울은 이러한 사실을 들어 자기에게 죄가 없다는 것을 유대인 지도자들에게 증언하였습니

다. 그리고 로마의 유대인들이 자신에 대하여 오해하지 않도록 모든 상황을 자세히 설명하였습니다. 즉, 자신이 가이사에게 호소하여 로마에까지 오게 된 것은 유대인들을 송사하려는 민족 반역 행위가 아니라는 사실을 밝힌 것입니다. 사실 바울은 무죄 선고를 받고 석방될 수도 있었으나 유대인들의 극심한 반대로 인하여 풀려나지 못하였기 때문에 결국 가이사에게 상소했던 것입니다.

20절 이러므로 너희를 보고 함께 이야기하려고 청하였으니 이스라엘의 소망으로 말미암아 내가 이 쇠사슬에 매인바 되었노라

바울은 자신이 이스라엘의 소망으로 인하여 쇠사슬에 매인바 되었다고 유대인 지도자들에게 담대하게 선포하였습니다. 여기서 말하는 '이스라엘의 소망' 은 '부활에 대한 소망' 을 가리킵니다.

바울과 유대인들 사이의 논쟁의 초점은 이스라엘의 소망에 대한 것이었습니다. 당시 대다수의 유대인들은 그들을 로마의 압제로부터 구원해 줄 정치적인 해방자로서의 메시아를 기다리고 있었습니다. 그러나 바울은 이러한 이스라엘의 소망이 이미 예수 그리스도로 말미암아 이루어졌다고 선포하였습니다. 이처럼 유대인들과 바울의 서로 다른 견해 차이 때문에 유대인들이 바울을 적대시하고 송사하였던 것입니다.

21절 그들이 이르되 우리가 유대에서 네게 대한 편지도 받은 일이 없고 또 형제 중 누가 와서 네게 대하여 좋지 못한 것을 전하든지 이야기한 일도 없느니라

로마의 유대인 지도자들은 바울의 말을 듣고 상당히 소극적인 반응을

보였습니다. 그들은 유대로부터 바울에 관한 어떠한 편지나 보고도 받은 일이 없으므로 바울에 대하여 아는 것이 없다고 말하였습니다. 그러나 바울의 소송이 시작된 지 2년 이상의 시간이 흐르는 동안 바울의 사건은 모든 유대인들에게 화젯거리가 되어 있었습니다. 그러므로 로마의 유대인 지도자들이 바울에 대하여 몰랐다는 것은 사실로 받아들이기 힘든 말입니다. 따라서 로마에 있는 유대인 지도자들이 바울에 대하여 알지 못한다고 말한 것은 바울의 상소와 관련되는 것을 우려했기 때문이라고 짐작할 수 있습니다. 왜냐하면 그들은 로마의 황제에 의해 그리스도인들이 로마에서 추방당한 사건(18:2)을 잘 알고 있었기 때문입니다.

22절 이에 우리가 너의 사상이 어떠한가 듣고자 하니 이 파에 대하여는 어디서든지 반대를 받는 줄 알기 때문이라 하더라

로마의 유대인 지도자들이 기독교에 대하여 알고 있는 것은 어느 곳에서나 기독교를 배척하고 있으며 기독교가 그 저항하는 세력과 대립하고 있다는 점이었습니다. 그들은 이처럼 모든 사람에게 배척을 받고 있는 기독교가 어떠한 것인지 궁금하였습니다. 그리고 이러한 기독교를 전파하기 위하여 목숨을 걸고 있는 바울의 사상에 대해서도 흥미가 있었습니다. 그래서 그들은 바울의 사상을 들어 보기를 원하였습니다. 또한 그들이 바울의 사상을 듣기 원하는 또 다른 이유가 있었는데, 그것은 바울에 대한 변호와 그가 전하는 복음이 어떠한 것인지 듣기 전에는 이 문제에 관여하기를 원하지 않았기 때문입니다. 그래서 그들은 가까운 시일 내에 바울의 사상에 대하여 들어 보기를 원했던 것입니다.

23절 그들이 날짜를 정하고 그가 유숙하는 집에 많이 오니 바울이 아침부터 저녁까지 강론하여 하나님의 나라를 증언하고 모세의 율법과 선지자의 말을 가지고 예수에 대하여 권하더라

바울과의 두 번째 모임을 갖기 위하여 많은 유대인들이 정한 날짜에 맞추어 바울이 머무는 집으로 왔습니다. 이에 바울은 그들에게 아침부터 저녁까지 하나님의 나라를 증언하고 모세의 율법과 선지자의 말을 가지고 예수님에 대해 강론하였습니다.

하나님의 나라는 예수님께서 이 세상에 성육신하심으로 이미 믿는 자들의 마음속에 임하였습니다. 그리고 지금은 승천하셔서 하나님 보좌 우편에 앉아 계신 예수님께서 이 세상에 다시 오실 때 하나님의 나라는 궁극적으로 완성될 것입니다. 하나님의 나라와 예수 그리스도의 이러한 관계는 구약 시대에 선지자들을 통하여 이미 예언된바 있습니다. 그러므로 바울은 모세의 율법과 선지자들의 예언을 들어 로마의 유대인들에게 복음을 전한 것입니다.

24절 그 말을 믿는 사람도 있고 믿지 아니하는 사람도 있어

성경은 믿음은 들음에서 나며 들음은 그리스도의 말씀으로 말미암는다고 하였습니다(롬 10:17). 바울이 전하는 복음을 듣고 있던 로마의 유대인들은 믿는 자와 믿지 않는 자로 나뉘었습니다. 이처럼 복음을 듣는다고 해서 모든 사람이 다 믿음을 갖게 되는 것은 아닙니다. 말씀을 듣는 순간 성령님께서 도와주셔야 믿음이 생겨 복음을 믿게 되는 것입니다. 또한 복음이 선포될 때 그것을 받아들이는 자세에 따라서 일차적으로 알곡과 가라지가 가려집니다.

당시 로마에 살았던 유대인들은 대부분 복음을 배척하였습니다. 그럼에도 불구하고 바울은 다른 도시에서와 마찬가지로 로마에서도 먼저 유대인들에게 복음을 전하였습니다. 바울의 이러한 수고로 인하여 하나님의 나라가 더욱 확장되었고 하나님께서 영광을 받으셨습니다.

25절 서로 맞지 아니하여 흩어질 때에 바울이 한 말로 이르되 성령이 선지자 이사야를 통하여 너희 조상들에게 말씀하신 것이 옳도다

로마의 유대인들은 바울로부터 복음을 듣고 믿는 자와 믿지 않는 자로 나뉘어 서로 의견이 달라지자 더 이상 집회를 계속할 수 없었습니다. 그래서 그들은 뿔뿔이 흩어져 버리고 말았습니다. 이에 바울은 성령님께서 이사야 선지자를 통하여 말씀하신 것이 옳다고 말했습니다.

26-27절 일렀으되 이 백성에게 가서 말하기를 너희가 듣기는 들어도 도무지 깨닫지 못하며 보기는 보아도 도무지 알지 못하는도다 이 백성들의 마음이 우둔하여져서 그 귀로는 둔하게 듣고 그 눈은 감았으니 이는 눈으로 보고 귀로 듣고 마음으로 깨달아 돌아오면 내가 고쳐 줄까 함이라 하였으니

바울은 이사야 6장 9절부터 10절까지의 말씀을 인용하여 유대인들의 완악함을 질책하였습니다. 여기서 바울이 인용하고 있는 이사야 선지자의 말씀은 당시 하나님께서 이스라엘 백성들의 완악하고 강퍅한 태도를 지적하시고 그로 인하여 이방 민족인 바벨론에 포로로 잡혀 가게 될 것이라고 경고하셨던 예언입니다. 그런데 이사야 선지자 시대에 이스라엘 백성들이 보였던 불신앙이 그로부터 약 800년의 세월이 흐른 뒤인 바울 당

시에도 그들의 후손 유대인들에게 여전히 남아 있었던 것입니다.

마음이 강퍅한 사람은 복음을 들어도 무슨 말인지 깨닫지 못하고 보아도 무엇인지 전혀 모릅니다. 성경은 "육에 속한 사람은 하나님의 성령의 일들을 받지 아니하나니 이는 그것들이 그에게는 어리석게 보임이요, 또 그는 그것들을 알 수도 없나니 그러한 일은 영적으로 분별되기 때문이라" (고전 2:14)고 말씀하고 있습니다. 오직 성령님께서 역사하실 때 말씀을 깨닫고 복음이 전파되는 일이 일어나는 것입니다. 그러므로 물과 성령으로 거듭나지 아니하면 하나님 나라에 대하여 들어도 알지 못합니다.

그러나 성령님께서 도와주시면 오묘한 하나님의 진리가 마음속에 깨달아져서 우리에게 귀한 생명의 말씀으로 다시 살아나게 되는 것입니다. 그래서 송이 꿀보다 더 달고 오묘한 말씀에 심취되어 밤을 새워 가며 성경을 읽기도 하는 것입니다.

28절 그런즉 하나님의 이 구원이 이방인에게로 보내어진 줄 알라 그들은 그것을 들으리라 하더라

바울은 이제 자신의 선교 방침에 대하여 말하기 시작했습니다. 그는 이사야 선지자의 말씀을 인용하여 결론적으로 "먼저는 유대인에게요 그리고 헬라인에게로다" (롬 1:16)라는 자신의 선교 정책의 근거를 밝혔습니다.

바울은 복음을 전파할 때 먼저 유대인에게 전하였습니다. 그러나 유대인들이 복음을 거부하자 복음은 이방인에게로 향하였습니다. 그래서 바울은 하나님의 구원이 이방인에게로 보내졌다고 한 것입니다.

진리를 받아들이지 않고 그리스도를 믿지 못하는 자들은 구원받고 하나님 나라의 백성이 되는 특권을 놓친 어리석은 자들입니다. 그러나 복음을 믿고 그리스도를 영접한 사람들은 하나님 나라의 백성이 됩니다. 이방인들은 유대인들과는 달리 예수 그리스도의 복음을 듣고 믿음으로 말미암아 구원받고 영적 이스라엘 백성이 되었습니다. 이에 대하여 구약 시대의 선지자인 이사야는 "말일에 야훼의 전의 산이 모든 산 꼭대기에 굳게 설 것이요 모든 작은 산 위에 뛰어나리니 만방이 그리로 모여들 것이라"(사 2:2)고 예언하였으며, 미가 선지자도 이와 동일한 예언을 하였습니다(미 4:1). 바로 이러한 점을 들어 바울은 이방인을 향한 자신의 선교 정책을 말한 것입니다.

29절 (없음)

30절 바울이 온 이태를 자기 셋집에 머물면서 자기에게 오는 사람을 다 영접하고

바울은 2년 동안이나 재판이 연기되었기 때문에 계속 로마에 머물러 있었습니다. 구금된 상태에 있었던 바울은 행동의 제약을 받아 마음대로 다닐 수는 없었지만 사람들이 그를 찾아오는 것은 금지되지 않았습니다. 그로 인해 많은 사람들이 바울을 방문하였습니다. 바울은 자신을 찾아오는 사람들을 기꺼이 맞아들이고 그들에게 담대히 복음을 전하였습니다. 자유롭지 못한 죄수의 생활을 하고 있었음에도 불구하고 바울은 자신의 처지에 구애받지 않고 복음 전파에 힘썼던 것입니다.

31절 하나님의 나라를 전파하며 주 예수 그리스도에 관한 모든 것을 담대하게 거침없이 가르치더라

바울은 로마에 머무는 2년 동안 많은 사람들에게 담대히 복음을 전하고 가르쳤으며 병자들을 고쳐 주었습니다. 이때 바울의 신변은 그 어느 때보다도 안전하였고 그가 복음 전파하는 것을 방해하는 자도 없었습니다.

로마에서는 바울의 복음 전파와 가르침을 듣고 예수님을 구주로 영접하는 사람들이 점점 더 늘어났습니다. 이때 로마에 뿌려진 복음의 씨앗은 훗날 콘스탄티누스 황제를 통하여 기독교가 로마 제국의 국교로 공인되는 놀라운 결실을 맺게 되었습니다. 뿐만 아니라 세계의 길목과도 같은 로마가 복음화 됨으로써 온 세계로 복음이 확산되었습니다.

바울은 다메섹 도상에서 회심한 후 그의 남은 생애를 복음 전파와 교회를 돌보고 성도를 가르치는 일에 바쳤습니다. 주님께서 주신 사명에 대하여 바울은 순종의 삶으로 응답하였던 것입니다. 하나님께서는 우리에게도 복음 전파의 사명을 주셨습니다. 그러므로 우리는 바울이 그러했던 것과 같이 때를 얻든지 못 얻든지 항상 전도하고 선교하는 삶을 살아야 합니다. 그리고 주님께서 오실 때까지 예수님의 사랑을 전해야 합니다. 그리하여 전 세계의 수많은 영혼들을 예수 그리스도께로 인도해야 합니다.

성역50주년기념 신약성경강해전집

A COMMENTARY ON THE ACTS OF THE APOSTLES Ⅱ